실용주의 · 실증주의 · 예술철학

강대석 지음

실용주의 · 실증주의 · 예술철학

초　판 1쇄 인쇄 2016년 8월 31일
재　판 5쇄 발행 2026년 3월 31일

지은이　강 대 석
발행인　황 세 연
교　정　이 동 영
디자인　EG 디자인
인　쇄　보현 PNP
제　본　동신제책
발행처　도서출판 **중원문화**
주　소　서울특별시 마포구 서강로11길 24
주문처　02-325-5534　FAX 02-324-6799
ISBN　978-89-7728-854-6(03100)

실용주의
실증주의
예술철학

강대석 지음

도서출판 중원문화
2025

Pragmatism
Positivism
The philosophy of art

By
Kang Dae-suk

이 책을 나를 사랑해주셨던 강영희(姜永喜) 숙부님의

영전에 바친다.

Printed 2026 by Jungwonmunhwa Publishing Co.

머 리 말

이 책은 4차 산업혁명세대, 또는 알파 에이지(alpha age) 세대들, 즉 정보화물결속에서 인터넷 등 IT와 가까이 하는 독자들에게 새로운 형식으로 철학을 소개하려는 의도에서 집필되었다. 다시 말해 인간의 생명이 120년을 살게 되는 '알파 에이지 시대'에 진입한 오늘날 철학이 이를 올바르게 이끌어주지 않는다면 휴머니즘의 파괴는 물론 사회적으로 커다란 혼란을 초래할 수 있기 때문이다.

그동안 서양철학을 전공한 저자는 철학뿐만이 아니라 예술과 문학에 많은 관심을 가졌고 정년퇴임 후 그것을 알기 쉽게 독자들에게 전하려는 의도에서 종종 인터넷신문 「사람일보」 등에 글을 올렸다. 그것을 정리하고 여기에 새로운 내용들을 보충하여 한 권의 책으로 엮었다. 인터넷신문의 특성을 따르다 보니 짧고 간명한 형식을 택할 수밖에 없었다. 그러므로 한 항목에 대한 기술이 대략 일반 책 한 쪽 분량에 해당한다. 그러므로 독자들은 비교적 가벼운 마음으로 이 책을 접할 수 있을 것이다.

철학 분야에서는 실용주의철학과 실증주의철학을 둘러싼 논쟁을 다루었다. 현대 서양철학 가운데 이 두 철학이 오늘날 우리나라에 가장 많은 영향을 미치고 있다는 생각에서였다. 그리고 우리는 서양철학을 무조건 수용해서는 안 되고 우리 민족의 입장을 고려하여 비판적으로 수용해야 된다는 신념에서 주로 비판에 초점을 맞추었다. 왜냐하면 멋모르고 서양요리를 먹은 후 설사를 하는 것 같은 철학들이 우리 민족의 혼을 마비시키고 있기 때문이다.

예술 분야에서는 저자가 접할 수 있는 세계적인 예술과 문학을 다루었는데 물론 단편적인 기술이지만 미학을 연구한 저자에게 전체적으로 중요한 관건이 된 것은 "예술의 목적이 무엇인가?", 다시 말하면 "무엇을 위해서 예술이 존재하는가?"였다. 예술은 원래부터 존재하거나 하늘에서 떨어진 것이 아니라 인간이 만들어 왔다는 전제 아래 예술의 발생 동기나 창작의 배경, 그리고 그것이 사람들에게 미치는 영향을 세계의 주요한 예술가들을 중심으로 해명하려고 노력하였다. 그것은 인간이 중심이 되는 예술이해에서 자연스러운 일이다.

저자의 주장에 대한 반론이 있을 수 있고 당연히 있어야 한다. 또 새로운 형식의 철학에 당황하여 이의를 제기할 수도 있다. 아무쪼록 이 책이 현대철학과 예술을 이해하고 연구하려는 사람들에게 하나의 논쟁거리를 제공할 수 있다면 저자는 보람을 느낄 것이다.

저자 강대석

● 차 례 ●

II. 실증주의철학 비판

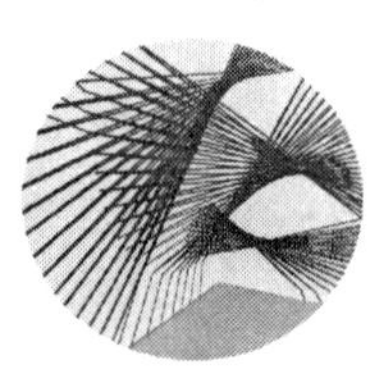

Ⅲ. 예술철학 산책

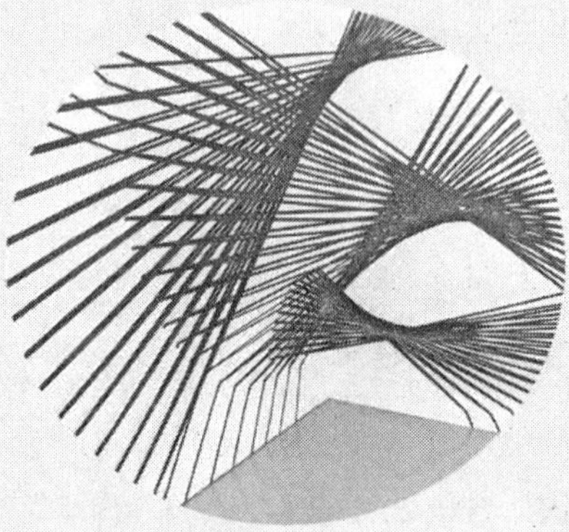

I. 실용주의철학 논쟁

Karl Marx, 1818~1883년
Friedrich Engels,
1820~1895

Ⅰ. 실용주의철학 논쟁

1. 교육과 철학

인간이 살아가야 할 지침을 제시해주는 것이 철학이라면 교육은 학교라는 공동체를 통해 그 지침을 구체적으로 실현하는 역할을 한다. 그러므로 철학과 교육은 밀접한 관계에 있다. 올바른 철학이 밑받침되지 않는 교육은 맹목적이고 미래가 없으며 교육의 도움을 받지 못하는 철학은 한 민족의 장래에 공헌을 할 수 없다. 그러므로 각 나라와 각 시대의 교육에는 보이지 않는 철학이 자리 잡고 있다. 그렇다면 현대 한국의 교육을 밑받침하고 있는 철학은 무엇인가?

우리나라의 역사에서는 불행하게도 봉건주의를 청산하고 자본주의로 나아가는 데 필수적인 시민혁명과 그것을 가능하게 해주는 유물론적이고 계몽주의적인 철학이 충분하게 발전되지 못했다. 그 결과 시민계급이 성장하지 못했고 결국 우리나라는 일제의 식민지가 되어 강압적으로 자본주의의 길을 걷게 되었다. 해방 후 한 핏줄을 가진 단일국가가 외세의 강압에 의해 분단되고 남쪽은 일본을 대신해서 점령한 미국의 영향 아래 모든 것이 변하게 된다. 교육도 예외가 아니었다. 아니 어쩌면 교육이 새로운 외국문화의 습득에 선봉적인 역할을 수행하였다.

현대 미국을 주도하는 철학은 실용주의이고 교육도 실용주의적 교육이다. 우리의 교육은 해방 후 점차 미국식 실용주의 교육으로 전환되어 오늘날 그것을 효과적으로 실현하는 데 앞장서고 있는데 과연 실용주의 교육이 우리 민족의 정서나 정신에 부합하는가? 이러한 물음에 답하기 위해 먼저 실용주의 교육의 기저가 되는 실용주의철학의 본질을 알아야 한다.

2. 아메리카 개척정신

저자가 고등학교에 다니던 시절에는 미국의 서부활극이 극장가를 휩쓸었고 인기를 끌었다. 학교에서 단체로 관람을 가기도 했는데 대부분 미국의 개척자들이 인디언과 용감하게 싸우는 내용을 담고 있었다. 소수의 미국인들이 수없이 몰려드는 인디언을 총으로 여지없이 쏘아 쓰러트릴 때 관람객들은 일제히 박수를 쳤으며 나도 따라서 박수를 쳤다. 지금 생각하니 어처구니없는 바보짓이었다.

실용주의는 외형상으로 미국인의 '개척정신'을 반영하고 있다. 좋은 말로 말하면 '개척정신'이지만 실제로 그것은 무자비한 '강탈

정신'이었다. 그것은 이른바 순례자라는 이름의 청교도들이 기독교의 가치를 내걸고 총칼과 속임수로써 수천만 명의 인디언을 섬멸하는데 도움을 준 정신적 지주였다. 이러한 정신에는 휴머니즘의 요소가 철저하게 결여되어 있었다. 인디언의 씨를 말리기 위해 1846년에도 미국정부는 인디언을 죽여 그 가죽을 가져오는 자에게 50달러의 포상금까지 지불하였다고 한다.[1)]

미국의 정신을 대변하는 실용주의(pragmatism)가 오늘날 남한사회를 주도하고 있다. 특히 우리의 교육은 천편일률적으로 미국의 실용주의 교육을 답습하고 있다. 정부가 스스로를 '실용정부'라 자랑스럽게 공언하는 경우도 있었다. 실용주의적 사고방식과 문화가 깊이 침투되어 있는 우리 민족의 앞날이 과연 밝게 펼쳐질 것인가? 낙관만 할 수 있기에는 무엇인가 문제가 있는 것 같다. 우리 민족의 정체성 회복이 요원하기 때문이다.

3. 철학의 구분

철학은 인간이 어떻게 살아야 하는가를 제시해주는 학문이다. 그렇다면 세상에는 어떤 종류의 철학이 존재하는가? 다시 말하면 지금까지 존재했던 철학을 크게 구분한다면 어떻게 나누어지는가?

---

1) 인디언 학살의 역사와 내용은 한 양심적인 목사의 저술 『기독교 죄악사』(조찬선 지음, 평단문화사 2000)에 자세히 나와 있다.

물론 외형상의 구분도 가능하다. 예컨대 시기적으로 고대철학, 중세철학, 현대철학과 같은 구분이 그것이다. 또 지역에 따라 조선철학, 동양철학, 서양철학과 같은 구분도 가능하다. 그러나 핵심적인 본질에 따라 철학을 구분한다면 철학은 유물론과 관념론으로 나누어진다. 철학의 중심에는 인간이 들어서야 하고 인간의 특징은 정신적인 사고에 있기 때문에 인간의 문제에서도 물질과 정신의 문제가 핵심이 된다. 인간의 정신은 어떻게 발생하는가? 자연(존재, 물질)이 먼저 있고 그로부터 인간의 정신(이성, 의식)이 발생하는가, 아니면 정신적인 어떤 것이 따로 존재하는가? 존재와 물질이 사유와 의식을 결정하는가, 아니면 사유와 의식이 존재와 물질을 결정하는가?

유물론자들은 물질이 근원적이며 의식이나 사유는 일정한 발전단계에서 발생하는 어떤 것이라 가르친다. 의식과 사유는 인간의 뇌라는 고도로 조직된 물질의 특성으로서 현실을 반영한다. 이에 반하여 관념론자들은 정신이나 지각을 모든 것의 근원으로 간주한다. 관념론자들은 정신이 자연에 앞서 혹은 자연과 독립하여 그 자체로 존재한다고 주장한다. 이들은 물질의 영원성을 부정하며 영원한 정신적인 실체를 가정한다. 어떤 철학자들, 예를 들면 데카르트(R. Descartes, 1596~1650)는 중간 입장을 취하여 물질과 정신이 처음부터 독자적으로 존재한다는 이원론적 세계관을 내세우기도 한다. 그러나 이들은 양자 간의 통일이나 연관을 설명할 수 없고 그러므로 애매하고 철저하지 못한 입장에 빠진다. 결국 관념론으로 나아가게 된다.

관념론은 크게 주관적 관념론과 객관적 관념론으로 나누어진다. 주관적 관념론은 인간의 의식이 모든 것을 결정한다고 생각한다. 의식의 외부에 존재하는 독자적인 실체를 인정하지 않는다. 인간에게 나타나는 대상을 지각이나 관념의 복합체로 생각하기 때문에 주관적 관념론자들은 현상의 객관적 법칙을 부정한다. 이들의 입장에서 보면 사물, 실체, 전 세계가 의식의 산물, 곧 주관의 이념이나 지각의 총화이다. 주관적 관념론자 버클리는 사과가 의식으로부터 독립하여 존재하는 물질적 대상이 아니고 인간의 의식 속에 존재하는 '둥글고, 파랗고, 빨갛고, 달고, 신' 등 지각의 총화라고 주장한다. 책상도 지각의 총화, 곧 지각의 복합체이다. 물론 주관적 관념론자들도 실제 생활에서는 그들의 모순적인 철학을 벗어나 물질적 대상으로서의 책상 앞에 앉으며 물질적인 과일로서의 사과를 먹는다. 그러나 그들은 유물론적 세계관을 무너뜨리고 관념론과 종교를 합리화하기 위하여 물질의 실체를 부정한다. 객관적 관념론자들은 인간으로부터 독립해 있는 객관적 관념이나 정신을 세계의 근원으로 간주한다. 이들은 물론 자연 속의 일정한 법칙성을 인정하지만 그 근원을 자연 속에서가 아니라 자연을 벗어난 정신적인 어떤 것에서 찾는다. 자연의 인과법칙 대신에 선험적인 원리를 가정한다. 플라톤(Platon, BC 428년경~BC 347년경)의 '이데아', 헤겔(G.W.F. Hegel, 1770~1831)의 '절대정신' 등이 그러하며 이러한 정신적인 근원이란 종교에서 말하는 신과 거리가 멀지 않다. 인간의 생각 여하에 따라 세계의 실체가 좌우된다고 생각하는 불교는 주관적 관념론에, 신이 세계의 근원이라고 주장하는 기독교는 객관적 관념론에 속한다. 관념론적인 세계관은 직접·간접으로 종교를 옹호하며 신비주의와 결부되기도 한다.

4. 한국철학의 편향

서양철학사를 살펴보면 서양철학은 최초로 그리스에서 시작되었는데 그 출발은 유물론이었다. 서양철학의 아버지라 불리는 탈레스(Thales, BC 624~BC 545)는 세계의 근원이 되는 원질이 물이라고 주장하였다. 물로부터 세계의 모든 것이 발생했다는 주장이다. 이러한 유물론이 계속 유지되어 오다가 플라톤에 이르러 관념론이 발생하였고 그의 제자 아리스토텔레스(Aristoteles, BC 384~BC 322)는 스승의 관념론을 비판하면서 철학을 다시 유물론으로 복귀시키려 하였다. 플라톤이 관념론을 제시한 것은 그가 활동했던 시대의 정치적 혼란 때문이었다. 여러 가지 복잡한 변화에 직면하여 플라톤은 변하지 않는 영원한 것을 추구하려 하였다. 변하지 않는 영원한 것을 추구하려는 이상은 모든 인간에게 어느 정도 존재한다. 특히 사회가 혼란할 경우 인간은 이러한 이상으로 도피한다. 모순이 많은 사회일수록 관념론과 종교가 창궐하는 것은 바로 그러한 연유에서다. 그러나 소원이나 이상은 그 자체로 머물러야 한다. 이상과 현실을 혼동하는 경우 사람들은 플라톤처럼 관념론의 함정에 빠지고 만다. 소원이나 이상이 현실인 것처럼 착각하고 참된 현실을 과소평가하는 것이다. 플라톤은 그가 머릿속으로 생각한 이데아라는 이상을 실제로 존재하는 것처럼, 더욱이 현실보다 더 완전하고 연원한 어떤 존재인 것처럼 주장하는 혼란에 빠졌다. 이후 서양철학뿐만 아니라 세계의 모든 철학에서는 유물론과 관념론이 서로 투쟁하는 관계에 들어섰다. 일반적으로 보수적인 수구세력은 관념론을, 진보적인 혁신세력은 유물론을 지지하게 되었다.

과학적인 연구결과를 토대로 하는 유물론은 냉철하게 현실을 인식하도록 도와주고 상상에 의존하는 관념론은 이상과 꿈을 갖도록 도와준다. 인간의 삶에는 현실의 과학적인 인식이 없어도 안 되고 이상이 없어도 안 된다. 그러므로 유물론과 관념론이 서로를 보충하며 철학과 사회발전을 유도해야 한다. 서양철학에서는 양자가 어느 정도 조화를 이루었다. 그러나 한국의 철학은 천편일률적으로 관념론에 집중되었다. 조선시대에는 반상으로 구분된 불합리한 봉건사회를 유지하기 위해서 성리학이라는 관념론이 일면적으로 주도했으며 실학에서처럼 유물론적 단초가 보이는 경우 사문난적으로 몰리어 박해당하고 추방되었다. 3·1운동 이후부터 해방공간에 이르기까지 1919년 러시아 10월 혁명의 영향을 받고 맑스-레닌주의(Marx-Leninism)의 유물론이 다소 활기를 띠고 수용·연구되었으나 분단과 더불어 유물론은 다시 청산되었다. 북한의 체제가 유물론적인 맑스-레닌주의에 기초한다는 이유로 유물론 연구는 반공법에 의해서 철저하게 금지되었다. 그것은 매우 불행하고 근시안적인 조치였다. 왜냐하면 맑스(K. Marx, 1818~1883) 이전에도 서양에는 많은 유물론철학이 존재했기 때문이다. 특히 중세의 봉건주의를 무너뜨리고 자본주의적인 시민사회를 실현하는 데서 주도적인 역할을 한 이념은 바로 프랑스 계몽주의의 유물론철학이었다.[2] 유물론이 척결되고 관념론만이 주도하는 사회의 철학은 다리가 하나밖에 없는 절름발이의 철학일 뿐이다.

맑스

그렇게 되어 현대 한국철학을 주도하는 것도 천편일률적으로 관념론뿐이다. 현대 한국의 철학자들은 서양의 민주주의 발전에 유물론철학이 관념론보다 더 기여했다는 사실을 망각하고(프랑스혁명에서 그것이 잘 증명된 것처럼) 구미의 관념론철학을 수용하는 데 급급하다. 철학은 한 민족의 삶과 운명을 결정하는 중요한 역할을 하기 때문에 우리 민족의 역사를 되돌아보며 그 장단점을 비판해야 하는데 그것도 모르고 무조건 새로운 이론을 치켜세우며 선전하는 경우가 대부분이다. 우리 민족의 정서나 정체성과 관계없는 철학들을 '보편적인 인간'을 내세우면서 소개하고 '글로벌하다'거

2) 보다 자세한 것은 저자의 『왜 유물론인가?』(중원문화, 2012), 『무신론자를 위한 철학』(중원문화, 2014) 참조.

나 '다원주의'라는 말로 그 본질을 은폐한다. 우리나라가 민주화되고 정체성을 회복하기 위해서는 하루빨리 유물론 연구가 이루어지고 유물론과 관념론이 대등하게 조화를 이루어 발전해야 한다.

5. 실용주의와 영국경험론

철학자 헤겔(G.W.F. Hegel, 1770~1831)이 말한 것처럼 "모든 철학자는 그 시대의 아들이고 모든 철학은 그 시대의 사상이 종합된" 것이다. 실용주의도 예외가 아니다. 실용주의는 19세기 후반 미국의 시대정신을 잘 대변하고 있다. 1871년에 노동계급의 투쟁 산물인 무산계급의 정권이 프랑스에서 최초로 실현되었는데 바로 파리코뮌이었다. 이 시기에 세계는 한편으로 자본주의가 발전하여 독점화되어 갔고 다른 한편으로 이에 맞서는 노동운동이 구체적인 정치형태를 취하기 시작하였다.

헤겔

남의 땅을 가로채는 강탈정신으로 무장한 미국도 4년간의 남북전쟁(1861~1865)이 종결되자 노예제가 폐지되면서 독점자본주의의 대열에 들어서기 시작하였다. 이때부터 미국에서도 노동운동과 공산주의 운동이 나타나 자본가계급에 불안을 안겨 주었다. 이러한 시대적 상황을 타개하고 주도할 수 있는 이념이 요구된 것은 당연한 일이다. 다시 말하면 미국을 자유와 민주의 성지로 내세우면서 동시에 제국주의적인 세계지배를 정당화할 수 있는 새로운 이념이 필요하게 되었다.

이러한 이념의 창출에 미국의 학자들이 발 벗고 나섰으며 그 과정에서 이들이 염두에 두지 않을 수 없었던 2가지 과제가 나타났는데 그 하나는 미국의 치욕스러운 침략의 역사를 합리화하는 일이고, 다른 하나는 점차 힘을 얻어가는 노동계급의 철학을 무력화시키는 일이었다. 무자비하게 인디언을 섬멸한 죄악을 정당화하기 위하여 이 세상에는 보편적인 진리나, 양심, 정의가 존재하지 않는다는 철학이 나와야 했고 노동계급의 유물론철학을 무너뜨리기 위해서 물질이나 그 법칙이 객관적으로 존재하지 않는다는 관념론이 도움을 주어야 했다. 이 두 가지 조건을 만족시킬 수 있는 철학을 미국의 학자들은 영국경험론에서 찾아내었고 특히 영국경험론의 후반에서 주장된 주관적 관념론이 실용주의철학의 근거가 되었다. 버클리와 흄이 중심이 되는 영국의 경험론자들은 세계의 실체나 그 필연적인 인과법칙은 존재하지 않고 세계란 개인의 지각이 합쳐진 통일체에 불과하다고 주장하였다.

6. 경험론의 장점과 한계

영국은 서양에서 근세의 과학문명을 가장 먼저 실현한 나라다. 이러한 과학문명의 실현에 기여한 철학이 영국의 경험론이다. 영국의 경험론을 중심으로 하는 근세철학은 중세의 스콜라철학에 대한 비판과 더불어 시작되었다. 종교의 권위로 과학발전을 억눌렀던 중세의 철학은 과학의 발전과 함께 더 이상 그 권위를 유지할 수 없게 되었다. 중세에서는 아담의 갈비뼈 하나를 떼어 이브를 만들었다는 성서의 주장에 따라 남자의 갈비뼈는 여자보다 하나 적은 23개라고 주장되었으며, 신체를 해부해서 과학적으로 그것을 해명하려는 사람은 마귀로 몰리어 종교재판에 회부되었다. 성서의 천동설 대신 지동설을 주장한 갈릴레이는 종교재판에 회부되어 그 이론의 철회를 강요받았으며, 우주가 무한하다고 주장한 철학자 브루노는 결국 종교의 이름으로 화형을 당했다. 우주가 무한하다면 무한한 신과 대등한 입장이 되고 결국 신의 권위가 손상되기 때문이었다. 신만이 무한하고 신이 창조한 우주는 유한해야 한다.

스콜라철학에 대한 비판은 영국의 스콜라철학자 로저 베이컨(R. Bacon, 1214~1294)에서 이미 시작되었다. 그는 중세부터 이어온 토마스(Thomas) 철학의 공허함을 공격하였고 공리공론에 머물러 아무 것도 산출하지 못하는 올드미스와 같은 스콜라철학 대신에 실험을 통한 자연의 관찰이 더 중요함을 강조하였다. 영국 경험론 철학의 선구자 프란시스 베이컨(F. Bacon, 1561~1626)은 "아는 것이 힘이다."라는 기치를 내걸고 자연의 지배를 통하여 인간을 행복하게 만드는 것이 과학과 철학의 과제라고 주장하였다. 자연을 정복하기 위해서는 먼저 자연법칙을 알아야 한다. 관찰과 실험이 자연법칙을 알아내는 유일한 무기다. F. 베이컨의 주장에 따라 영국의 시민계급은 증기기관을 비롯한 많은 발견과 발명을 수행하였고 근대과학문명의 선두에 서게 되었다.

이처럼 초기의 영국경험론은 인류문명의 발전에 많은 기여를 하였다. F. 베이컨을 비롯한 홉스(T. Hobbes, 1588~1679), 로크(J. Locke, 1632~1704) 등이 자연의 객관적 법칙을 중시하고 그 해명에 주력한 것이다. 그것은 결국 그 자체로 존재하는 자연과 그 법칙을 인정한다는 것이며 철학적으로 유물론의 입장에 선다는 말과 같다. 그러나 종교적인 이념과 배치되는 이러한 철학이 종교의 잔재가 아직 건재했던 사회에서 저항을 받지 않을 수 없었다. 초기의 유물론적 추세는 버클리(G. Berkeley, 1685~1753)와 흄(D. Hume, 1711~1776)에 이르러 완전히 주관적 관념론으로 퇴보하고 말았다. 이들의 주장에 의하면 자연의 실체나 인과법칙은 존재하지 않으며 법칙이란 습관이나 개연성을 나타낼 뿐이다. 내일은 해가 서쪽에서 뜰 수도 있다. 사물의 존재란 결국 지각의 총화에 불과하다. 지각되지 않는 것은 없는 것과 같다. 이러한 주장은 불교의 유심론처럼 과학적인 진리에 배치된다. 우리는 버클리와 같은 경험론 자들에게 물을 수 있다. 지금 지각할 수 없는 그대들의 부모는 존재하지 않는가? 절벽에서 눈을 감고 떨어지면 절벽은 존재하지 않으니 아무런 위험도 없는가?

7. 실용주의와 실증주의

실용주의는 영국경험론뿐만 아니라 실증주의 철학을 이용한다. 실증주의가 영국경험론의 영향을 받고 그것을 변용한 철학이라는 사실을 감안할 때 매우 자연스러운 일이다. 실증주의(positivism)는 19세기 중엽에 프랑스 철학자 콩트(A. Comte, 1798~1857)에 의해서 주창되었다. 실증주의는 사물의 본질을 추구하는 형이상학을 거부하고(형이상적인 물음의 해답이 불가능하므로) 철학이 주어진 것, 사실적인 것, 실증적인 것을 다루어야 한다고 주장한다. 얼핏 보기에는 매우 구체적이고 과학적인 것 같은 인상을 주지만 실증주의도 결국 주관적 관념론의 한계를 벗어날 수 없다.

모든 사물에는 현상과 본질이 있다. 현상은 겉으로 드러나는 측면이며 본질은 그 사물에 내재해 있는 원리 혹은 법칙이다. 본질이 구체적인 사물을 벗어나 그 자체로 존재한다는 주장은 물론 플라톤의 이데아처럼 오류이다. 그러나 실증주의는 현상이 모든 것이라고 주장하면서 정반대의 오류를 범한다. 현상과 본질이 일치한다면 모든 학문이 필요 없게 된다. 사물의 본질은 구체적인 사물 안에 들어있고 인간은 사물의 현상을 통하여 그 본질을 점차로 인식해 간다. 그것이 바로 과학이고 유물론철학이 주장하는 인식과정이다. 사물의 본질은 실증주의가 주장하는 것처럼 인식

불가능한 것도 아니고 현상학자들이 주장하는 것처럼 직관되는 것이 아니라, 이성적인 분석과 추리를 통해 얻어지고 실천을 통해 그 진위가 검증된다. 실증주의자들은 실천과 그 효과를 중시하지만 본질의 문제를 포기하고 현상에 매달린다.

실증주의가 주장하는 것처럼 현상이 모든 것이라면 태양은 공만 한 크기로 평평한 지구의 주위를 돌고 있을 뿐이다. 자본가들은 노동자를 도와주는 은인이며 미국은 자유와 세계평화를 위해 싸우는 정의의 사도이다. 그러나 본질은 우리에게 겉으로 보이는 현상과 다를 수 있으며 그것을 추구해 가는 것이 참된 과학과 철학의 과제다. 실용주의는 이 과제를 아예 불가능한 것, 혹은 형이상학적인 것으로 규정하며 실증주의의 오류를 답습한다.

8. 형이상학클럽

인디언을 섬멸하고 나라를 세운 미국 개척자들의 이념을 지탱해준 것이 초기에는 종교적인 이상과 이념이었다. 그러나 자본주의의 발전은 노동계급의 철학인 맑스주의를 탄생시켰고 과학의 발전은 점차 기독교의 이념이 허구임을 해명해주었다. 특히 19세기 중엽에 나온 다윈의 '진화론'은 기독교의 창조설에 치명적인 타격을 가하였다. 그러므로 전통적인 이념으로 사회를 지탱하는 일이 더 이상 불가능하게 되었다.

미국의 학자들은 우선 진화론을 신학적으로 설명하려 하였다. 신의 창조 안에 이미 진화의 요소가 포함되었다는 주장이었다. 그러나 그것은 물질의 법칙에 따르는 진화론과 모순되었고 과학적인 연구결과는 진화론의 편을 들었다. 진화론의 승리와 함께 노예제의 붕괴라는 정치적인 변화가 일어나고 미국이라는 사회에는 새로운 시대에 걸맞은 철학이 필요하게 되었다.

이러한 요구에 부응하여 1860년대 초반 케임브리지에 하버드 대학과 관계있는 몇 몇 학자들이 모여 '형이상학클럽'(metaphysical-club)을 조직하고 새로운 시대에 부합하는 철학이론을 정립하려 하였는데 이것이 바로 실용주의의 모태가 된다.

이 모임에 철학자 라이트(C. Wright, 1830~1875)와 퍼스(C.S. Peirce, 1839~1914), 법학자 홈스(O. W. Holmes, 1809~1894), 심리학자 제임스(W. James, 1842~1910), 역사학자 피스크(J. Fiske, 1842~1901), 신학자 에보트(J.S.C. AbbotAbbot, 1805~1877) 등이 참여하였다. 이들은 자기 영역에서 실용주의 이론을 정립해갔으며 후에 교육학자 듀이(J. Dewey, 1859~1952)가 이들의 이론을 집대성한다.

9. 실용주의의 3단계방법

다소의 차이는 있지만 대부분의 실용주의자들은 그들의 이론을 정립하면서 3단계의 방법을 사용하는데 그것은 영국의 경험론에서와 비슷하다. 이 문제가 실용주의의 정체를 파악하는데 중요한 역할을 한다. 실용주의의 3단계 방법은 다음과 같다.

첫째, 실용주의자들은 이전의 모든 형이상학을 공격하면서 참신하고 실천적이라는 인상을 주려 한다. 이들은 이전의 철학인 유물론과 객관적 관념론을 한데 묶어 '형이상학'이라 낙인찍고 비판한다. 이전의 철학이 모두 인간으로부터 독립해 있는 존재와 그 필연성을 전제로 한다는 이유에서이다. 유물론과 관념론이 상반된다는 사실을 은폐하고 이들이 모두 형이상학적인 오류에 빠진 것처럼 주장한다. 유물론과 관념론의 차이를 구분하지 못하는 사람들은 이들의 주장에 속아 넘어가기 쉽다.[3)]

둘째, 유물론을 배격한 후에 주관적 관념론을 동원하여 자기들에게 유리한 학문의 기초를 마음껏 조작해 낸다. 물질의 법칙 대신에 인간의 감정, 의지, 의식 등이 모든 학문의 기초가 된다. 특히 심리학과 교육학에서 이러한 허구가 절정에 도달한다.

셋째, 처음에 배격하였던 종교와 신학을 슬그머니 뒷문으로 들여놓는다. 서구사회에서 기독교가 배제될 수 없고 미국도 기독교의 이념을 내걸고 건설된 사회이기 때문이다. 새로운 시대에 걸맞은 기독교를 실천과 연관하여 구상해낸다.

---

3) 보다 자세한 것은 저자의 『왜 유물론인가?』(중원문화 2012) 참조.

10. 라이트의 오류

'형이상학클럽'의 철학적인 중심인물이었던 라이트는 영국 경험론자 버클리의 주장을 근거로 자연과 사회 속에 결코 필연성이 존재하지 않는다는 전제 아래 실용주의철학의 기초를 마련하였다. 필연성이 존재하지 않으므로 보편적인 법칙이 존재하지 않는다. 지금까지 과학이 내세우는 운동법칙이나 발전법칙도 인간의 습관과 연관되는 개연성의 표현에 불과하다. 모든 실용주의자들은 라이트의 이 주장을 철칙으로 받아들이며 주관적 관념론에 빠진다.

이들의 주장에 의하면 과학은 법칙을 발견해 내는 것이 아니라 사실을 정리한다. 과학의 근거는 객관적인 물질세계가 아니라 현상으로 나타나는 작용이다. 하나의 사실은 인간에게 옳고 그름이 아니라 어떻게 유용한가를 말해 줄 뿐이다. 결국 과학이 다루는 대상은 물질의 법칙이 아니라 인간에게 나타나는 현상이며 현상은 인간의 의식 속에서 만들어지는 정신적인 대상과 일치한다. 이러한 현상 속에 본질이 들어있다고 가정하는 것이 형이상학이라고 주장하며 실용주의는 현상에만 한정하는 새로운 철학을 만들어 내려 한다. 이런 점에서 실용주의는 영국 경험론은 물론 실증주의와도 긴밀하게 연관된다.

실용주의자들은 과학의 참된 본질을 부정하고 과학의 의미와 과제를 자기들의 목적에 맞게 뒤바꾼다. 유물론에 의하면 참된 과학은 객관적으로 존재하는 자연, 사회, 인간의 법칙을 찾아내어 인간의 삶에 도움을 준다. 실용주의자들은 그러나 자연과 사회와 역사의 객관적인 본질이 밝혀질 때 자기들의 어두운 과거와 모순적인 사회구조의 정체가 밝혀지기 때문에 교묘한 이론을 조작해 내어 그것을 차단하려 한다.

11. 필연성의 부정

영국경험론, 실증주의, 경험비판론(마흐주의), 논리적 실증주의, 실존주의, 실용주의 등 현대의 주관적 관념론철학이 전가의 보도처럼 내세우는 주장이 미시적인 세계나 거시적인 세계에서 객관적인 필연성은 존재하지 않는다는 명제다. 이러한 주장은 필연성과 개연성, 인과성과 우연성, 보편성과 개별성이 마치 기계적으로 분리되어 연관이 없는 독자적인 두 영역을 형성하는 것처럼 생각하는 데서 오는 또 하나의 형이상학적인 오류이다. 이러한 2분법적인 사고방식과는 달리 참된 현대과학은 이 두 영역이 항상 유기적으로 연관되어 있다고 생각한다. 이들의 통일적인 연관성과 변화를 강조하는 것이 변증법적인 사고방식이다.

필연성은 우연성을 통하여 표현되고 우연성의 배후에는 필연성이 존재한다. 예컨대 인간은 우연하게 죽는다. 교통사고로 죽을 수도 있고 병으로 죽을 수도 있고 전쟁에서 죽을 수도 있고 시위를 하다 경찰의 폭력에 의해 살해될 수도 있다. 그러나 죽는다는 사실 자체는 필연이다. 지금까지의 과학적 연구는 이러한 필연성을 인정하고 사물의 법칙과 원리를 발견하여 그것을 인간생활의 풍요로운 발전에 이용해 왔다. 아인슈타인(A. Einstein, 1879~1955)의 상대성원리가 필연성의 부정을 증명한 것이 아니라 필연성과 상대성이 서로 얽혀있다는 것을 증명한 것이다.

실용주의철학자들처럼 절대적인 필연성이 증명되지 않는다고 해서 필연성 자체를 모두 부정해버리고 주관적 관념론에 빠지는 것은 목욕물을 버리다가 아이까지 버리는 꼴이 된다. 그런 경우 영국의 경험론에서처럼 상대주의, 주관주의, 회의주의에 빠지며 자연, 인간, 사회에 대한 과학적인 학문의 가능성이 부정된다.

12. 퍼스의 칸트 왜곡

'형이상학 클럽'의 다른 철학자 퍼스는 자기들의 철학이 전통적인 권위를 무시하지 않는다는 것을 보여주기 위하여 독일의 철학자 칸트(I. Kant, 1724~1804)를 끌어들인다. 칸트는 『순수이성비판』(*Kritik der reinen Vernunft*, 1781) 끝 부분에서 사람이 확실한 지식을 갖지 못할 때 신념에 의존한다는 사실을 의사의 예를 들어 설명한다. 병의 원인을 확실하게 알지 못하는 의사는 자기 신념에 따라 처방을 하는데 그것이 최선이고 또 필요하다는 것이다. 칸트는 그것을 '실용주의적 신념'이라 불렀다. 그러나 칸트는 보다 확실한 지식이 가능하며 '실용주의적 신념'이 유일한 행동지침이라고는 생각하지 않았다. 그것은 예외적인 경우에만 해당될 뿐이다.

퍼스는 칸트가 예외적으로 적용된다는 것을 원칙으로 간주하면서 인간행위에서 신념이 모든 것을 결정한다는 주관주의에 빠진다. 그것은 칸트를 존중하는 것이 아니라 왜곡하는 것이다. 칸트의 초기 주저가 『천체론』이며 칸트는 "나에게 물질을 다오, 그러면 그것으로부터 세계를 만들어 낼 수 있다."라 말했다. 현상계의 배후에서 현상을 가능하게 하는 세계의 본질을 '물자체'라 말할 때 그는 분명히 유물론자였다. 그러나 물자체의 인식이 불가능하다고 말하면서 그는 점차 회의론에 빠지고 관념론으로 넘어갔다. 칸트의 철학에는 그러므로 유물론적 요소와 관념론적 요소가 동시에 존재한다. 결국 실용주의철학자들은 과학과 거리가 먼 자신들의 철학을 합리화하기 위해서 이전의 중요한 철학들을 왜곡하는 데 주저하지 않았다. 나중에 듀이도 맑스의 철학을 왜곡한다.

13. '신념의 고정'

인간은 모두 일정한 신념을 갖고 살아가지만 옳은 신념도 있고 그른 신념도 있을 수 있다. 신념 때문에 애국자와 매국노가 갈라진다. 이토 히로부미(伊藤博文, 1841~1909)를 암살한 안중근(安

重根, 1879~1910) 의사나 백범(白凡) 김구[金九, 1876(고종 13년)~1949] 선생님을 암살한 안두희(1917~1996)도 자기 나름대로의 신념을 가졌을 것이다. 상상을 초월한 고통을 이겨낸 비전향장기수의 힘도 신념에서 나온 것이다. 사대매국에 앞장서는 뉴라이트들도 일정한 신념을 갖고 있다. 신념이 심오해지고 학문적인 근거를 갖게 되면 바로 철학이 된다. 옳고 그른 신념을 가늠해주는 잣대는 결국 보편적이고 객관적인 지식이다. 실용주의철학자 퍼스는 그러나 『신념의 고정』(*The fixation of belief,* 1877)이라는 책자에서 '참된 신념'이라는 표현이 불필요하다고 주장한다. 신념이 참이고 참된 것이 신념이기 때문이다. 신념의 반대는 회의이며 그러므로 중요한 것은 옳은 신념을 찾아내는 것이 아니라 주어진 신념을 확실하게 고정시키는 일이다. 흔들리지 말고 주어진 신념을 무조건 밀고 나가라는 말이다.

퍼스는 신념을 고정시키는 3가지 방법을 들고 있다.

첫 번째가 '지속의 방법'이다. 이것은 개인을 상대로 하는 방법이며 반복해서 주입하면 신념이 고정된다는 것이다. 예컨대 신이 있다는 말을 계속 들으면 사람은 신을 믿게 된다. 거짓말도 자꾸 하면 참말처럼 들린다. 그러나 개인 사이의 신념이 갈등을 일으킬 수 있기 때문에 사회적 신념이 더 중요한 역할을 한다.

두 번째가 '권위의 방법'이다. 이것은 국가권력의 지원 아래 집단전달 수단을 통하여 대중의 신념을 고정시키는 방법이다. 다시 말하면 사회적 신념을 만들어 주는 방법이다. 예컨대 어떤 노래를 라디오를 통해 계속 들려주면 그 노래가 유행하게 되고 어떤 책의 광고가 계속 신문에 나가면 그것이 잘 팔리는 좋은 책이 된다. 신문이나 방송에서 계속 소개되면 매국노가 애국자로 둔갑하고 침략자가 은인이 된다. 지배계급은 이 방법을 잘 이용해야 한다.

세 번째의 방법이 퍼스에 의하면 '과학의 방법'이다. '권위의 방법'이 효과적이지만 지식인들을 만족시킬 수 없다. 지식인들은 경험과 지식을 통하여 일상적인 신념이나 권위에 회의를 느낄 수 있기 때문이다. 퍼스는 여기서 '과학', '진리', '실재성' 같은 용어를 사용하며 과학적인 진리에 관심을 두는 것 같다. 그러나 여기서도 결국 사이비과학의 한계를 벗어나지 못한다.

퍼스는 '과학의 방법'과 연관하여 세계가 나의 체험이나 산물이 아니고 우리의 체험이고 산물이라 말하면서 개인의 주관을 벗어나 객관적이고 보편적인 진리를 인정하는 것 같은 인상을 준다. 그러나 세계가 나의 체험이든 우리의 체험이든 실재세계의 객관적 존재가 부정되기는 마찬가지다. 주관적 신념이 세계의 존재를 결정한다. 퍼스는 실재세계는 증명될 수 없으므로 감각적인 작용 속에서만 존재한다고 말하면서 감각을 세계를 인식하는 통로로서가 아니라 세계와 단절되는 차단막으로 생각한다. 신념을 고정시키는 '과학의 방법'은 개인보다도 어떤 특정한 집단에 유리한 신념을 추구하고 권장하는 방법이다. 다시 말하면 미국의 지배계급에 유리한 신념을 내세우고 그것을 객관적이고 보편적이라는 수식어를 붙여 선전하는 방법이다. 어떤 신념이 옳은가, 옳지 않은

가를 판단하지 말고 무조건 믿으면 옳다고 주장하는 실용주의적인 방법은 침략전쟁을 합리화하는 데 적절한 수단이 될지 모르지만 결국 인류의 양심에 어긋나며 평화를 사랑하는 세계민중의 지탄을 받지 않을 수 없다.

14. 실용주의 역사철학

'역사철학'이라는 말을 서양에서 처음 사용한 사람은 프랑스 계몽주의 철학자 볼테르(Voltaire, 1694~1778)였다. 그는 다양한 사건으로 이루어진 역사를 한 가닥 실처럼 꿰뚫고 있는 원리를 찾아내려 하였다. 볼테르에 의하면 그것은 계몽정신에 의한 역사의 진보였다. 그는 인류역사의 중심을 중국에서 찾았으며 유대인의 역사를 가장 잔혹한 역사라고 낙인찍었다. 역사철학은 역사의 시원과 종말, 역사를 움직여가는 동인, 역사발전의 법칙 등을 연구하는 학문이다. 인간에게는 자연 못지않게 역사가 중요하므로 역사철학이 중요한 역할을 한다. 올바른 역사관을 갖도록 도와주는 것이 바로 역사철학이다. 헤겔은 스스로의 관념론철학에 의거하여 역사철학을 정립하면서 역사를 이념의 자기발전 과정으로 해석하였고 맑스와 엥겔스는 변증법적 유물론을 역사발전에 적용하면서 유물사관을 정립하였다. 유물사관에 의하면 인간의 노동이 중심이 되는 생산력의 발전과 생산물을 분배하는 생산관계가 역사발전의 관건이 된다.

실용주의철학을 비롯한 현대 관념론철학은 대부분 역사철학 자체의 가능성을 부정한다. 역사는 우연한 사건들의 결합에 불과하므로 거기에서 어떤 법칙도 추출될 수 없으며 역사발전의 법칙을 추구하는 역사철학이 무의미하다는 것이다. 물론 역사발전에는 우연한 사건들이 많으며 자연과학의 연구에서 나타나는 것과 같은 정확한 법칙은 있을 수 없다. 그러나 우연과 필연은 항상 변증법적으로 연관되어 있으며 역사발전에도 우연을 통한 일정한 법칙이 작용하고 있다. 역사가 맹목적으로 움직여 가는 것은 아니다. 그렇기 때문에 사람들은 과거를 거울삼아 미래를 계획해 간다. 역사가 우연의 결합에 불과하다면 미래의 계획은 무의미하다.

미국의 물을 먹은 철학교수들이 주도하는 한국의 많은 대학에서 역사철학 강의가 철학교육과정에서 빠져 있다. 그것은 올바른 철학발전뿐만 아니라 올바른 국가발전을 위해서도 바람직하지 못한 현상이다. 역사철학을 배제하면서 실용주의는 젊은이들로 하여금 역사나 사회를 생각하는 대신 즉흥적으로 돈벌이와 향락을 추구하면서 눈앞에 보이는 개인이나 특정집단의 이익에 몰두하게 만든다. 건전한 역사의식과 사회의식이 없을 때 젊은이들은 외세의 강요에 의해서 분단된 나라에서 살고 있으면서도 조국통일에 무관심한 얼간이로 전락한다.

15. 피스크의 역사관

역사철학 대신 단순한 역사학이나 관념론적 혹은 실증주의적 역사이론이 현대 우리 철학을 주도하고 있으며 여기에 실용주의 역사학자 피스크의 주장도 일익을 담당하였다. 피스크는 3단계의 실용주의 방법을 역사이론에 적용한다. 신학적 역사이론을 공격하고 실증주의적 역사이론을 도입한 후에 신의 섭리를 다시 끌어들이는 방식이다.

피스크는 『미국의 정차이념』(*American political ideas*, 1885) 이라는 책에서 미국의 통치가 진화의 자연적인 결과라고 주장한다. 다시 말하면 앵글로색슨족에 의한 세계통치가 진화의 최고목표라는 것이다. 유럽과 미국의 역사는 열등한 민족에 대한 선택된 민족의 투쟁사다. 그것은 사물의 본성에서 나오는 진리이며 신의 의지와 일치한다. 피스크의 역사이론은 백인이 최고이고 앵글로색슨족이 슈퍼인종이라는 가설에 의존하는데 그것은 아무런 과학적 근거도 없다. 이러한 가설을 신념에로 고정시키는 것이 미국 역사학자들의 과제이다. 피스크는 아름다운 경치로 가득 찬 아프리카나 아시아가 계속 야만 상태로 머물 수 없으며 더 강한 민족에 의해서 문명화되어야 한다고 주장한다. 결국 앵글로색슨족이 역사의 최고목표를 실현할 날이 멀지 않다. 미국의 힘이 남극에서 북극까지 뻗치고 세계는 기독교의 축복 속에서 행복을 찾게 된다. 이렇게 하여 피스크는 제국주의와 기독교의 밀착관계를 은밀하게 발설한다.

아전인수 격으로 지어낸 가설 혹은 신념에 의존하여 인류역사의 발전을 해석하고 유도하려는 피스크의 역사이론이 얼마나 황당무계한가를 삼척동자도 잘 알 수 있다. 우리의 썩어빠진 학자들이나 사대매국적인 정치가들, 맹목적인 기독교인들을 빼놓고서는 피스크의 파렴치한 주장에 동감할 사람은 아무도 없을 것이다. 왜냐하면 그것은 바로 약소민족의 침략을 합리화하는 제국주의적인 역사관이기 때문이다. 일제의 통치가 우리 민족의 발전에 공헌했다고 생각하는 친일매국노들도 같은 맥락에 서있다.

16. 실용주의 법철학

실용주의적 입장에서 법 이론을 제시한 사람이 홈스다. 『일반법』(*The common law*, 1882)이라는 저서에서 그는 전통적인 자연법사상을 비판하면서 생존권, 자유권, 행복추구권 등의 기본권이 자연의 이법에 속한다는 사실을 부정한다. 그는 "법의 생명은 논리가 아니라 경험이다."라 말하면서 법의 정당성이 그 사회의 유용성에 의존한다고 주장한다. 사회적 경험으로 미루어 적합하다고 생각되는 것이 정의이고 법의 근거다. 그가 말하는 사회적 경험은 지배계급의 경험이다. 그것을 은폐하기 위해서 홈스는 '공동사회에 유용한 경험'이라는 말을 사용한다.

홈스에 의하면 인간의 가장 심오한 본능이 소유본능이다. 법의 주요목적은 이러한 본능을 유지하고 옹호해주는 일이다. 법의 판결은 사회적 영향을 고려하여 유용한 방향으로 내려져야 한다. 변호사의 임무는 고객에게 판결의 결과를 예상하게 해주는 데 있다. 이 세상에는 많은 이념이 자유롭게 경쟁을 하고 있다. 그것을 홈스는 '이념의 자유 시장'이라는 용어로 표현한다. 많은 이념 중에서 승리하는 이념이 유용한 이념이고 옳은 이념이 된다.

법의 근거를 인간, 자연, 사회의 과학적인 분석에서 찾는 대신 기존사회의 유지에 필요한 유용성에서 찾을 때 법은 강자들의 이익에 봉사하는 수단이 된다. 왜냐하면 많은 권한이 강자들의 수중에 있고 강자들은 모든 수단을 사용하여 여론과 편견을 조장하기 때문이다. 법이 강자들의 이익을 옹호하기 위해 존재하는가, 아니면 약자들의 이익을 위해서 존재하는가의 문제는 이미 그리스의 철학자 소피스트들이 제기했으며 실용주의는 강자의 이익이라고 명확하게 답하는 셈이다. 그렇게 되면 결국 법이 '귀에 걸면 귀걸이, 코에 걸면 코걸이' 식으로 운용되고 '유전무죄, 무전유죄'의 법칙이 사회를 주도하게 된다.

17. 제임스의 심리학(1)

심리학은 인간의 심리현상을 탐구하는 학문이다. 본능, 충동, 정서와 같은 심리현상이 포괄적으로 의식이라 불린다. 심리학의 과제는 인간의 의식이 어떻게 발생하고 어떻게 변하는가를 과학적으로 탐구하는 데 있다. 19세기에 들어서면서 그때까지 철학에 속해 있던 심리연구가 독자적인 학문으로 자리 잡게 되었다. 제임스는 『심리학 원리』(*The Principles of Psychology*, 1890)라는 방대한 저술을 통해 실용주의 심리학의 기초를 만들었다.

전통적인 서구의 심리학은 인간의 의식을 신이 부여한 영혼과 연관시켜 규명하려 하였는데 이 경우 영혼이 고정 불변하는 어떤 것으로 간주되었다. 그러므로 전통적인 영혼설은 비과학적이고 사변적인 한계를 벗어날 수 없었다. 제임스도 이러한 심리학을 비판하면서 심리연구를 시작한다. 심리현상을 신경조직 및 뇌의 활동과 연관시켜 생리학적으로 규명하려 한 것이다.

얼핏 보기에 제임스의 이론은 매우 과학적이고 진보적인 것 같은 인상을 준다. 그러나 자세히 살펴보면 제임스의 심리학도 과학으로 위장한 사이비과학이라는 사실이 드러난다. 심리적인 현상의 형성에서 기반이 되는 외부의 물질세계를 부정하며 인간의 의식화 과정에서 특히 중요한 역할을 하는 사회관계를 핵심적인 문제로 다루지 않기 때문이다. 제임스의 심리학은 주관적 관념론이라는 실용주의철학을 근거로 유물론적이고 과학적인 심리학을 파괴하려는 의도를 은밀하게 숨기고 있다.

18. 제임스의 심리학(2)

제임스는 인간의 심리현상을 인간이 태어날 때부터 갖고 있는 생득적인 본능으로부터 해명하려 한다. 제임스는 소유욕, 경쟁심, 전쟁 욕 등을 인간의 보편적이고 생득적인 본능의 핵심으로 간주한다. 그러나 객관적으로 분석해 보면 이러한 본능은 인간의 보편적인 본능이라기보다 경쟁을 위주로 하는 자본주의사회의 지배계급이 갖고 있는 본능이라는 사실이 드러난다. 이처럼 제임스의 심리학은 그 전제부터 오류를 범하고 있다.

구체적으로 인간의 의식은 어떻게 발생하는가? 제임스에 의하면 인간의 신경조직은 무한한 자극을 뇌로 흘려 보내고 이러한 흐름에 부합하는 무수한 지각이 만들어진다. 혼동 상태에 있는 '의식의 흐름'으로부터 인간은 각자의 관심에 따라 일정한 지각을 선택하게 되는데 그것이 바로 의식이다. 제임스에 의하면 선택의 잣대는 유용성이다. 그러므로 인간이 선택하는 지각이 결국 세계의 실재이고 세계는 나의 지각 혹은 의식의 총화일 뿐이다. 의식이 고정되어 신념과 습관으로 변한다.

유물론적이고 과학적인 심리학도 지각이 의식의 근원이라는 사실을 부정하지 않는다. 지각이 없이는 의식이 불가능하다. 그러나 지각은 현실세계로 나아가는 다리일 뿐, 현실자체가 아니다. 제임스의 심리학과 같은 주관적 관념론에서는 지각이 현실로 나아가는 통로를 차단해버리는 장벽이 되고 만다. 지각과 의식의 근원은 생득적인 본능이 아니라 그 자체로 존재하는 물질세계이다. 물질세계와 의식을 변증법적으로 연결시켜주는 것이 사회적 실천이다. 사회적 실천의 핵심에 노동이 자리 잡는다. 인간의 의식은 물질세계를 파악하고 변혁해가는 노동활동을 통해 발생하고 발전하는 것이다. 제임스는 물질세계와 사회적 실천과정을 무시하고 인간의 본능에만 눈을 돌리는 오류를 범한다.

19. 제임스의 심리학(3)

제임스는 혼돈상태에 있는 '의식의 흐름'을 심리현상의 '앞문'이라 부르고 그것을 선택하는 본능을 '뒷문'이라 부른다. 뒷문을 형성하는 것이 변하지 않는 본능이다. 본능은 관심을 통해 앞문에서 들어오는 여러 가지 지각을 선택하고 정리한다. 변하지 않는 생득적인 본능을 가정하면서 제임스는 전통적인 영혼설과 비슷한 형이상학적 주장에 빠진다.

제임스는 "사람이 슬프니까 우는 것이 아니라 우니까 슬프다."고 말한다. 다시 말하면 모든 심리현상의 근거를 생리학적 본능의 결과로 환원시키려 한다. 예컨대 미국의 흑인들은 백인들의 착취와 멸시 때문에 절망을 느끼고 슬픔을 느낀다. 제임스는 흑인들에게 근육의 이완을 풀며 편안한 마음을 갖게 하면 그들에게서 고통이나 슬픔이 사라질 것이라 가르친다. 한국의 어떤 사이비지식인이 미국에서 이 방법을 배워 와 사람들에게 엔돌핀을 많이 방출하면 건강해지고 행복해진다고 설교하는 것도 이와 같은 원리를 이용한 것이다. 화가 나면 조용히 10까지 숫자를 세고 있으면 화가 풀린다는 것이다. 인간의 감정변화는 근본적으로 사회적 조건에서 연유하기 때문에 먼저 그 조건을 개선해야 된다는 사실을 은폐하면서 이들의 설교는 결국 아편처럼 인간을 마취시킨다. 그것은 지배계급에게 억눌린 자들의 불만을 해소시키는 매우 효과적인 방법이다. 그러므로 방송매체는 항상 이 방법을 동원하고 있다. 사이비지식인들이 안방의 화면을 통해 순진한 아주머니들을 웃기면서 농락하고 있다.

서울 남대문을 불사른 노인의 경우를 살펴보자. 제임스의 심리학에 의하면 이 노인의 의식 속에 들어있는 파괴본능이 순간적인 억제력을 벗어나 폭발한 것이다. 빈부격차, 권력을 가진 자와 약한 자의 사회적 불평등과 같은 객관적 조건은 별로 중요하지 않다. 자기를 억제하는 교육이나 남을 배려하는 도덕적 수양이 부족했기 때문이다. 이러한 주장은 지배계급에게 유용한 논리로서 문제의 핵심을 비켜간다. 암 환자를 수술하는 대신 진통제만 계속 먹이라는 처방과 다를 바 없다. 행복한 사회를 실현하는 데 필요한 근본문제의 해결을 불가능하게 만든다.

20. 제임스의 심리학(4)

제임스는 본능, 감정변화, 습관을 인간이 태어날 때부터 갖고 있는 유기적인 정신구조라 말한다. 본능과 감정변화가 교육이나 여론을 통해서 습관으로 굳어진다. 인간의 행동에서 습관이 중요한 역할을 한다. 습관 때문에 노동자들이 계속 힘든 노동을 하게 되고 습관 때문에 자본가는 계속 자본가로 머물려 한다. 양반은 습관 때문에 양반을 벗어나지 못하고 상민도 습관 때문에 상민을 벗어나지 못한다는 것과 같은 말이다. 이러한 습관은 사회가 만들어주는 것이며 인간은 사회구조를 과학적으로 분석하고 변화시키면서 새로운 습관을 만들어 갈 수 있다는 사실을 제임스는 은폐하고 있다. 이기적인 습관이 황금만능의 자본주의에서는 보편적이지만 사회주의 사회에서는 예외로 취급된다는 사실을 언급하지 않는다. 그의 주장대로라면 같은 우리 민족인 남과 북의 사람들이 왜 서로 다른 습관에 익숙해 있는지가 해명될 수 없다. 사대매국적인 습관과 자주애국적인 습관은 결코 본능에서 유래하지 않는다.

제임스는 본능에서 유래하는 습관이 자본주의를 얽어매는 아교와 같은 역할을 한다고 말한다. 논리적 사고나 이성 활동은 이러한 습관에 봉사하는 도구에 불과하다. 다시 말하면 합리적 사고에 의해서 습관을 뒤바꿀 수 없다는 것이다. 습관을 형성하는 데 가장 유리하게 작용하는 것이 이기심, 소유욕, 파괴본능과 같은 생리적 본능이며 그것은 항상 유용성과 결부되어 나타나며 객관적 사물의 진리와는 무관하다고 주장한다.

결국 제임스의 심리학은 '만인의 만인에 대한 투쟁'이라는 생물학적 원리를 기초로 하여 자본주의와 제국주의를 인간의 본성에서 오는 자연적인 제도로 합리화하려는 사이비과학이다. 오늘날 대부분의 미국 심리학은 제임스의 심리학으로부터 영향을 받고 있으며 남한에서 가르쳐지고 있는 심리학, 특히 교육심리학도 그 영향을 벗어나지 못한다.

21. 제임스의 기질론

심리학자였던 제임스는 자기의 심리학을 철학으로 확대시키면서 많은 난관에도 불구하고 대학에서 철학 강의를 하는 데 성공했으며 『실용주의』라는 철학 저술도 내었다. 퍼스와 달리 제임스는 위장을 완전히 던져버리고 "유용한 것이 진리다."라는 기치를 공공연하게 들고 나섰다.

제임스는 모든 철학이 영원히 변하지 않는 인간의 기질에 따라 발생하고 발전한다고 주장한다. 인간의 기질은 크게 '부드럽고 섬세한 것'과 '거칠고 조야한 것'으로 구분되고, 앞의 기질에 해당하는 철학이 종교적인 관념론이며 뒤의 기질에 해당하는 것이 무신론적인 유물론이다. 이렇게 하여 물질과 의식의 관계에 따라 구분되는 철학이 인간의 심리영역에 의하여 결정되는 어떤 것으로 변한다. 종교와 철학의 화해가능성이 열린 것이다. 그것은 경험과 종교를 다 같이 필요로 하는 자본주의 사회에는 매우 유용한 이론이었다.

인간에게는 두 가지 기질이 모두 필요하고 그것을 잘 조화시키는 철학이 제임스에 의하면 바로 실용주의다. 실용주의는 구체적이고 경험적인 사실을 중요시하는 철학이면서 동시에 인간생활에 유용한 종교를 부정할 필요가 없는 철학이 된다. 실용주의는 신의 존재 유무는 커다란 의미가 없다고 주장한다. 신이 존재하지 않는다 해도 신에 대한 믿음이 유용하다면 신이 존재하는 것으로 간주되어야 한다. 결국 제임스의 철학은 과학적인 세계관이 아니라 관념론적인 철학과 종교를 뒤섞어 놓은 혼합물에 불과하다. 다시 말하면 노동운동을 제어하려는 지배계급의 교묘한 이론적 무기에 불과하다. 자연, 인간, 사회에 대한 과학적인 분석은 필연적으로 종교의 허구성과 노동운동의 정당성을 밝혀주기 때문이다.

22. 제임스의 진리론

참된 철학은 물질의 법칙으로써 자연 속에 내재되어 있는 진리를 찾아내고 그것을 총체적으로 인간의 삶에 적용하려 한다. 이 경우 진리의 기준은 실천이다. 실용을 강조하는 실용주의가 마치 이러한 철학인 것 같은 인상을 준다. 그러나 실용주의가 강조하는 실용은 이론에 부합하는 실천과 거리가 멀다.

제임스는 인간의 의식으로부터 독립해서 존재하는 모든 것을 부정하고 영국 경험론에서 절정에 달한 주관적 관념론을 새로운 모습으로 부활시킨다. 객관적으로 존재하는 실체가 사라진 후에 남는 것은 인간의 주관이며 결국 "유용한 것이 진리다."라는 명제가 도출된다. 그것은 상대주의적 진리관이다. 왜냐하면 사람들의 이해관계가 서로 다르고 어떤 사람에게 유용한 것도 다른 사람에게 해로울 수 있기 때문이다. 이라크의 침략은 미국에게 유용하지만 이라크 사람들에게는 말할 수 없는 재앙이고 고통이다. 부동산 투기나 주가 조작이 가진 자들에게는 한없이 유익하지만 일반 서민에게는 오히려 해악이 된다.

철학자 니체가 권력의 강화를 위해서는 "모든 것이 허용 된다." 고 말했는데 실용주의도 같은 맥락에 서있다. 거짓말도 유용하면 진리라는 것이다. 진리는 물론 절대적으로 고정된 것이 아니지만 진리에서는 보편성과 상대성이 서로를 변증법적으로 규정해주는 관계에 있다. 보편성이 무시되는 상대적이고 주관적인 진리는 강자의 궤변으로 변하기 쉽다. 이탈리아의 파시스트 무솔리니가 니체의 철학을 좋아한 것은 우연이 아니다. 파시즘은 인간의 보편적 진리와 어긋나는 지배욕의 표현이다. 무솔리니는 니체와 함께 제임스를 자기의 스승으로 숭배하였다. 1926년 4월 한 신문과의 인터뷰에서 무솔리니는 고백했다; "윌리엄 제임스의 실용주의는 나의 정치여정에서 많은 도움을 주었다. 제임스는 나에게 하나의 행위를 이론적 근거에 의해서가 아니라 그 결과에 따라 평가하도록 가르쳐주었다. 나는 제임스로부터 행위로 나아가는 신념, 삶과 투쟁에 대한 정열적인 의지를 배웠는데 파시즘의 성공은 대부분 그것 덕분이었다." 결국 과학적 이론이 결여된 제임스의 진리론은 강자의 지배욕을 합리화시키는 무기가 되었다.

23. 듀이의 교육철학

하버드에서 시카고로 활동무대를 옮긴 실용주의학파의 중심에 존 듀이(J. Dewey, 1859~1952)가 있었다. 록펠러재단에 의해서 1892년에 설립된 시카고대학의 철학과에 초빙된 듀이는 이 대학의 부설학교를 중심으로 실험교육을 실시하여 1899년에 실용주의 교육철학의 기초가 되는 『학교와 사회』(*The School and Society*, 1899)라는 저서를 내놓았다. 듀이도 제임스의 심리학에서처럼 태어날 때부터 갖고 있는 아동들의 변하지 않는 본능을 전제로 그것을 계발시키는 것이 교육의 과제라는 이념에서 출발한다.

관념론 철학자들의 오류 하나가 인간의 변하지 않는 본성을 가정하는 것이다. 객관적 관념론자였던 플라톤은 철학자가 중심이 되는 통치계급은 금(金)이, 군인과 같은 수호계급은 은(銀)이, 노동자와 같은 생산계급은 동(銅)이 섞이어 태어났다고 생각했다. 조선시대의 성리학자인 퇴계(退溪) 이황(李滉, 1501~1570)은 인간이 태어날 때 이미 상지(上知), 중인(中人), 하우(下遇)로 구분되어 있어 양반, 평민, 상놈이 결정된다고 주장하였다. 이러한 주장들은 주어진 계급사회를 철학적으로 합리화하는 데 있었다. 이퇴계의 주장에 의하면 양반은 양반으로 태어나고 상놈은 상놈으로 태어나기 때문에 그것이 뒤섞이어서는 안 된다. 이와 비슷하게 실용주의자들도 "자본주의가 생산력과 생산관계의 변화에 의해서 발생하는 사회제도가 아니라 인간의 본성에서 기인하는 영원한 어떤 것이다."라는 입장에서 출발한다.

듀이

듀이는 이와 같은 관념론적 인간관을 밑받침으로 실용주의 교육철학을 제시한다. 듀이에 의하면 인간은 태어날 때부터 변하지 않는 본능을 갖고 있는데 그것이 유용성과 연관되는 실천적인 노작이다. 그러므로 교육의 목표는 아동들의 입장에서 이러한 본능이 잘 발전하도록 도와주는 데 있다. 매우 참신하고 현실적인 것 같은 듀이의 이론에는 위험한 함정이 숨어 있다.

24. 아동중심교육(1)

듀이는 이전의 교육목표가 일정한 이론을 교과서를 통해 아동들에게 주입하는 데 있었는데 새로운 시대에는 교육의 목표와 방법이 바뀌어야 된다고 주장한다. 오늘 날에는 많은 노동자가 생겨나고 대중이 중심이 되는 사회가 만들어졌다. 노동자의 아들들은 본능적으로 이론보다도 실천적인 활동에 관심을 갖는다. 이전의 귀족이나 지배자들의 아동들에게 필요한 이론의 습득이 중요하지 않게 되었다. 그러므로 아동교육의 중요한 목표는 주어진 사회의 시민으로서 만족하고 적당한 직업을 선택하도록 준비시키는 데 있다.

그러나 듀이의 주장과 달리 올바른 교육은 아동들의 본능적인 호기심을 계발하는 데 있는 것이 아니라 인류와 조상들이 쌓아온 사회적 유산을 습득하고 발전시키게 하는 데 있다는 것을 유물론 철학은 역설해왔다. 예컨대 맑스주의에 의하면 인간의 본질은 동물과 달리 이기심을 벗어나 조화로운 사회생활을 영위하게 만드는 데 있으므로 교육의 목표는 청소년들로 하여금 불합리한 사회제도를 비판하고 개선해 가는 능력과 양심을 길러 주는 데 있다. 그것을 위해 가장 중요한 것은 청소년들이 조국과 민족을 위해서, 그리고 세계평화를 위해서 헌신할 수 있는 세계관을 습득하게 도와주는 일이다. 듀이는 이러한 교육에서 나타날 수 있는 위험성을 간파하였다. 다시 말하면 인간과 자연과 사회에 대한 과학적인 이론을 습득할 때 청소년들이 자본주의의 모순을 비판하는 혁명적인 사상을 갖기 쉽다. 듀이는 실험교육 혹은 직업교육이라는 기치를 내걸고 아동들의 흥미중심 교육을 권장했는데, 결국 그의 숨은 의도는 미국의 자본주의와 제국주의의 모순을 은폐하고 미국시민들로 하여금 거기에 잘 순응하게 길들이는 데 있었다.

오늘날 우리나라의 교육, 특히 대학교육에서 이러한 병폐가 두드러진다. 모든 이론을 체계적으로 연구하여 사회가 나가야 할 건전한 방향을 제시해주는 본래의 과제를 망각하고 대학이 직업훈련소로 변하고 있다. 올바른 세계관을 심어주며, 사회의 모순을 비판하고, 올바른 미래를 설계하는 데 도움을 주는 철학, 수학, 역사학 등을 연구하는 학과나 과목이 폐지되고 전문학교에서 바람직한 실용적인 학과와 강의가 주도한다. 미국의 실용주의 교육이론에 젖어 있는 교육 정책자들이 만들어 놓은 걸작이다. 기초가 부실한 실용적인 교육은 젊은이들로 하여금 나라의 미래를 개척하는 선구적인 역할을 스스로 포기하게 하는 것이다.

25. 아동중심교육(2)

듀이는 아동들의 호기심에 초점을 맞추어 아동들에게 바람직한 시민이 될 수 있는 교육을 실천적으로 가르치는 것이 현대교육의 목표라고 말한다. 아동의 능력을 최대한으로 개발시키는 데 반대할 사람은 없을 것이다. 그렇다면 이러한 교육의 내용이 구체적으로 어떤 모습을 갖는가?

듀이는 아동들에게 정신적인 교육보다도 직업훈련과 연관되는 실천적인 학습을 강화해야 한다고 주장한다. 학생들은 왜 노동자는 계속 노동자가 되고 자본가는 자본가가 되어야 하는가를 묻거나 의문시해서는 안 되며 다만 어떻게 노동을 잘 할 수 있는가를 배워야 한다. 한국학생들은 왜 학교에서 그리고 학원에서 죽도록 영어를 공부해야 하는가를 물어서는 안 되고 어떻게 하면 영어를 원어민처럼 잘 할 수 있는가를 배워야 한다. 어떻게 사는 것이 올바르게 사는가를 물어서는 안 되고 모든 수단을 동원하여 잘 살 수 있는 방법만을 배워야 한다. 노동자는 자기의 본성상 노동자가 될 수밖에 없었다고 생각하며 자본가가 정해주는 방식에 따라 열심히 일하고 그것이 인류를 위해서 봉사하는 길이라고 믿어야 한다.

듀이의 교육이론에서 만족하는 사람들은 누구보다도 자본가이며 지배자라는 사실이 명백하게 드러난다. 듀이가 말하는 새로운 교육을 받은 사람들은 아무런 불평도 없이 기계처럼 일하고 거기에 만족할 것이다. 노동운동, 잉여가치, 착취, 소외, 한 민족의 통일과 같은 문제에는 별 관심이 없이 조금이라도 더 많은 임금을 받고 스포츠나 영화를 즐기며 살아갈 것이다. 미국이 침략전쟁을 하든, 대학에서 총격사건이 벌어지든, 빈민가에서 마약과 매춘이 성행하든 별 상관이 없고 그저 자기만 무사하게 살아가면 된다.

26. 아동중심교육(3)

아동들의 생득적인 본능을 강조하면서 아동들에게 외부에서 지식을 주입해서는 안 되고 그것을 아동 스스로의 소양으로부터 이끌어내는 것이 참된 교육이라고 주장한 교육이론가가 듀이 이전에 이미 독일에도 있었는데 바로 프뢰벨(F.W.A. Fröbel, 1782~1852)이다. 오늘날 우리나라에도 그의 교육이론이 유행하고 있다. 마치 그것이 아동들의 소양을 계발하는 참신하고 효과적인 방법인 것처럼 소개되고 있는 것이다.

듀이도 프뢰벨을 높이 평가하였다. 스스로의 교육이론이 그로부터 많은 영향을 받았기 때문이다. 이들은 다 같이 '아동이 중심이 되는 학교'를 강조하는데 그것은 결국 아동의 본능이 중심이 되는 교육을 암시하는 말이다. 외부에서 주입하는 교육 대신에 아동들의 소양을 계발하는 교육을 듀이는 '코페르니쿠스적 혁명'이라 불렀다. 지구 주위를 태양이 도는 것이 아니라 태양을 중심으로 지구가 도는 것처럼 학교도 성인 중심이 아니라 아동을 중심으로 운영되어야 한다는 것이다. 그러나 참신한 것처럼 보이는 듀이의 교육혁명은 인류의 진보를 되돌리려는 일종의 반동혁명이었다.

듀이의 교육과정에서 교사는 미발달되고 뒤쳐진 아동들의 본능을 촉진시키는 역할을 한다. 교사는 아이들에 의해서 자발적으로 나타나는 성향에 정보를 제공하면서 훈련을 시킨다. 그렇다면 교사는 교육을 완전히 아동의 본능에 따라서만 행할 것인가? 물가에서 노는 아이들이 물에 빠지게 놓아 둘 것인가? 듀이도 물론 그렇게 말하지 않는다. 교사에게 어떤 지침과 방향이 있어야 한다.

그것이 듀이에게는 실용성과 연관되는 일상생활의 지침이었다. 다른 말로 말하면 미국의 지배계급에 유용한 실용주의적 지침이었다. 결국 아동중심의 교육이란 아동들의 실용주의적 본능과 교사의 실용주의적 지침이 부합하여 모든 것을 유용성과 연관시키는 제국주의적 인간을 만들어내는 데 있었으며 그것이 바로 듀이가 말하는 교육혁명의 참된 목적이었다.

27. 아동중심교육(4)

듀이는 실용주의 교육의 과제와 연관하여 일정한 목적을 수행하는 데 도움이 되는 수단을 선택하고 방해가 되는 수단을 제거하도록 가르치는 데 그 주안점이 있다고 설명한다. 목적은 관심에서 나오고 관심은 본능과 습관에서 나온다. 교육의 목표는 목적달성에 적합한 수단을 선택하고 응용하도록 도와주는 데 있다. 결국 목적이 수단을 합리화한다. 목적의 설정이나 그것을 실현하는 방법에서 객관적 진리는 의미가 없어진다.

실용주의 교육이 강조하는 것은 결국 행동강령이며 그 설정기준은 유용성이다. 진리 대신에 유용성이 행동을 이끌어가는 잣대가 된다. 모든 수업이 행동강령의 강화와 연관되어야 한다. 예컨대 역사교육은 역사의 발전과정이 아니라 일정한 시기에 어떤 방법이 목표달성에 효과적이었는가를 가르치면 된다. 자연과학도 어떤 방식으로 목표를 달성하는 것이 효과적인가를 가르치는 것이 핵심이 된다. 역사의 의미와 법칙을 묻는 역사학이나 자연의 법칙을 탐구하는 자연과학은 행동강령을 가르치는 데 방해가 되거나 위험하다고 듀이는 생각한다.

건전한 역사의식이 없이 모든 수단을 다해서 성공만 하면 된다는 행동강령이 자라나는 세대들에게 위험하다는 사실은 의심의 여지가 없다. 미국에서 공부하고 돌아와 유산을 빨리 받기 위해서 부모를 살해한 젊은이의 머릿속에는 실용주의의 원칙이 꽉 차 있었을 것이다. 실용주의적 원칙으로 살아가려는 사람에게 가장 방해가 되는 것은 양심이다. 인간의 보편적 양심만 버리면 실용주의적인 행동강령이 인생을 살아가는 데 더없이 편리한 무기가 된다.

28. 듀이의 경험철학

경험은 듀이의 철학에서 주춧돌이 된다. 듀이는 버클리의 "존재는 지각이다."라는 말을 변용하여 "존재는 경험이다."라 주장한다. 버클리의 '지각'이 너무 수동적이므로 능동적인 '경험'으로 대치하려 한 것이다. 듀이는 『철학의 재구성』(*Reconstruction in Philosophy*, 1919), 『경험과 자연』(*Ex-perience and nature*, 1925), 『확실성의 추구』(*Quest of Certainty*, 1929) 등에서 그의 이론을 철학적으로 제시한다. 듀이에 의하면 이전의 전통적인 철학들은 이론과 실천을 분리시키고 이론에 의해서 얻어진 독단적인 권위에 의존하였다. 듀이는 인간의 의식 밖에서 존재하는 어떤 것을 전제로 하는 모든 철학을 비판한다. 그러므로 의식의 밖에서 독자적으로 존재하는 정신적인 것을 전제로 하는 객관적 관념론과 물질적인 것을 전제로 하는 유물론을 한 그릇에 넣어 전통적인 학문으로 낙인찍고 비판하려 한다.

유물론도 실천의 중요성을 간과하지 않는다. 유물론도 실천이 없는 이론은 효과가 없고 이론이 없는 실천은 맹목적이라는 사실을 강조한다. 그런데 실천과 연관되는 경험은 개인의 '일상적인 경험'과 인류의 '보편적인 경험'으로 나뉜다. 실용주의는 전자를, 유물론은 후자를 더 강조한다. 보편적인 경험은 과학적인 연구의 결과를 고려하면서 인간의 사회생활에 필요한 행동의 원칙을 만들어 준다.

듀이는 이러한 원칙이 독단이라고 말하며 변화에 적응하는 일상적인 행동강령을 출발점으로 삼아 경험의 문제를 해결하려 한다. 인간은 '시행착오'에 의해서 그때그때 유익하다고 생각되는 행동을 선택하며 그것이 결국 경험으로 누적된다는 것이다. 그것은 개인의 본능이 주도하는 경험이다. 인류의 보편적인 경험이 경시되는 행동강령의 부추김이다. 자연, 역사, 사회, 인간에 대한 보편적인 경험과 지식을 외면하고 개인이나 집단의 이기적인 행동강령에 초점을 맞추는 철학이다. 듀이의 경험철학은 결국 아무런 원칙도 없이 이기적인 것만을 추구해가는 미국인들의 생활태도를 합리화하는 데 도움을 줄 수 있을 뿐이다. 약소민족의 자주성이나 세계평화와는 거리가 먼 철학이다.

29. 자연과 인간의 조화

듀이는 실천적인 경험이 자연의 내면으로 파고들며 인간과 자연의 벽을 무너뜨린다고 주장한다. 매우 타당한 것으로 보이는 이러한 주장에는 함정이 있다. 자연의 본질을 인간의 경험 속으로 소멸시켜버리기 때문이다. 듀이는 인간이 사물의 본질을 인식하기 전에 소유하며 이용한다고 주장한다. 사물의 인식은 중요하지도 않고 필요하지도 않다. 과연 그러할까? 듀이는 불을 예로 들면서 설명한다. 인간은 불이 어떤 해를 끼치며 어떤 도움을 주는가를 통해서 불이 무엇인가를 알아간다. 그러나 듀이의 설명은 개인의 경험에만 해당될 뿐이다. 인류는 과학적인 연구를 통해서 불의 본질을 밝혀내고 이용해 왔다.

베이컨이 말한 것처럼 인간은 자연을 지배하고 이용하기 위해서 먼저 자연의 법칙을 알아야 하며 이러한 노력이 인류의 경험으로 축적되었다. 인간의 의식이나 경험으로부터 독립하여 그 자체로 존재하는 사물의 본질이 인식되지 않는다면 자연과 인간의 조화는 이루어질 수 없다. 조선의 철학자 서경덕(徐敬德, 1489~1546)이 말한 것처럼 격물치지(格物致知)가 자연을 이해하는 최선의 방법이다. 사물의 이치를 통해서 인간의 지식이 성숙하는 것이다.

듀이처럼 자연을 경험으로 환원시키고 경험을 인간 활동의 결과와 일치시킬 때 참된 이념이나 진리도 존재하지 않고 모든 것이 목적을 위한 수단으로 변하며 인간은 다시 이리와 같은 이기적인 인간으로 되돌아간다. 문명의 탈을 쓴 '이리', 미국의 침략을 상징하는 '람보'가 남을 뿐이다. 어떤 이름으로 위장하든 실용주의적 인간의 본질과 정체는 인류의 보편적인 이상과 조화될 수 없다.

30. 도구주의

듀이는 목적을 달성하기 위한 수단을 찾아내는 실용주의적 방법을 '도구주의적 방법'이라 부르면서 진리의 도구주의적 성격을 제시한다. 도구는 그 자체에 목적이 있는 것이 아니라 어떤 것을 성취하는 데 필요한 수단이다. 진리가 바로 하나의 도구이다. 듀이는 스스로의 도구주의를 해명하기 위해서 이성과 통찰을 구분한다. 전통적인 철학에서 가장 중요하게 여기는 이성은 이론과 실천을 양분하여 이론을 우위에 둔다. 이에 반해 이론과 실천을 결합시키는 실용주의적 통찰은 실천을 우위에 둔다. 그러나 이성이라는 용어 사용에서도 듀이는 트릭을 사용하고 있다.

플라톤이나 칸트가 중심이 되는 전통적인 관념론철학에서는 이성이 실천과 유리된 순수한 정신영역일 수 있다. 그러나 유물론철학은 이성을 항상 실천과 연관시킨다. 이성은 사물의 본질에 내재하는 원리다. 그 원리는 실천을 이끌어 가는 법칙이며 동시에 실천에 의해서 그 진리가 검증된다. 듀이는 이러한 구분을 간과하면서 이성을 독단이라 부른다. '통찰'이 '이성'을 대신하는 과학적인 무기라는 인상을 주려 한다.

듀이에 의하면 '통찰'은 경험을 재구성하기 위해서 이전의 경험을 이용하는 도구다. 이성이 명상적인 반면 통찰은 활동적이다. 통찰은 어떤 수단이 목적의 실현에 가장 적합한가를 선택하는 능력이다. 선택의 기준은 객관적 진리가 아니라 유용성이다. 신비주의나 신화도 유용하다고 통찰이 될 때 진리가 된다. 즉흥적인 통찰이 순간적으로 원리와 원칙을 뒤바꿀 수 있다. 여기서 우리는 제멋대로 원칙을 뒤바꾸는 미국의 대내외 정책이 어떻게 만들어지는가를 잘 간파할 수 있다. 원칙이 아니라 목적의 실현에 도움이 되는 통찰이 가장 중요한 열쇠가 된다.

31. 과학과 종교의 화해

듀이는 전통적인 철학과 종교가 갈등을 빚은 이유는 이들이 다 같이 인간의 외부에서 그 자체로 존재하는 어떤 실체를 가정했기 때문이라고 주장한다. 종교는 신을, 객관적 관념론은 절대정신이나 이데아를, 유물론은 물질적인 실체를 가정했다는 것이다. 이러한 실체는 존재하지 않으며 존재하는 것은 인간의 지각이나 경험뿐이라는 사실이 인정될 때 종교와 과학이 서로 다툴 근거가 없어진다는 것이다.

듀이는 주관적 관념론의 입장에 서서 객관적 관념론과 유물론의 상반성, 종교와 과학의 상반성을 은폐하려 하는데 그것은 매우 유치한 환상이었다. 객관적으로 존재하는 실재세계를 부정하는 방식으로는 참된 철학이 불가능하기 때문이다. 듀이는 자연적 진리와 초자연적 진리를 혼동하면서 이들을 모두 형이상학으로 낙인찍고 부정하려 한다. 둘을 다 같이 희생시키는 대가로 자신의 철학을 정당화하려 한다.

듀이의 시도에서 진짜로 희생되는 것은 과학과 참된 철학이다. 왜냐하면 객관적 관념론이 가정하는 참된 세계나 종교가 가정하는 초월적인 세계는 그 자체로 허구이며 환상이기 때문에 더 이상 희생될 여지나 근거가 없다. 듀이의 교묘한 주장에서 희생되는 것은 오로지 과학을 근거로 하는 유물론철학일 뿐이다. 역사의 발전은 유물론철학에 더 많이 의존해왔다. 봉건사회를 무너뜨린 결정적 역할을 한 것도 프랑스 계몽주의 유물론철학이었다.[4)]

32. 종교의 혁신

---

4) 보다 자세한 것은 저자의 『무신론자를 위한 철학』(중원문화, 2015) 참조.

듀이는 전통적인 종교를 비판했지만 종교를 송두리째 거부할 의도는 전혀 없었다. 오히려 변화된 현대사회에 적응할 수 있는 새로운 종교이론을 구성해 내려 하였다. 과학이 발전하고 노동계급이 출현한 현대에 전통적인 형식의 종교가 이미 그 힘을 상실했기 때문이다. 듀이는 '종교'와 '종교적인 것'을 구분하면서 이 작업을 시작한다. 전통적인 종교는 교회를 중심으로 초자연적인 것에 대한 믿음과 복종, 예배 등으로 구성되었는데 초자연적인 것의 존재가 의문시되는 현대에서 그 의미가 상실되었다. 그러나 그때그때 유용성을 추구하며 시행착오적으로 살아가는 인간에게 세상은 많은 위험으로 가득 차 있다. 인간은 보이지 않는 어떤 운명적인 힘을 생각하며 그것에 의지할 때 평안을 얻을 수 있다. 그것은 사회제도에 대한 순종을 통해서만 가능하다. 세속적인 일상생활에서 '종교적 체험'이 나타나며 그것은 인간의 본성에서 유래하고 인간에게 보편적이다. 결국 이러한 종교적 체험이 사회생활의 축을 형성하게 된다.

듀이가 말하는 종교적 체험은 자발적인 것이다. 보이지 않는 운명적인 힘에 순종하려는 자발적인 감정은 종교가 불러오는 것이 아니며 거꾸로 이러한 감정이 바로 '종교적인 것'을 만들어 준다. 이러한 감정은 인간의 의지를 벗어나 있는 보이지 않는 힘에 의존한다. 종교적 감정은 결국 현실과 이상의 합치라는 보상을 얻게 된다. 듀이는 '현실적인 것'과 '이상적인 것'의 적합한 조화가 바로 신이라고 말한다.

듀이의 종교이론은 새로운 모습의 기독교를 사회 전반에 끌어들이려는 교묘한 속임수에 불과하다. 이러한 속임수를 통해 지배계급은 노동자와 민중의 저항을 무마할 수 있게 된다. 현존 사회질서에의 순응이 장려된다. 듀이의 새로운 종교도 결국 '민중의 아편'으로서 효과적인 역할을 수행하며 듀이는 이러한 아편을 퍼뜨리는 데 일정한 기여를 한 셈이다.

33. 문화요인

사회는 문화와 인간본성 사이의 상호작용으로, 인간본성은 다양한 생물학적 요인으로 구성되어 있다는 전제와 더불어 듀이는 그의 사회철학을 시작한다. 듀이에 의하면 문화 자체도 다양한 요인으로 이루어졌다. 법, 정치, 산업, 무역, 과학, 기술, 도덕, 예술, 종교, 철학 등이 문화를 형성하는 요인들이다. 이들 요인은 동등한 입장에서 상호작용을 한다. 어느 하나가 결정적인 역할을 하는 것이 아니다. 이들 요인에 대한 과학적인 인식이 불가능하기 때문에 사회과학은 성립할 수 없다. 인간행위는 유용성을 추구하며 즉흥적으로 일어나는 시행착오적 실험일 뿐이다. 그러므로 인간행위의 사전 계획이란 불가능하다. 이것이 듀이가 말하는 '다원주의적 요인이론'이다.

듀이는 다원주의라는 무기로 전통적인 철학을 비판한다. 전통적인 철학은 관념론적이든 유물론적이든 모두 일원론적이다. 듀이는 두 철학경향을 벗어나 제3의 길을 가려 한다. 그것을 문화이론에도 적용한다. 문화를 인간본성의 산물로 규정하고 거기에 비중을 두는 철학은 사회를 변화시키는 핵심요인으로서 도덕적인 힘을, 인간본성을 벗어난 외적인 요인을 강조하는 철학은 경제적인 법칙을 강조한다. 이들은 모두 한 요인을 극단화시키는 일원론이며 현대에서는 이러한 일면성을 벗어나야 한다.

그러나 자신의 의도와는 달리 듀이가 인간본성을 강조하면서 일원론으로 복귀한다는 사실을 우리는 계속되는 그의 철학논쟁에서 쉽게 간파할 수 있다. 듀이는 동물적이며 변하지 않는 인간본성을 사회를 설명하는 주춧돌로 삼는다. 듀이는 1939년에 나온 『자유와 문화』(*Freedom and Culture*, 1939)라는 책에서 스스로의 다원론을 합리화하고 일원론적인 사회철학을 비판할 목적으로 맑스주의와 논쟁을 시작한다. 듀이의 오류와 한계는 무엇인가?

34. 맑스주의 비판

자본주의가 발전하고 노동계급이 출현하여 이들의 이념을 대변해주는 맑스주의 철학이 점차 그 정당성을 획득해 갔다. 듀이도 이 사실을 눈감아버릴 수 없었다. 듀이의 맑스주의 비판은 대부분의 다른 비판자들처럼 맑스주의의 경제결정론을 과녁으로 삼는다. 경제결정론은 다원주의와 어긋나는 일원론적인 철학이라는 것이다. 이러한 비판은 듀이가 맑스(K. Marx, 1818~1883)의 『자본론』(*Das Capital*, 1867)에 대한 분석을 심도 있게 수행하지 않았다는 것을 보여준다. 듀이는 원래의 맑스는 경제결정론을 제한하려 하였는데 맑스를 잇는 맑스-레닌주의에서 이러한 제한이 폐기되었다고 주장한다. 얼핏 맑스를 옹호하는 것 같은 인상을 주지만 그러나 그것은 맑스의 본질을 비켜가고 있다.

듀이의 맑스주의 비판은 스스로 만들어 놓은 맑스주의의 허상에 대한 비판일 뿐 참된 맑스주의에 대한 비판이 아니다. 맑스는 물론 맑스주의도 경제결정론을 주장하지 않았기 때문이다. 물론 맑스는 "인간의 의식이 인간의 존재를 결정하는 것이 아니라 거꾸로 사회적 존재가 인간의 의식을 결정한다."라 말했다. 그것은 의식과 존재의 관계에서 그 선차성, 근원성을 말한 것이지 그 결정적인 역할을 말한 것은 아니다. 고대 유물론이 물질과 정신의 관계에서 물질의 선차성을 말했지만 결코 정신의 중요성을 간과하지 않는 것과 마찬가지다.

맑스뿐만 아니라 대부분의 맑스주의 철학자들도 인간의 의식이나 이념이 사회발전에 미치는 중요성을 부정하지 않았다. 이념이 민중을 사로잡을 때 물질적인 무기가 된다는 사실을 모두 강조하였다. 사회발전에서 철학의 중요성을 결코 부정하지 않았다. 그것을 부정했다면 맑스는 철학을 그만두었을 것이다. 실천적인 노동운동에만 전념했을 것이다. 듀이의 맑스주의 비판은 결국 단순한 주장에 불과하였다. 비판적인 논거가 구체적으로 제시되지 못하였다. 구체적으로 맑스의 철학을 분석할 때 거기에 동화될 수 있는 위험이 도사리며 그것은 무조건 맑스의 철학을 비판해야 한다는 행동강령에 아무런 도움도 주지 않기 때문이다. 듀이는 맑스주의와의 진지한 논쟁이 아니라 스스로의 선입견을 유리한 방향으로 이끌어가기 위한 효과적인 방법을 선택한 것이다.

35. 다원주의

일반적으로 '다원주의'는 여러 가지 복합적인 요인들을 고려하고 모든 집단의 의견을 절충하기 때문에 민주적이고 자유로운 사회를 만들어 내는 열쇠라는 생각이 지배적이다. 그러나 다원주의는 일정한 원칙을 무시하고 모든 것을 허용하면서 견고한 사회적 기반을 무너뜨리는 부정적인 작용도 한다. 무분별한 다원주의를 통해 모든 것이 잡탕이 되는 사회적 혼란이 야기될 수 있다.

실용주의도 다원주의를 지지한다. 다원주의를 내세우는 근거로 듀이는 독자적인 물질의 실체나 법칙이 없으므로 자연과 사회와 인간에게 필연성 대신에 개연성만이 존재한다는 가설을 들고 있다. 듀이의 주장은 필연성과 개연성, 필연성과 우연성을 분리시켜 생각하는 형이상학적인 사고방식에서 나오는 오류이다. 실제로 필연과 우연은 항상 변증법적으로 연결되어 있다. 듀이의 주장과는 달리 우리는 인간, 자연, 사회에 대한 과학적인 학문을 만들어 가고 있으며 이러한 학문을 계속 발전시켜 갈 수 있는 것은 바로 일정한 의미에서의 필연성이 존재하기 때문이다.

듀이는 맑스가 구체적인 사회관계를 연구하는 대신 헤겔의 권위에 의존하면서 오류를 범했다고 비판하는데 맑스의 철학을 옳게 이해한다면 듀이의 주장이 얼마나 오류인가를 잘 알 수 있다. 맑스와 엥겔스는 이전의 모든 권위를 부정하고 영국의 고전경제학, 프랑스의 공상적 사회주의, 독일의 유물론철학을 비판적으로 연구하고 분석하였다. 헤겔의 철학을 180도 거꾸로 돌려 세운 것이 맑스였다. 맑스가 헤겔의 변증법을 발전시킨 것은 헤겔의 권위 때문이 아니라 과학의 연구에서 나오는 필연적인 결과였다. 듀이의 비판은 맑스에 대한 비판이라기보다 과학일반의 가능성에 대한 비판이었다. 듀이가 사용한 비판의 무기가 바로 다원주의와 개연성이었는데 그 허구를 무너뜨린 철학이 역으로 맑스주의와 유물론이다.

36. 듀이의 도덕론

듀이에 의하면 사회문제는 도덕문제로 환원된다. 인간은 오늘날 무한한 힘을 소유하고 있다. 이러한 힘을 어떤 목적에 사용해야 할지 모른다. 그것을 결정하는 것이 도덕이다. 도덕은 인간본성에 기인하므로 인간본성이 결정적인 요인이 되어야 한다. 결국 사회적, 정치적, 경제적 문제의 해결도 심리학, 윤리학, 종교의 과제로 환원된다. 미국의 민주주의나 자유도 자유를 획득할 수 있는 인간본성에 대한 신념에 의존한다. 듀이에 의하면 사회문제는 개인의 자유로운 선택에 달려 있다. 선택의 기준은 물론 유용성이다. 선악의 척도는 개인에 따라 다르며 절대적이 아니다. 보편적인 행동규범이 존재하지 않으므로 개인은 다원적, 분파적, 실험적 방식에 따라 그때그때 행동방식을 선택하면 된다.

듀이는 도덕의 근원으로서의 사회적 관계를 무시하고 단순한 인간의 본성으로 되돌아간다. 그것은 완전히 개인주의적이고 이기적인 도덕론이다. 인간과 동물을 혼동하는 비합리적 사고방식이다. 결국 도덕론에서도 듀이는 스스로 비판했던 일원론, 다시 말하면 본능중심의 일원론으로 되돌아간다.

인간은 합리적 이성을 통해서 사회구조를 바꿀 수 있다. 건전하고 행복한 사회를 만들기 위해서는 도덕이 중요한 역할을 한다. 그러나 듀이의 주장에 의하면 사회는 쉽게 변하지 않는다. 인간본성이 변하지 않기 때문이다. 듀이의 도덕론은 결국 현상유지를 목표로 하는 지배계급이나 침략을 일삼는 제국주의 국가들에게 면죄부를 주는 일종의 궤변이다.

37. 우리 민족과 실용주의

실용주의는 우리 민족의 정서와 어울리는 철학인가?

실용주의는 식민지를 개척하고 약소국가를 침략하는 데 유용한 공격적인 철학이다. 정의나 양심 같은 것은 묻어두고 무조건 앞으로 밀고 나가자는 저돌적인 행동철학이다. 그런 의미에서 실용주의 철학이나 교육이론은 우리 민족의 정서와 결코 어울리지 않는다. 구체적으로 그 이유를 살펴보자.

첫째, 우리 민족은 약소국가로서 결코 남을 침략하지 않았다. 외세의 강요와 무지한 집권자 때문에 베트남전쟁에 참여하여 역사적 오명을 남겼지만 우리는 근본적으로 평화를 사랑하는 백의민족이다.

둘째, 우리 민족은 예로부터 상부상조하며 이웃을 사랑하는 전통 속에서 살아왔다. 자기 혼자 잘사는 것보다 더불어 사는 데 기쁨을 누려왔다. 철저하게 자기의 이익만을 생각하며 모든 수단을 다 사용하여 출세를 하고 자기만 잘 살면 된다는 실용주의적 사고방식과 교육은 우리의 젊은이들을 이기적인 인간으로 타락하게 만든다.

셋째, 우리는 지금 외세의 강요에 의하여 분단국가로 살고 있다. 분단을 강요한 외세는 우리의 분단으로 많은 이익을 얻을 수도 있다. 그러나 한 핏줄과 언어를 가진 민족이 분단되어 서로 원수처럼 싸운다는 것은 너무나도 잔인하고 참담한 비극이다. 실용주의적 사고방식으로는 통일이 불가능하다. 통일이 되든 안 되든, 나라가 망하든 말든, 남의 나라 식민지가 되든 말든 나만 적당하게 잘 살아가면 된다는 이기적인 생각이 실용주의를 통해 길러지기 때문이다. 돈을 벌어 출세를 하고 정치에 참여하여 권력과 부를 얻는다는 기회주의적인 지식인만이 양산된다. 오늘날 우리 젊은이들이 보여주는 병폐는 바로 실용주의적 교육이 낳은 산물이다.

우리에게 필요한 것은 정치, 경제, 문화 등의 모든 분야에서 외세를 물리치고 우리의 자주성을 확립하며, 우리 민족의 정기를 새로운 시대에 걸맞게 되살리는 철학뿐이다.

II. 실증주의철학 비판

Karl Marx, 1818~1883년 Friedrich Engels, 1820~1895

Ⅱ. 실증주의철학 비판

1. 초기 부르주아철학과 후기 부르주아철학

실증주의는 현대철학, 더 정확히 말하면 현대 자본주의사회의 철학에서 중요한 역할을 하고 있다. 그러므로 실증주의를 이해하기 위하여 우리는 먼저 자본주의 사회를 주도하고 있는 현대 부르주아철학의 전체적인 발전과정을 개괄해 볼 필요가 있다. 현대 부르주아철학은 초기와 후기로 구분되고 시대적 요건에 따라 그 내용도 변하였다. 초기 부르주아철학은 중세의 봉건제도를 밀어내고 자본주의 사회를 성립시키는 데 주도적인 역할을 했던 서구 부르주아지(시민계급)의 근세철학을 말한다. 이 철학은 중세 스콜라철학을 비판하면서 나타난 영국의 경험론에서부터 시작되었다. 물론 지역과 시대에 따라서 다양한 모습을 보여주고 있지만 초기 부르주아철학은 봉건제도를 비판하고 자본주의 사회를 성립시키는 데 기여를 했다는 점에서 공통성을 지닌다. 그러므로 이 시기의 철학이 고전철학으로 불리기도 한다.

초기 부르주아철학은 앞장에서도 언급한 바 있는 영국의 철학자 베이컨(F. Bacon, 1561~1626)에서 출발하여 독일의 유물론철학자 포이어바흐(L. Feuerbach, 1804~1872)에 이르는 다양한 철학을 포함한다. 후기 부르주아철학은 쇼펜하우어(A. Schopenhauer, 1788~1860)에서 출발하는 생(生)철학적인 방향과 콩트(A. Comte, 1798~1857)에서 출발하는 실증주의적 방향이 주류를 이룬다. 우리는 서구 부르주아철학을 초기와 후기로 구분할 필요가 있는데 그것은 이들 철학이 시대적인 차이뿐만 아니라 질적인 차이를 지니고 있기 때문이다. 이들이 지니는 질적인 차이를 잘 이해하는 것이 현대 부르주아철학을 포괄적으로 이해하고 비판하는 데 많은 도움을 준다.

초기 부르주아철학은 유물론과 관념론을 다 같이 포함하고 있으며 봉건주의사회의 모순을 비판하고 이성적인 새로운 사회를 건설해가는 이념을 제공해주는 긍정적인 역할을 수행하였다. 다시 말하면 이 철학은 1789년의 프랑스대혁명을 중심으로 하는 서구 시민혁명의 이념을 대변하는 철학이었다. 이에 반해 후기 부르주아철학은 시민혁명이 종결되고 자본주의 사회가 정착되면서 기득권을 획득한 부르주아지가 새로 등장한 노동계급에 반하여 자신들의 기득권을 옹호하는 데 이용한 철학이었다. 그러므로 후기 부르주아지는 이전의 비판적인 역할을 포기하고 철저하게 관념론에 의거하여 자본주의 사회를 직접 · 간접으로 옹호하는 수구적인 입장으로 선회하였다. 초기 부르주아철학이 자연과학 및 예술의 발전과 긴밀한 연관을 맺으면서 사회문제와 역사문제에 눈을 돌리고 진리와 인식의 문제를 중시한 반면 후기 부르주아철학은 사회문제나 역사문제를 외면하고 개인의 내면문제나 사물의 외적인 현상에 눈을 돌리면서 진리와 인식의 문제를 포기하였다. 초기 부르주아철학이 휴머니즘적인 역사발전의 문제에 관심을 가지면서 민중의 호응을 얻었다면 후기 부르주아철학은 민중의 철학으로 등장한 맑스주의에 대항하면서 오히려 민중을 억압하는 이념을 지원하거나 외면하는 입장으로 변하였다.

2. 근세 영국의 경험론철학

서양 근세철학은 중세 스콜라철학을 비판하면서부터 시작되었다. 그 선두 그룹에 일련의 영국 경험론철학자들이 있었는데 그 대표적인 인물이 16세기의 F. 베이컨이었다. 1561년에 태어난 베이컨은 영국이 1588년 스페인의 무적함대를 격파하고 해상의 주도권을 잡으면서 경제적 번영을 누리던 시기에 활동하였다. 그는 "아는 것이 힘이다."라는 기치를 내걸고 종교적인 속박을 비롯한 모든 편견을 벗어나 과학적인 지식을 탐구하는 길만이 인류를 행복하게 만들 수 있다고 확신하였다. 무용한 스콜라적 사변이 아니라 관찰과 실험을 통한 자연의 탐구를 통해 자연을 지배하는 것이 인류역사의 발전과정이다. 자연의 지배는 자연의 법칙을 그 자체로 이해할 때만 가능하다. 베이컨은 영국경험론철학의 개척자일 뿐만 아니라 서양근대철학의 출발을 알리는 위대한 선구자였다.

베이컨의 이념을 계승한 홉스(T. Hobbes, 1588~1679)는 경험에 의존하는 갈릴레이(G. Galilei, 1564~1642)의 기계적이고 수학적인 자연해석을 정확하게 터득하였고 그 방법을 역사이론과 사회이론에 응용하려 하였다. 로크(J. Locke, 1632~1704)는 인간이 태어날 때부터 갖고 있다는 선험적인 인식능력을 부정하고 인간의 관념이 경험을 통해서 발생한다는 사실을 제시하였다. 베이컨에서 홉스를 거쳐 로크에 이르는 영국의 경험철학은 물질이 인간의 외부에서 그 자체로 존재하며 그것을 반영하여 인간의 의식이 발생한다는 유물론의 입장을 견지하였다. 물론 아직 종교적인 잔재를 완전히 벗어날 수 없었기 때문에 로크는 사물 자체에 속하는 제1성질과 더불어 인간의 감각에 의존하는 주관적인 제2성질을 가정하면서 주관적 관념론이 들어설 여지를 남겨놓았지만 근본적으로 사물자체가 만물의 근원임을 확신하면서 유물론에 접근하였다.

중세의 스콜라철학을 비판하는 이들 철학자들에 의해서 종교적 이념이 부정될 수 있는 위기에 처하게 되자 종교적 철학자들인 버클리(G. Berkeley, 1685~1753)와 흄(D. Hume, 1711~1776)은 사물의 성질은 물론 그 실체까지 부정하고 사물을 주관적인 감각의 산물로 규정하면서 경험론철학에서 유물론적인 요소를 배제하려하였다. 사물 자체가 존재하지 않으므로 보편적인 인식이나 진리가 불가능하다는 이들의 철학은 사물의 실체와 그 인과법칙을 부정하면서 회의주의에 빠지고 결국 습관적인 인식에 의존하면서 그 정당성을 보증해주는 신의 존재를 가정하게 만들었다. 외적인 사물이 그 자체로 존재하는 것이 아니라 인간의 주관에 의존한다는 주관적 관념론이 이렇게 하여 현대철학을 주도하는 한 계기가 되었다. 그것은 잘 나가다가 삼천포로 빠지는 초기 영국철학의 모습을 우리에게 잘 보여준다. 주관적 관념론의 주장은 상식과 실천에 어긋나는 궤변일 뿐이다.

3. 18세기 프랑스의 유물론철학

영국의 경험론철학에서 많은 것을 배우고 그 한계를 깨달은 18세기 프랑스의 계몽철학은 더 확고한 유물론으로 무장하고 시민혁명을 이념적으로 이끌어주었다. 이 시기의 대표적인 철학자가 라메트리(J.O. La Mettrie, 1709~1751), 디드로(D. Diderot, 1713~1784), 홀바흐(P.H.D. Holbach, 1723~1789), 엘베시우스(C.A. Helvetius, 1715~1771) 등이다.

라메트리는 『인간기계론』(*L'homme-machine*, 1747)에서 생명과정에 관한 경험적 연구를 시도하면서 영혼의 물질성을 규명하였다. 의식을 포함한 모든 자연현상의 기초는 물질이다. 자연은 무기물, 식물, 동물로 구성되어 있는데 이들은 모두 물질의 서로 다른 형태에 불과하다. 유기적 자연은 무기적 자연으로부터, 동물은 식물로부터, 인간은 동물로부터 발생한다. 인간의 사고활동도 감각에 의해 발생하고 기억되는 관념의 결합에 불과하다. 디드로는 『맹인에 관한 편지』(*Lettre sur les aveugles*, 1749) 등에서 영혼과 육체의 이원론을 단호히 배격하고 물질적 실체가 모든 우주의 근원이라고 주장하였다. 시간과 공간이 물질의 속성이며 물질은 항상 운동과 연관되어 있다. 홀바흐는 당시대의 대표적인 저술 『자연의 체계』(*Systéme de la Nature*, 1770)에서 버클리의 주관적 관념론을 단호하게 부정하고 물질의 근원성을 체계적으로 논증하였다. 엘베시우스는 『인간론』(*De l'homme*, Vol, 1772)에서 감성적 지각의 확실성을 역설하고 사고활동을 감성적 지각의 결합으로 이해하였다.

이들 프랑스 유물론적 계몽철학자들은 물질의 시원 성을 통해 창조설을 부정하고 인식이 물질과 감각에 의존한다는 경험적인 인식론을 옹호했으며 영혼의 불멸성을 부정하면서 초월적인 세계를 가정하는 관념론적인 세계관을 비판하였다. 이들은 유물론을 사회문제와 도덕문제에 적용하면서 중세의 종교적인 세계관에 치명타를 가했고 그러한 세계관에 의존하는 중세의 봉건사회를 무너뜨리고 새로운 시민사회로 나아갈 수 있는 이념적인 무기를 제공하였다. 이들의 도움으로 성취된 것이 1789년의 프랑스혁명이었다. 일제식민지 시대에 서양철학을 받아들인 우리나라에서는 독일의 관념론철학에 치중하여 프랑스 계몽철학을 소홀히 하는 경향이 있는데 그것은 매우 편협하고 근시안적인 안목이다. 그것 때문에 현대 한국철학은 천편일률적으로 관념론에 빠져 기형적인 발전을 계속하고 있다. 서양근세철학의 발판을 다지고 현대 서구사회를 발전시키는데서 독일 관념론보다도 오히려 프랑스의 유물론 철학이 더 많은 역할을 했다는 사실을 우리는 주목할 필요가 있다.

4. 독일고전철학의 관념론

독일고전철학 가운데 칸트에서 피히테(I.H.v. Fichte, 1762~1814)와 셸링(F.W. Schelling, 1775~1854)을 거쳐 헤겔에 이르는 철학이 독일 관념론이라 불리는데 이 철학의 배경에도 독일이라는 사회적 조건이 자리 잡고 있다. 근세는 서구역사에서 많은 사회적 변화가 이루어지는 시기다. 가장 큰 변화는 봉건주의 사회로부터 자본주의 사회로 넘어가는 사회적 발전이며 통일적인 민족국가의 형성이었다. 영국에서는 이미 17세기에 정치적인 시민혁명이 이루어져(1688년의 명예혁명) 산업혁명이 수행되고 있었다. 프랑스에서도 1789년에 대혁명이 일어났고 그것은 주변국가에 많은 영향을

칸트

미쳤다. 그러나 독일은 18세기 후반에도 아직 후진상태에 머물러 있었다. 지리상의 발견 이후로 세계무역의 중심이 대서양으로 옮겨갔으며 '30년 전쟁'(1618~1648)은 독일의 발전을 가로막아 독일은 경제적으로 고립되었고 정치적으로 분산되었다. 통일적인 중앙집권국가가 형성되지 않은 채 독일은 300개가 넘는 군소 군주국으로 분산되어 있었고 합스부르크(Habsburg)가의 오스트리아와 호엔촐레른(Hohenzollern)가의 프로이센이 대표적인 군주국으로서 독일 정치를 주도하고 있었다. 농업이 중심이 되었던 독일 군주국에서는 아직도 절대군주가 농민들을 봉건적인 방식으로 수탈하고 있었다. 군주국 사이의 수많은 관세장벽이 자본주의적인 시장 형성을 가로막았다. 독일의 통일국가를 대표하는 '신성로마제국'은 명목상으로만 존재하였다. 다른 나라에서처럼 시민계급의 의식이 건전하게 성장하지 못하고 계몽주의가 대학의 그늘 속으로 후퇴하여 상아탑 안에 머물렀다. 당시 독일의 가장 강력한 군주국이었던 프로이센도 절대주의, 관료주의, 봉건주의가 뒤섞인 어중간한 형태였다. 물론 1740년에 통치를 물려받아 1786년까지 통치한 프로이센의 왕 프리드리히 2세(Friedrich II)는 계몽군주로 자처하면서 프랑스문학을 애호하고 프랑스 계몽주의철학자 볼테르(Voltaire, 1694~1778)를 궁정으로 초청하여 지원하는 등 여러 가지 계몽에 힘썼다. 그러나 그는 프랑스 계몽주의 유물론을 이해하지 못했고 용납하지도 않았다. 문화를 사랑하는 것 같은 정책의 이면에는 군사강국을 만들어 자국의 지배력을 강화하려는 야심이 숨어 있었다. 당시의 유명한 계몽주의 문학가 레싱(G.E. Lessing, 1729~1781)이 1769년 8월 25일에 한 친구에게 보낸 편지에서 프로이센을 '유럽에서 가장 노예적인 국가'로 표현한 것은 이러한 이면 때문이었다. 독일의 낙후된 정치상황은 지식인들의 정치적 실천을 가로막았다. 결국 이들은 상아탑 속으로 후퇴하여 이념 속에서 시민혁명을 달성하려하였는데 그것이 독일관념론으로 표현되었다.

독일 관념론의 선두주자인 칸트(I. Kant, 1724~1804)는 초기에 세계의 본질을 물자체로 규정하면서 물질이 세계의 근원이라는 유물론에 접근했지만 물자체는 인식될 수 없다는 불가지론으로 넘어갔고 인식의 문제를 다루면서 외부사물의 인식에서 인간이 선험적으로 지니고 있는 감성형식인 시간과 공간이, 오성형식인 범주가 구성적으로 작용한다고 주장하면서 주관적 관념론에 빠졌다. 세계를 정립하는 선험적 자아의 절대적인 능력을 과신하는 피히테를 거쳐 독일관념론은 헤겔(G.W.F. Hegel, 1770~1831)의 객관적 관념론에서 정상에 도달한다.

헤겔은 이 세계의 근원이 되는 존재를 절대정신이라 불렀다. 헤겔이 말하는 '절대정신'(der absolute Geist)은 우리가 보통 의미하는 인간의 정신과 근본적으로 다르다. 절대정신은 인간의 두뇌 속에 들어 있는 개별적인 정신이 아니라 그 자체로 존재하는 객관적 정신이다. 이런 의미에서 헤겔의 철학은 '객관적 관념론'이다. 헤겔의 절대정신은 훗날 포이어바흐가 지적한 것처럼 합리화된 신일지도 모른다. 왜냐하면 절대정신은 그 성격이나 역할에서 신과 비슷하기 때문이다. 신도 절대자이고 순수한 정신적 존재다. 그러나 기독교에서 말하는 신이 영원히 불변하는 고정된 존재라면 헤겔의 절대정신은 끊임없이 변화되어 가는 존재이다. 절대정신은 스스로의 내적인 힘에 의해서 항상 발전해 간다. 헤겔은 존재의 이러한 발전법칙을 변증법(Dialektik)이라 불렀다.

5. 헤겔과 변증법

인간의 정신은 고대부터 세계의 변화와 발전에 눈을 돌렸다. 그리스의 철학자 헤라클레이토스는 만물은 항상 변화하는 과정에 있으며 변하지 않는 영원한 어떤 것을 가정한다는 것은 인간의 착각에 불과하다고 주장하였다. 이처럼 세계의 전체적인 변화를 주장하는 사고방식이 변증법적이라면 변하지 않는 어떤 실체를 가정하는 사고방식이 형이상학적이라 불린다.

변화와 연관된 일반적인 사고방식을 철학적인 체계로 확립한 철학자가 헤겔이다. 헤겔에 의하면 이 세상의 모든 것은 그 자체의 모순에 의하여 변증법적으로 변하는데 원래는 피히테에 의해서 주장된 것으로 그 발전은 정-반-합의 세 단계를 거친다. 곧 하나의 명제(These)가 나타나면 이에 모순되는 반명제(Antithese)가 나타나고 이들은 지양(Aufheben)되어 종합명제(Synthese)에

도달한다. 지양(止揚)이란 '보존' '폐기' '고양' 등의 의미를 갖는 변증법적 발전의 특수한 용어이다. 변증법적 발전은 일회적인 지양과 통일로 끝나는 것이 아니라 무한히 계속된다. 지양되어 나타난 종합명제는 다시 그에 모순되는 반명제에 부딪힌다.

헤겔의 변증법은 피히테와 다르다. 우주의 시원과 근원으로 절대정신을 가정하고 그것의 변증법적 발전에 의해서 세계를 설명하려 한다. 자연, 사회, 인간의 사고 등 모든 세계의 현상은 절대정신의 표현이며 절대정신으로부터 파생된 것에 불과하다. 절대정신은 논리적 단계(즉자존재, Ansichsein)에서 출발하여 자연적 단계(대자존재, Außersichsein)를 거쳐 정신적 단계(즉자대자존재, Fürsichsein)로 발전한다. 논리적 단계에서는 자연계가 아직 출현하지 않고 정신·이성·사유만이 존재한다. 여기서 절대정신은 순수한 논리적 개념으로서(가능성으로서) 존재한다. 자체운동과 발전을 계속하지만 아직 추상적인 범주들인 존재, 무, 생성 등의 단계에 머물러 있다. 이러한 단계를 거치면서 '절대이념'에 도달한다. 절대이념에서 모든 모순은 조화되고 통일되어 그 자체의 발전이 더 이상 불가능하게 된다. 여기서 절대이념 자체가 부정되고 순수한 사유의 범위를 벗어나 자연계로 외화(Entäusserung)된다. 절대이념은 그러므로 자연이 발생하기 이전의 세계정신이다. 자연적 단계의 최후에 인간이 출현하였고 사회 속에서 활동하는 인간의 의식을 매개로 하여 절대정신은 다시 자연적 단계를 극복하고 정신적 단계에 도달한다. 개념의 능동성과 창조성이 수동적이고 무력한 자연을 극복합으로써 정신으로 복귀한다. 정신은 순수개념과 자연의 통일이고 양자의 결합이며 절대정신이 발전해 가는 최후의 단계다. 헤겔의 철학은 비록 관념론의 한계를 벗어나지 못했지만 사물의 전체적인 발전을 제시하고 그것이 이성적인 단계로 복귀한다는 것을 지적하면서 시민사회가 지향하는 이성적인 세계를 실현하는 데 도움을 주었다.

6. 독일고전철학과 유물론

인류의 철학사에는 항상 유물론과 관념론이 공존하면서 투쟁하였다. 독일관념론의 시대에도 유물론이 존재했는데 대학 강단에서보다도 작가, 의사, 목사 등의 실천적인 영역에서 우세하였다. 예컨대 네덜란드의 범신론 철학자 스피노자(B. Spinoza, 1632~1677)의 영향을 받은 의사 바이카르트(M.A. Weikard, 1742~1803), 목사 슐츠(W. Schulz, 1797~1860), 작가 괴테(J.W. Goethe, 1749~1832), 정치가 포르스터(G. Forster, 1754~1794) 등이 유물론적 세계관에 접근하였다. 이러한 경향을 철학적으로 체계화한 사람이 헤겔과의 철학적 논쟁을 시작한 포이어바흐(L. Feuerbach, 1804~1872)였다. 그러므로 독일 고전철학은 칸트의 관념론에서 출발하여 포이어바흐의 유물론에서 종결된다고 말할 수 있다.

"철학자의 애인은 자연이다."라 말하면서 포이어바흐는 헤겔

철학의 한계를 두 가지 점에서 지적하였다.

첫째, 헤겔의 철학은 추상적이고 삶과 유리된 절대적 진리체계이다.

둘째, 정신과 자연, 사유와 존재의 절대적 동일성을 내세우고 절대정신이 모든 것의 근원이 된다고 주장하는 헤겔의 관념론은 합리화된 신학에 불과하다.

포이어바흐에 따르면 절대정신에서 자연이 파생되는 것이 아니라 반대로 자연이라는 절대적인 존재로부터 모든 것이 발생한다. 인간의 의식이나 이념 혹은 신도 자연으로부터 발생한다. 그러므로 헤겔에서 주체가 되는 절대정신과 객체가 되는 자연의 입장을 뒤바꾸는 것이 미래철학의 근본원리가 된다. 헤겔 철학은 피히테의 철학과 마찬가지로 주객이 전도되어 있었다. 세계발전의 주체가 되는 자연이 객체로 하락되었다. 그러므로 이 두 철학자의 체계에는 인간과 현실 사이의 가교가 차단되어 있다. 피히테에서는 순수자아와 현실적 자아 사이에 모순이 드러나는 반면 헤겔에서는 순수존재와 현실적 존재 사이에 모순이 드러난다. 포이어바흐는 자연이 주체이고 사유는 그로부터 발생한 객체에 불과하며, 인간의 개인적인 영혼은 사멸하지만 개인은 종(種)을 통해서 영원한 생명을 유지할 수 있고, 철학은 종교에서 멀어질수록 참된 학문이 되며, "인간에게 인간이 바로 신이다."라 주장하면서 역사를 만들어가는 주체가 바로 인간임을 강조하였다. 포이어바흐에 이르러 독일 관념철학은 자연과 과학에 눈을 돌리고 프랑스 계몽철학자들이 지향한 이성적인 사회의 현실적인 실현에 눈을 돌리게 되었다.

7. 부르주아 고전철학의 장점과 한계

이상에서 살펴본 것처럼 부르주아 고전철학에도 여러 가지 여러 요소가 혼합되어 있다. 초기 영국의 철학이나 프랑스 계몽철학에서처럼 유물론적인 요소도 있고 영국경험론의 후반부나 독일 관념론에서처럼 관념론적 요소도 있었다. 또 예외이기는 하지만 독일 관념론자 라이프니츠(G.W. Leibniz, 1646~1716)나 셸링(F.W.J. Schelling, 1775~1854)처럼 종교적 세계관을 옹호하면서 자본주의 사회로의 발전을 가로막는 경우도 있었다.

전반적으로 초기의 부르주아 고전철학은 인간, 자연, 사회, 역사를 합리적으로 탐구하고 그에 따라 이성적인 사회를 만들어가려는 노력으로 점철되어 있었다. 다시 말하면 봉건사회를 청산하고 자본주의사회를 건설하려는 진보적인 이념이 주도하였다. 그 때문에 부르주아 고전철학자들은 그들이 내세우는 이념이 보편인간적인 것이라 공언하였고 대다수의 민중이 그것을 지지하였다. 물론 독일관념론은 상아탑에 들어앉아 현실을 변혁하는 데 기여하지 못했지만 그들이 내세우는 이념은 프랑스 철학자들처럼 합리적이고 이성적인 사회의 건설이었다.

그러나 초기 부르주아 철학자들은 그들이 지향하는 보편적이고 이성적인 사회도 결국 한 계급이 다른 계급을 지배하는 사회라는 것을 아직 알지 못했거나 숨기고 있었다. 더 정확히 말하자면 그들은 자본가들이 노동자들을 착취하는 자본주의 사회구조를 아직 인식하지 못했다. 봉건잔재를 청산하는 데 주력한 이들의 입장에서는 그것이 당연했을지도 모른다. 자본주의가 발전하고 노동자계급이 성장하면서, 맑스와 엥겔스에 의해서 자본주의의 사회구조가 분석되고 그 모순이 파헤쳐지면서 초기 부르주아철학이 내세운 보편인간적인 세계가 하나의 이상에 불과하다는 사실이 점차 드러나게 되었다.

8. 맑스주의에 대항하는 철학들

후기 부르주아철학은 자본주의가 정착되고 시민계급이 주도권을 잡으면서 발생한 철학이다. 자본주의가 정착되면서 노동계급이 발생하고 노동계급의 이익을 대변하는 맑스주의 철학이 나타나게 되었다. 1848년에 나온 『공산당선언』이 그 효시였다. 봉건주의를 무너뜨리는 데서 진보적인 역할을 수행했던 시민계급은 이제 새로 역사문제에 등장한 노동계급에 불안을 느끼게 되었으며 특히 1871년의 파리코뮌은 이 계급을 전율하게 만들었다. 시민계급의 지식인들은 맑스주의 철학을 무너뜨려야 할 시급한 과제를 안게 되었다. 맑스주의 철학이 이전의 유물론을 수용하고 발전시켰기 때문에 먼저 유물론 자체를 부정하는 새로운 철학을 만들어내야 되었다. 그러나 현대과학의 발전은 유물론의 정당성을 점차 인정해 갔기 때문에 후기 부르주아들은 이전처럼 단순하게 종교적인 관념론을 동원하여 유물론에 대항할 수 없었다. 더 정교한 이론이 필요했으며 그러한 요구에서 발생한 철학이 실증주의였다. 실증주의는 얼핏 보기에 과학적인 철학인 것처럼 보인다. 그러나 그 본질을 해부해보면 그것은 과학적인 외피를 걸친 사이비과학이고 유물론의 외피를 걸친 관념론철학이다. 그러므로 철학에 정통하지 않은 일반 독자들은 이 철학을 통해 혼란에 봉착하거나 철저하게 기만을 당하지 않을 수 없다.

맑스주의의 유물론에 대항하고 노동계급의 이념을 무너뜨리기 위해 후기 부르주아지가 선택한 방법은 크게 두 종류였다. 하나는 삶의 신비성을 내세워 과학적인 접근을 차단하는 생철학의 방법이었고 다른 하나는 철학의 문제를 검증 가능한 실증의 문제로 환원하면서 역사와 사회의 본질을 희석시키는 실증주의적 방법이었다. 서로 상반적인 것 같은 이 두 철학은 그러나 본질에서 일치한다. 다시 말하면 주관적 관념론을 기반으로 유물론을 무너뜨리려는 비슷한 시도였다. 특히 실증주의는 본질보다 현상에 얽매여 현상을 유지하려는 소시민적인 기회주의의 철학이었다. 자연과 사회의 본질을 파악하고 그것을 합리적으로 변화시키려는 고전적인 철학의 유산을 포기하려 하였다. 실증주의는 사회와 역사발전의 본질을 밝혀내고 거기에 주동적으로 참여하는 대신 단순히 주어진 사회의 현상을 기술하는 데 만족하려 한다. 진보의 개념을 거두어들이고, 진리의 문제를 상대화한다. 생철학이 역사를 비합리화하며, 인식을 귀족화하고, 사회발전과 역사발전을 부정하며, 염세주의적이고 허무주의적인 인생관을 전파한다면 실증주의는 철학의 근본과제인 세계관의 문제를 포기함으로써 철학 자체를 부정하는 일을 서슴없이 시도하였다. 세계관의 문제는 필연적으로 유물론과 관념론의 문제, 철학의 계급성문제를 제기하며 그럴 경우 부르주아지의 기득권이 무너질 위험에 처하기 때문이다.

9. 생철학과 쇼펜하우어

부르주아 고전철학을 비판하고 생(生)철학의 입장에서 후기부르주아철학의 선구적인 역할을 한 사람은 쇼펜하우어(Schopenhauer, 1788~1860)였다. 쇼펜하우어는 독일의 상업도시 단치히(Danzig)에서 상인의 아들로 태어났다. 어려서부터 그는 아버지를 따라 유럽 각국을 여행하면서 견문을 넓혔다. 16세 되던 해 아버지의 희망에 따라서 함부르크의 한 상업학교에 입학하였으나 그의 관심은 학문 쪽에 더 많았다. 아버지가 죽은 뒤 그는 어머니를 따라 당시 독일 문화의 중심지였던 바이마르로 이사한다. 그곳에는 괴테, 비란트((C.M. Wieland, 1733~1813), 슐레겔(F. Schlegel, 1772~1829)같은 대(大)문인이 살고 있었다. 바로 이런 문인들의 사교계에 소설가이기도 했던 어머니 요한나 쇼펜하우어가 발을 디딘다. 이때 쇼펜하우어는 상업학교 교육을 그만두고 괴팅겐 대학에서 두 학기를 공부한 후 베를린 대학으로 옮겼다. 여기서 철학과 언어학 외에도 자연과학을 공부하였다. 1813년에 「충족률의 4 근거」라는 논문으로 학위를 받은 후 바이마르로 되돌아갔으나 자유분방한 어머니와의 불화 때문에 둘은 영영 헤어지게 된다. 쇼펜하우어가 학위논문을 보이자 어머니는 "그런 것은 약장수들이나 읽을 책"이라고 비꼬았다. 이에 대하여 쇼펜하우어는 "내 책은 그래도 읽을 사람이 있지만 어머니의 책은 한 권도 서재에 꽂혀 있지 않을 것이다."라고 응답하였다. 쇼펜하우어는 바이마르를 떠나 드레스덴에서 그의 주저 『의지와 표상으로서의 세계』(*Die Welt als Wille und Vorstellung*, 1818)가 나온 뒤 1820년 베를린대학에서 교수 자격을 인정받았다. 스스로 천재라 자부하였던 그는 당시의 주도적인 철학자 헤겔과 경쟁하려 했으나 실패하고 학교를 떠났다. 1831년부터 베를린에 콜레라가 번져 헤겔은 이 병으로 죽었으나 염세주의를 주창했던 쇼펜하우어는 프랑크푸르트로 도피하여 죽을 때까지 그곳에 머물렀다. 어렸을 때 읽었던 인도의 우파니샤드 철학은 그의 사상형성에 많은 영향을 미쳤다.

쇼펜하우어에 의하면 세계의 본질은 의지이고 의지는 이성적이 아니며 비합리적이고 맹목적이다. 인간도 마찬가지다. 인간의 본질은 사유나 이성이 아니라 본능과 연관되는 의지다. 의지는 사유나 의식 혹은 이성과 같은 것들을 도구로 사용한다. 의지는 불구의 이성을 어깨에 메고 있는 힘센 장님과 같다. 얼핏 보기에 이성이 이끌어가고 있는 것 같지만 그러나 앞으로 나아가는 힘은 의지의 충동으로부터 나온다. 이성은 의지에 의해서 밀리고 있으며 의지의 심부름꾼일 뿐이다. 인간의 육체는 시·공간 속에서 객관화된 의지이다. 인간의 가장 심오한 내면에 의지가 도사리고 있다. 인간의 의식은 피로해지고 수면을 필요로 하는 반면 의지는 피로를 모르며 계속 움직인다. 인간이 자는 동안에도 의지의 표현인 심장과 맥박은 활동하고 있다. 의지는 불사불멸이다. 왜냐하면 인간의 본질뿐만 아니라 세계의 본질이 의지이기 때문이다. 죽음과 더불어 인간의 개별적인 의지가 소멸한 후에도 세계의 본질인 의지는 계속 살아서 움직인다. 의지는 유기체에서뿐만 아니라 자연이라는 거대한 무기체 속에도 숨어있다. 천체를 움직이는 힘이라든가 물질을 화합 분산시키는 화학적인 힘도 무의식적인 세계의지에서 나온다.

쇼펜하우어는 인간의 지적 능력이 의지에 반하여 이차적이라는 사실을 생리학적으로 증명하려 한다. 신생아의 발달과정에서 사유능력이 이차적으로 발전하는 것, 수면 중 이성의 활동이 정지하는 것을 그 예로 삼는다. 그는 이성을 유기체의 부속물로 규정하면서 철저한 비합리주의에 빠진다. 유기체 내에서도 이성이 자리하는 뇌 조직은 생산기관이라기보다도 소비기관이다. 유기체의 활동은 많은 경우 이성의 작용이 없이도 진행된다. 이렇게 사유기능과 의지를, 지성과 감성을 이원적으로 대치시키는 데서 쇼펜하우어의 반주지주의적 경향이 구체화되기 시작한다. 이러한 입장에서 훗날 니체도 소크라테스의 주지주의를 비판하고 있으며 쇼펜하우어의 영향을 받은 많은 철학자들이 의식과 무의식, 정신과 삶을 이원적으로 대치시킨다. 그것은 낭만주의자들의 지론이기도 하였다.

10. 쇼펜하우어의 염세주의

쇼펜하우어는 『인생론』 등에서 염세주의를 보다 생생하게 서술한다. 삶의 무가치성을 철학적으로 전개한다. 삶이란 극 자체가 비극이다. 행복이나 쾌락 자체도 불행이나 고통이 일순간에 부재한 데서 오는 환상이다. 쾌락의 전제조건은 결핍인데, 만족과 더불어 결핍이 그리고 그것과 결부된 쾌락이 소멸한다. 만족이나 행복감이란 결국 고통으로부터의 일시적인 해방에 불과하다. 또 다시 고통이 도사리고 있다. 주말을 기다리면서 일주일 동안 열심히 일하지만 주말을 맞이하면 지루함으로 고통을 받는 것이 인간이다. 해피 앤드로 끝나는 연극은 속임수이다. 왜냐하면 막이 내려진 후에는 다시 불행이 시작되기 때문이다. 인간의 소원이나 욕망은 결국 맹목적인 세계의지의 표현에 불과하므로 그리고 인간은 이러한 세계의지가 시키는 대로 놀아나는 장난감에 불과하므로 영원한 만족이나 행복은 불가능하다.

의지는 목적도 없고 끝도 없이 움직여가며 그러므로 만족을 모른다. 삶의 불행은 결국 존재의 본질에서 연원한다. 그러므로 세계와 의지가 존재하는 한 불행은 소멸되지 않는다. 세계의 모든 곳에 비극과 잔인이 도사리고 있다. 특히 동물의 상태에서 그것은 잘 드러난다. 약육강식의 원리만이 영원히 존재한다. 개체의 소멸에 대해서 자연은 냉담하다. 개체의 고통이나 죽음은 종의 보존을 위해서만 가치가 있다. 동물은 죽음을 절망적으로 거부하면서 살아가고 있는 고통 자체이다. 인간도 동물과 결코 다를 바 없다. 얼마나 많은 인간들이 다만 생명을 부지하기 위해서 피나는 노력과 투쟁을 하고 있는가! 불행을 피하기 위해 인생경험이 많은 사람들은 될 수 있는 대로 강한 자극을 피한다. 그러나 이러한 도피를 동반하는 것이 항상 지루함이다. 인생이란 결국 고통과 권태 사이를 오고가는 추에 불과하다.

삶의 무가치성을 강조하면서 쇼펜하우어는 삶에의 의지로부터 벗어나는 해탈의 길을 제시한다. 우선 예술 속에 침잠하는 일시적 해탈의 길이 있다. 그러나 그보다도 금욕을 기저로 하는 윤리적 혹은 종교적 해탈방법이 더 영속적이다. 세계고는 맹목적인 의지로부터 발생한다. 그러므로 모든 고통은 의지를 부정하고 의지의 속박으로부터 벗어날 때만 극복된다. 인간이 소멸함으로써 세계의지가 소멸하고 최후에 모든 것이 무로 돌아간다는 그의 철학은 불교의 니르바나를 연상시킨다. 불교에서는 그것을 '공'으로 표현하였다. 쇼펜하우어 자신은 그러나 스스로의 철학이 결코 불교이론을 원용하지 않았으며 독창적인 것이라고 주장한다.

11. 비합리주의적인 역사관

쇼펜하우어의 비합리주의는 그의 역사관에서도 특히 두드러진다. 그의 역사관에는 플라톤의 이데아론을 연상시킬 정도로 역사의식이 결핍되어 있다. 역사발전을 도외시하는 인도의 철학과 유사함을 보인다. 세계의 본질인 의지는 시간과 무관하다. 세계의지 자체는 역사를 갖지 않는다. 비역사적이다. 그러므로 역사는 결코 학문으로 성립될 수 없다. 쇼펜하우어에 의하면 역사는 시작도 없고 끝도 없으며 방향도 목적도 없고 특히 법칙성을 갖지 않는다. 인류나 민족과 같은 개념도 추상적인 개념에 불과하며 구체적인 것은 개인뿐이다. 이러한 쇼펜하우어의 역사관에서 사회를 무시하는 개인주의적 성향이 드러난다. 쇼펜하우어에게는 자아 중심적이고 이기적인 개인이 있을 뿐이다. 그러나 개체도 그의 배후에 숨어 있는 맹목적 의지의 장난감이다. 이러한 쇼펜하우어의 철학은 경쟁을 원리로 삼는 부르주아 사회를 철학적으로 반영하고 있다. 사회보다는 개인이 앞서고 개인보다는 보이지 않는 자본이 앞선다.

쇼펜하우어는 합리적이고 낙관주의적인 철학에 반기를 든다. 그는 무엇보다도 발전의 개념을 거부한다. 발전이란 시간 개념일 뿐이며 시간은 현상에 속하는 어떤 것이다. 세계의 본질인 의지는 무시간적이다. 그러므로 의지를 역사적으로 파악한다는 것은 불가능하다. 변화·발전을 거부하는 점에서 쇼펜하우어는 헤겔과 정반대의 입장에 선다. 결국 쇼펜하우어는 역사 자체가 아무런 의미도 없다는 염세주의에 빠진다. 역사란 본능이나 우연의 소용돌이에 불과하다. 역사 속에 똑같은 비극이 반복된다. 개인의 비극과 마찬가지로 민족이나 제국도 몰락을 벗어나지 못한다. 우둔·오만·잔인·비열·비인간적인 것 등이 역사 속에서 승리한다.

쇼펜하우어의 염세주의적이고 정적인 역사파악은 복고주의 시대에 들어선 부르주아지의 절망감을 나타내 준다. 특히 혁명의 좌절로 침체되어 있는 독일 지식인들의 체념의식을 드러낸다. 이미 농민전쟁과 30년 전쟁에서 소극적이 되어버린 독일 지식인들은 소국가로 분산된 봉건절대군주의 압력 아래 자신감을 상실하였다. 귀족과 군주에 의존하며 연명하는 이들은 시민혁명을 관철할 능력이 없었다. 나폴레옹의 개혁정책 속에서 이들은 다소 자유에로의 이상을 찾기도 했지만 나폴레옹이 물러나고 유럽에 다시 반동적인 복고주의 기운이 강화되자 이들은 비합리적 혹은 신비적인 도피처를 찾거나 쇼펜하우어처럼 염세적이 되어버린다.

12. 쇼펜하우어의 영향

쇼펜하우어의 철학을 이어받은 사람이 바로 니체(F. Nietzsche,

1844~1900)이다. 그는 삶과 우주의 근원을 의지에서 찾는다. 그러나 니체가 말하는 의지는 쇼펜하우어에서처럼 '맹목적인 의지'가 아니라 '권력의지'였다. 다시 말하면 약한 것을 자기 것으로 동화하여 지배해가는 강인한 의지였다. 그러므로 니체에서는 삶이 허무하다는 염세주의 대신에 운명을 사랑하고 극복해가는 운명애의 정신이 더 두드러진다. 그것은 시대적인 조건과 연관되어 있었다. 쇼펜하우어의 철학이 자본주의의 발전에 따른 노동운동이 강화됨에 따라 수세와 절망에 빠진 부르주아지의 이념을 대변한다면 니체의 철학은 제국주의 단계에 들어선 부르주아지의 공격적인 이념을 반영한 것이다.

딜타이(W. Dilthey, 1833~1911), 베르그송(H. Bergson, 1859~1941) 등으로 이어지는 생철학도 근본적으로 쇼펜하우어와 니체의 이념을 계승하여 삶을 신비화하면서 인간과 사회와 역사의 이성적 해석을 부정한다. 그러므로 생철학은 사회의 이성적 규명과 합리적 변혁을 거부하며 환상과 신비 속으로 도피한다. 딜타이는 주관과 객관의 신비적인 통일을 '내면화'(innewerden)라는 말로 승화시키면서 체험과 인식, 삶과 사유를 상반적으로 대치시킨다. 오성과 분석 대신에 체험과 직관을 인식의 중요한 방식으로 내세운다. 설명보다 이해를 중시하는 그의 해석학적 방법은 결국 직관이 중심이 되는 부르주아 지식인들의 귀족적이고 고상한 자기도취에 불과하다. 베르그송이 말하는 '생의 약동'도 비슷한 맥락에서 있다. 그는 현실 혹은 존재를 양분하여 한쪽을 물질세계로, 다른 한쪽을 삶의 세계로 절대화시키면서 양자의 통일을 차단하고 신비적이고 비합리적인 삶의 세계로 도피한다. 그러나 물질을 떠난 삶이란 공허한 상상의 세계일뿐이다.

현상학, 실존철학, 실용주의, 실증주의 등 현대 부르주아철학도 생철학처럼 주관적 관념론에 머물러 객관적 사회분석이나 역사분석을 수행하지 못하면서 자신들의 철학이 오히려 현대적이라고 주장한다. 겉으로는 생철학과 실증주의가 상반되는 것처럼 보이지만 그것은 외면상일 뿐이고 본질에서는 큰 차이가 없다. 동전의 양면과 같다. 이들은 다 같이 주관적 관념론으로서 유물론에 대항하는 현대 부르주아철학이다. 노동계급의 유물론에 대항하기 위해서 이 두 철학은 상호 보충하는 관계에 있다.

13. 콩트

실증주의(Positivismus)는 19세기 초반에 프랑스의 철학자 콩트(A. Comte, 1798~1857)에 의해서 체계화되었다. 이 시기에 부르주아 계급은 봉건귀족과 화해를 통하여 새로 등장한 무산계급에 투쟁을 해야 하는 운명에 봉착했으며 콩트의 철학도 그러한 시류에 편승한 것이다. 콩트는 몽펠리에에서 태어나 파리의 한 종합기술학교에서 주로 수학, 천문학, 물리학을 공부했는데 졸업 후 공상적 사회주의자 생시몽의 개인 비서로서 일하면서 스승의 영향을 받았다. 그러나 콩트는 스승의 진보적인 측면인 사회주의 사상과 변증법을 외면하면서 스승의 학설을 왜곡하였다.

콩트는 '주어진 것', '사실적인 것', '실증적인 것'으로부터 철학이 출발하여야 한다고 주장하며 본질에 대한 물음이나 사실의 원인에 대한 물음을 무용한 것으로 철학에서 배제하려 하였다. 그는 감성계를 벗어나 형이상학적인 문제를 다루는 종래의 철학을 거부하면서 새로운 과학 발전에 부합하는 새로운 철학을 '실증주의'라는 이름 아래 제시하였다. 형이상학적인 문제가 배제된 후 실증적인 사실로서 주어진 것은 결국 현상이다. 그러므로 콩트는 현상 형식으로 주어지는 사실을 그대로 받아들이고 그것들을 일정한 법칙(현상사이의 연관성)에 따라 정돈하며 알려진 법칙에 의하여 미래를 예견하는 것이 '새로운 철학'의 과제라고 말한다.

콩트는 유물론과 관념론을 모두 형이상학과 일치시키면서 실증주의가 양자를 극복하는 '새로운 철학'이라고 주장하지만 그것은 현상과 본질의 관계를 올바로 파악하지 못하는 데서 오는 또 하나의 관념론적 오류였다. 그는 유물론과 관념론의 질적인 차이는 물론 객관적 관념론과 주관적 관념론의 차이를 구분하지 못했다. 본질과 현상의 문제를 다루는 것이 인식론의 핵심과제이며 인식론은 항상 인간의 사회적 실천과 연관된다. 마치 본질이 어디엔가 그 자체로 존재하는 것처럼 생각하고 모든 사변을 동원하여 그것을 찾아가는 것은 콩트가 지적한 것처럼 무용한 노력이라고 말할 수 있다. 그러나 현상과 본질, 개별적인 것과 보편적인 것의 상호

작용을 무시한 채 감각적인 현상에만 국한하는 것도 영국 경험론의 오류를 답습하는 근시안적인 사고방식이다. 19세기에서 20세기에 이르는 많은 부르주아 철학들이 자연과학의 발전 및 사회변화에 편승하여 종래의 형이상학적 사변을 벗어나 구체적이고 과학적인 철학을 제시하려 했지만 모두 자본주의 사회를 옹호하는 피상적인 이데올로기로 끝나버리고 말았다. 그것은 본질과 현상 사이의 변증법적 연관성을 소홀히 하는 데서 기인한다. 콩트의 제1실증철학은 마흐가 중심이 되는 제2실증철학을 거쳐 신실증주의가 중심이 되는 제3실증철학에 이르는 다양한 변화를 겪는다.

14. 현상과 본질

인간이 살아가고 있는 세계 속에는 많은 대상과 현상이 서로 결부되어 있다. 모든 것은 서로 얽혀 있다. 절대적인 의미에서의 개별적인 것은 그러므로 있을 수 없다. 개별적인 대상들은 그 보편적 특성을 기반으로 일정한 개념을 형성한다. 보편적인 의미의 개념을 갖는 데서 인간은 동물과 구분된다. 개념을 떠나서 인간은 존재할 수 없다. 개념은 학문과 철학이 성립하기 위한 필수적인 전제가 된다. 인간의 사회활동을 통해서 만들어지는 개념을 개별자에 앞서서 존재하는 어떤 것으로 상상하자마자 우리는 객관적 관념론의 함정에 빠진다. 플라톤의 이데아론이 대표적인 예이다.

실증주의는 이러한 관념론을 비판하는 점에서 매우 진보적이었다. 그러나 현상과 연결되어 있는 보편적인 본질을 거부할 때 우리는 또 다른 함정, 곧 주관적 관념론이라는 오류에 빠진다. 영국의 경험론이 바로 그러하다. 경험론은 개별자만을 절대화시키면서 개별자와 보편자와의 연관성을 거부하고 보편자가 객관적으로 존재한다는 사실마저 거부한다. 경험론은 매우 진보적인 입장에서 출발했음에도 불구하고 실체 및 그 인과법칙을 부정하면서 결국 회의주의 · 상대주의 · 불가지론으로 빠졌다. '주어진 것', '감각적인 것'만을 절대화시키는 실증주의도 주관적 관념론의 오류를 답습한다. 일반적인 것과 개별적인 것은 항상 연관되어 서로를 조건 지운다. 물론 보편자는 개별자 속에서, 개별자를 통해서만 존재한다. 그러나 보편자는 단순히 개별자의 모든 규정들이 합해진 것만은 아니다.

개별적인 대상이나 과정은 외부로 나타나는 요인과 내부에 감추고 있는 요인을 지닌다. 그것이 바로 '현상'과 '본질'이며 그러므로 이들은 '개별자'와 '보편자', '우연'과 '필연'의 문제와 밀접하게 연관된다. 사물의 본질은 직접 나타나지 않는다. 본질은 현상 속에 숨겨져 있다. 예컨대 우리는 지구가 돌고 있다는 사실의 본질 대신 그 현상만을 일상적으로 대한다. 태양이 동쪽에서 떠올라 서쪽으로 지는 현상을 감각적으로 지각한다. 감각이나 현상에 만족하고 그것을 절대화시키는 사람들은 지구가 돈다는 사실, 지구가 둥글다는 사실을 진리로 받아들이지 않는다. 인간의 눈에 나타나는 현상으로서의 태양은 축구공의 크기를 넘어서지 않는다. 현상과 본질은 결코 일치하지 않는다. 그러나 기계적으로 분리되어 있는 것도 아니다. 현상의 연구를 통해서 본질로 나아가는 것이 과학이고 철학이다. 지구의 운동에서 지각되는 현상을 통하여 이 운동의 본질을 인간은 추론해낸다. 그러므로 사물은 결코 그 현상과 일치하는 것이 아니다. 현상과 본질은 모순적인 통일을 이룬다.

실증주의는 '주어지는 것'을 역사적·논리적 연관으로부터 분리시켜 개별자로서 절대화시킨다. 인식의 근원이 '주어진 것', 곧 관찰을 통해서 얻어지는 실증적 사실에 국한된다. 실증적 사실은 지각의 다양성으로만 주어진다. 그러므로 실증주의가 인간의 의식으로부터 감각에 주어지는 사물의 외적인 측면만을 연구하는 데 만족하려 하는 것은 이 철학이 감성적 경험론에 매달리고 있다는 사실을 잘 말해준다. 콩트는 상상력을 관찰에 종속시키는 것, 관찰된 사실을 서로 연관시키는 것, 과학적 직관을 사실에 종속시키는 것, 인간의식의 상대성을 인정하는 것 등을 실증주의적 방법으로 내세운다. 콩트의 의도는 실용주의에서처럼 형이상학을 배제한다는 구실 아래 당시 영향력을 얻어가기 시작한 유물론을 공격하는 데 있었다.

15. 인간정신의 발전단계

콩트는 인간정신의 발전단계를 신학적 단계, 형이상학적 단계,

실증주의적 단계로 구분하면서 자본주의의 발전에 유용한 실증주의적 단계를 인간정신의 최고 단계로 미화시킨다. 그러나 이러한 구분은 아무런 과학적 근거도 없다. 인간정신은 이성적인 통찰에 의하여 신화적 단계를 극복하면서 시작되었으며 인간이성의 발전에서 신학적 단계란 존재하지 않는다. 인간의 이성적인 발전은 유물론인 사고방식과 함께 시작하였다. 고대 그리스철학이 유물론적 세계관과 함께 출발한 것은 우연이 아니다. 신화와 종교의 단계는 인간이성이 아니라 인간의 비이성이 주도한 시기였다. 자연에 대한 객관적 인식을 토대로 하는 유물론이 주도하던 시대를 콩트는 형이상학적 단계로 비하하는데 그것은 바로 객관적 관념론을 비판한다는 구실 아래 유물론을 공격하기 위한 것이었다.

전반적으로 콩트는 사물의 발전과정을 옳게 파악하지 못하고 고정된 현상에 얽매여 변증법적인 변화를 부정하는데 그것이 바로 형이상학적인 방법이었다. 학문을 분류하는 그의 방법에서도 그러한 경향이 두드러진다. 경험론과 합리론의 본질을 파악하지 못하고 유물론과 관념론을 초월한다는 구실 아래 어중간한 중립을 표방하며 관념론에 빠진다. 정치경제학, 윤리학, 역사철학, 법학 등의 대치학문으로서 그가 내세운 사회학은 결국 사변적인 실험으로 끝나고 말았으며 그 공적은 자본주의 사회를 개선하면서 유지해주는 데만 있었다. 그는 원칙과 질서에 대한 사랑에서 사회발전의 목표를 찾았는데 그것은 바로 자유민주주의라는 이름으로 자본주의사회를 옹호하려는 후기부르주아지의 기만술에 지나지 않았다. 그것은 사회구조의 과학적인 분석과 이해를 기반으로 하지 않았기 때문에 결국 도덕적인 혁신이나 종교적인 피난처에서 안주할 수밖에 없었다. 철학을 과학으로 변화시킨다는 그의 출발점은 철학을 종교로 만드는 결과에 도달하지 않을 수 없었다. 실증주의는 결국 근본적인 철학문제, 다시 말하면 인생관의 문제를 거부하면서 철학적인 자살을 시도한 것이다. 말년에 콩트는 중세적인 신비주의를 복원시키면서 토마스 아퀴나스를 가장 위대한 철학자 가운데 한 사람으로 추켜세웠다.

콩트의 실증주의는 후기부르주아철학에 많은 영향을 미쳤지만 그의 제자들은 콩트의 이론을 그대로 답습하지 않았다. 라피트(J. Laffitte, 1767~1844)가 중심이 되는 우파들은 스승의 이론을 교조적으로 받아들이면서 종적인 색채를 존중한 반면 리트레(M.P.E. Littré, 1801~1881)가 중심이 되는 중간파들은 종교적인 색채를 배제하였다.

16. 밀

19세기에 들어서면서 영국은 식민지를 지배하는 강대국으로 발전하였고 여기에 안주하는 부르주아지는 현상유지를 목표로 하는 기회주의적인 자유주의를 추구하면서 여기에 걸맞은 이념을 만들어내었다. 그것이 바로 '과학적 철학'이라는 가면을 쓴 실증주의로 그 대표자가 밀(J.S. Mill, 1806~1875)과 스펜서(H. Spencer, 1820~1903)였다. 밀은 관념론 철학자인 아버지의 영향을 받고 먼저 흄의 주관적 관념론을 습득했으며 프랑스의 실증주의자인 콩트와 서신왕래를 계속하면서 공리주의적인 실증주의자가 되었다. 밀은 『연역논리와 귀납논리의 체계』에서 베이컨이 제시한 귀납법을 발전시켰는데 그것은 그의 철학적 공적에 속한다. 밀은 귀납법의 4가지 방법을 제시하면서 베이컨이 암시한 실험적 연구방법을 구체적으로 제시하였다. 그것은 일치법(여러 현상에서 일치하는 상황이 나타나면 그것을 이 현상들의 원인으로 생각함), 차이법(하나의 현상에서 다른 것과 구분되는 특이한 상황이 발생할 때 그것을 이 현상의 원인으로 생각함), 잔여법(하나의 현상에서 이전에 이미 귀납법적으로 알려진 부분을 제외하면 나머지 현상은 다른 요인이 작용한 결과임), 공변법(다른 현상이 변함에 따라 변하는 현상은 서로 인과적 관계에 의해 연결되어 있음)이다.

자연을 연구하는 방법적인 면에서 발전했지만 그러나 철학적인 면에서 밀은 베이컨보다 후퇴하였다. 왜냐하면 베이컨은 귀납법적인 연구방법을 통해서 현상의 내적 원인, 다시 말하면 그 본질을 규명하려 한 반면 밀은 현상의 영속적인 계열성을 제시하는 데 머물렀기 때문이다. 그와 함께 밀은 논리학을 철학연구의 방법적인 기초로 삼는 것이 아니라 심리적 영역으로 변화시키면서 주관적이고 관념론적인 경험주의에 빠진다. 인식론을 주관적 현상주의에 한정시키려 한다. 그의 주장에 의하면 이 세상에 확실히 존재하는 것은 개별적인 현상뿐이고 이러한 현상은 인간의 주관적인 지각과 일치하기 때문에 우리는 그것을 심리적으로 인식할 수밖에 없다. 이러한 현상을 귀납적으로 배열하는 것이 철학의 과제이며 인과법칙은 자연을 전체적으로 고찰하려는 습관이 낳은 결과다. 이렇게 하여 밀은 자신의 4가지 실험적 연구방법과도 모순되는 결과로 나아간다. 왜냐하면 그의 실험적 연구방법은 이면에 인과법칙을 깔고 있기 때문이다. 밀은 자연의 인식에서 귀납법과 연역법이 상호보충의 관계에 있다는 사실을 파악하지 못했으며 자연을 기계적으로만 이해했을 뿐 그 변증법적인 발전을 이해하지 못했다.

철학문제에서 밀은 영국경험론의 주관적 관념론을 답습한다. 흄과 비슷하게 실체개념을 부정하고 그것을 심리적 연상 작용의 산물로 해석한다. 물질이란 영속적인 지각가능성을 표현하는 개념에 불과하다. 결국 물질이라는 실체도 없고 그로부터 발생하는 인과법칙도 존재하지 않는다. 밀은 『종교론』에서 어떤 합리적 방법으로도 증명될 수 없는 신에 대한 믿음의 가능성을 규명하려고 노력했다. 신은 도덕영역에서 인간의 동반자로 나타난다. 그것은 흄에서처럼 주관적 관념론이 결국 신앙으로 도피하지 않을 수 없다는 사실을 다시 한 번 보여준다.

17. 스펜서

제국주의 시대에 들어선 19세기 후반의 영국 실증주의를 대표하는 인물이 스펜서(H. Spencer, 1820~1903)다. 스펜서의 자유주의는 진보에 대한 환상으로 가득 차 있다. 그러나 그것은 진보가 아니라 세계시장에서 영국의 기득권을 유지하게 하려는 숨은 의도를 숨기고 있으며 그가 부르짖는 진화란 결국 사회적 혁명을 완화시켜 자본계급의 멸망을 가로막아 보려는 시도에 불과했다. 그의 진화론이 유물론과 무신론을 반대하는 입장과 유기적으로 연관되어 있는 것은 우연이 아니다. 그의 추종자들이 그를 유물론의 옹호자로 추겨 세우기도 하지만 그것은 진실과 거리가 멀다.

스펜서는 공과대학을 졸업했다. 6년 동안 잡지 <이코노미스트>의 편집기자로일하면서 광범위한 지식을 체득한 후 철학, 생물학, 심리학, 윤리학 등에 관한 저술을 하였다. 그의 철학적인 출발점은 자연과학과 종교를 화해시키려는 시도였다. 그의 시도는 칸트의 시도보다 더 노골적이다. 칸트는 신앙에 자리를 내주기 위하여 과학의 양보를 요구한 반면 스펜서는 종교적 신앙을 과학적 인식을 통해 합리화하려 하였다. 칸트와 달리 스펜서는 종교의 근거를 도덕영역에서 추구하려 하는 것이 아니라 직접 철학적인 불가지론을 내세워 제시하려 하였다. 그의 철학저술인 『제1원리들』에서 스펜서는 철학과 종교가 화해할 수 있는 근거로서 인간이 완전하게 인식할 수 없는 세상의 힘을 들고 있다. 과학의 발전은 더욱더 불가사의한 비밀을 열어놓는데 그것이 과학의 마지막 단계이고 종교의 첫째 단계라는 것이다. 과학은 지각 가능한 현상만을 그 연관성에 따라 인식한다. 본질의 문제에서 제동이 걸린다. 물질, 운동, 힘 등은 미지의 존재에 대한 상징이다. 이러한 상징은 직관적으로만 확신될 뿐이다.

스펜서는 지금까지 인류의 철학이 고심해서 해결하려 노력했던 존재론적 문제를 철학이 해명할 수 없다고 말하며 그것을 해명할 수 있는 것은 종교뿐이라고 주장한다. 그는 유물론과 유심론(주관적 관념론)의 차이가 언어적인 논쟁에 불과하다고 말하면서 스스로는 신을 가정하는 객관적 관념론에 빠지고 만다. 자신의 철학적 입장을 스펜서는 '변화된 실재론'이라 부른다. 이전의 소박한 실재론자들은 인간의 지각이 객관적 대상의 특성과 일치한다고 주장하는 반면 스펜서는 곧바로 인간의 주관적인 의식을 객관적 대상과 일치시킨다. 대상을 받아들이는 통로가 되는 지각의 역할마저 제거해버리면서 스펜서는 더 철저하게 주관적 관념론에 빠진다. 그것은 신을 가정하는 객관적 관념론과 의식을 절대화하는 주관적 관념론의 혼합이다.

18. 스펜서의 보편적 진화론

스펜서는 과학이 특수한 영역의 지식을 탐구하는 데 비해 철학은 보편적인 지식을 탐구한다고 주장하면서 과학적인 철학을 제시하는 것 같은 인상을 주지만 사실과는 거리가 멀다. 왜냐하면

과학적인 철학은 자연과 사회와 인간의식의 보편적인 발전법칙을 추구하는데 반해 스펜서의 철학은 현상의 기술에만 머물기 때문이다. 모든 현상의 원인이 되는 인식 불가능한 힘을 상징적으로 가정하면서 과학이나 철학이 그에 대한 해답을 줄 수 없고 종교만이 그것을 해명할 수 있다고 주장하면서 스펜서는 참된 철학과 거리가 멀어진다. 참된 철학은 종교에서 멀어질수록 가능해진다는 사실을 인류의 철학사가 잘 보여주고 있다.

스펜서는 다윈의 생물학적인 진화론을 사회를 포함한 모든 삶의 문제에 기계적으로 적용하려 하는 '보편적 진화론'을 들고 나왔는데 그것은 인간과 자연의 질적인 특성을 간과하는 일종의 사회적 진화론이다. 그는 자연, 인간, 사회 등 모든 현상이 내적인 모순과 투쟁을 통해 발전한다는 헤겔의 변증법을 무시하고 주관과 객관 사이의 단순한 연관성을 강조하면서 형이상학적인 발전론에 빠진다. 그에 의하면 모든 운동은 입자가 결합되는 방향으로 진행되는 통합과 그것이 분열되는 방향으로 진행되는 분리가 있을 뿐이다. 입자분열은 진화와 어긋나는 퇴화과정이다. 극히 미세하게 진행되는 양적 증대의 운동만이 진화에 걸맞은 발전이다. 스펜서의 주장대로라면 공룡이 진화의 최고 단계다. 스펜서는 역학상의 균형개념을 자연과 사회의 모든 영역에 적용하려 한다. 그것은 제국주의 시대에 들어서면서 세계를 지배하기 시작한 영국 부르주아지가 기득권을 계속 향유하려는 은밀한 의도의 표현이다. 그는 자본주의 사회를 내부모순이 없고 균형이 유지된 사회로 미화했으며 자본가와 노동자 사이의 투쟁을 균형의 파괴로 낙인찍었다. 균형을 파괴하는 혁명은 일종의 퇴화다. 그에 의하면 모든 존재의 목적은 균형을 유지하는 데 있다. 그러나 그는 전쟁을 생존경쟁을 위한 불가피한 수단으로 간주하였으며 생존경쟁에서 가장 균형이 잡힌 강력한 유기체가 승리하는 것처럼 인간 사회에서도 가장 균형이 잡힌 우월한 인종이 승리하는 것이 진화론에 알맞은 발전이라고 주장하면서 제국주의자들의 침략을 합리화하였다. 그의 우생학은 우월한 인종인 앵글로색슨 족이 미개한 아프리카나 아세아를 지배하고 이끌어야 한다는 실용주의의 인종론을 이끄는 도화선이 되었다.

밀과 스펜서의 실증주의는 버클리와 흄의 주관적 관념론을 계승하고 발전시킨 것으로서 반혁명적, 반변증법적, 반유물론적 특성을 지니고 있으며 종래의 신비주의를 극복하려는 과학적 철학이라는 인상을 주면서도 내면에 숨기고 있는 기회주의적이고 형이상학적인 본질은 변하지 않는다.

19. 마흐

19세기 후반에 오스트리아와 독일에서 '순수 경험의 철학' 혹은 '경험비판론'이 발생했는데 그 주창자 한 사람인 마흐(E. Mach, 1838~1916)의 이름을 따 '마흐주의'라 불리기도 한다. 이 철학은 실증주의 변종인 제2의 실증주의다. 이 철학은 1871년 최초의 노동자독재인 파리코뮌을 통해 경악을 느낀 서구 부르주아 지식인들이 노동계급의 철학인 변증법적 유물론을 비판하려는 목적과 더불어 발생하였다. 진리를 인식하고 사물의 본질로 파고드는 인간의 힘과 사회를 합리적으로 개조하려는 인간의 노력을 불신하게 만들려는 의도 아래 출발한 마흐주의는 반동적이고 기회주의적인 지식인들의 어중간함과 타협적인 성격을 잘 나타내주고 있다. 모든 계급과 정파를 초월하여 정치적으로 중립을 지키는 듯하고 철학적으로 종래의 관념론과 유물론을 넘어 새로운 철학을 제시하려는 이들의 의도에는 그러나 자본주의적 자유주의와 주관적 관념론이 은밀히 숨겨져 있다.

마흐주의자들은 새로운 자연과학의 성과를 이용하여 실증주의에 과학적인 철학의 모양새를 만들어주려 한다. 이전의 실증주의에 들어있는 유물론적 잔재를 척결하려 한다. 이전의 실증주의가 철학을 공격했다면 마흐주의자들은 올바른 과학을 거부하고 고전적이며 관념론적인 물리학만을 이용하였다. 올바른 과학 속에 유물론적 요소가 들어있기 때문이다. 그러므로 마흐주의는 이전의 실증주의에 비해 더 주관적 관념론에 빠져 있지만 제3의 길을 걷는 것처럼 스스로의 본질을 은폐하려 한다. 마흐는 유물론도 아니고 관념론도 아닌 제3의 길을 걷는다고 말한다. 그러나 그가 말하는 제3의 중립적인 길이란 유물론의 일부를 주관적 관념론과 뒤섞은 혼합물에 불과했다. 마흐주의자들은 이전의 실증주의자들 보다 더 많은 관심을 인식론에 기울였지만 결국 흄의 불가지론, 이전의 실증주의, 신칸트주의를 벗어나지 못했다.

마흐는 젊은 시절에 칸트주의자였다. 1867년부터 프라하 대학 및 빈 대학의 교수가 되면서 생리적인 광학과 음향학에도 관심을 기울이면서 '순수 경험'에 관한 연구를 시도했는데 그의 서술이 아베나리우스에 비해 명료했기 때문에 더 많은 영향을 미쳤고 이 학파의 철학이 그의 이름을 지니게 되었다. 『인식과 오류』가 그의 실증주의를 대표하는 저술이다.

20. 아베나리우스

'경험비판론'의 창시자는 아베나리우스(R. Avenarius, 1843~1896)였다. 생리학, 언어학, 철학 등을 공부하면서 그는 생물학에서의 기계론적인 이념과 헤르바르트의 기계론적 심리학의 영향을 받는다. 1876년에 취리히 대학의 교수가 되었고 여기서 실증주의와 연관된 많은 저술을 내어놓는데 『순수 경험의 비판』이 그의 대표적인 저술이다. 이 저술은 많은 신조어와 부호를 사용하는 매우 난해하고 스콜라철학적인 사변으로 가득 차 있다.

아베나리우스는 이전의 모든 인식론, 특히 유물론의 인식론이 '투사'(Interjektion)라는 과정을 의식하지 못했기 때문에 환상에 빠졌다고 주장한다. 다시 말하면 유물론적 반영론은 주관의 지각,

감정, 사유 등을 외적 대상의 결과 혹은 반영으로서 해석한다. 그러나 지각, 감정, 사유 등은 어떤 영원히 존재하는 이념, 곧 플라톤의 이데아 같은 것이 투사된 것에 불과하다. 그 구체적인 예로 아베나리우스는 원시인들의 애니미즘을 들고 있다. 아베나리우스의 비판은 플라톤이나 헤겔의 객관적 관념론에 해당할 수 있다. 그러나 아베나리우스는 충분한 근거도 없이 그것을 유물론적 인식론에 적용한다. 아베나리우스는 의식과 독립해서 존재하는 이념적인 것도 아니고 물질적인 것도 아닌 중립적인 것이 인간의 지각에서 나타나고 그것을 많은 사람들이 공통으로 인정한다고 주장하면서 제3의 길을 가려 하지만 이 '중립적인 것'이 구체적으로 무엇인가를 분명하게 해명할 수 없었다.

레닌(V.L. Lenin, 1870~1924)은 『유물론과 경험비판론』(*Materialism and Empiro-Criticism*, 1908)에서 다음과 같이 비판하였다. "경험비판론은 '관념론과 불가지론'의 낡은 오류를 새로운 망상, 궤변, 술책으로 위장했다. ……마흐와 아베나리우스는 칸트에서 출발하여 유물론으로 나아가지 않고, 정반대편인 흄과 버클리 쪽으로 나아갔다. 아베나리우스는 자신의 '경험' 일반을 '순화'했다고 자부했지만, 실은 불가지론을 칸트주의로부터 떼어 내어 순화했을 뿐이다."(동녘, 『철학대사전』, 811쪽.)

21. '협약주의'

마흐는 아베나리우스의 견해를 수정한다. ‘제3의 것’이란 존재하지 않고 그것은 물질적인 것과 이념적인 것의 결합이다. 그것을 마흐는 ‘중립적인 요소’라 표현하였다. ‘요소’(Element)라는 용어를 마흐는 1883년부터 사용하였다. 그 이전에는 단순하게 감각이라는 용어를 사용하였다. ‘중립적인 것’이든 ‘중립적인 요소’든 이들은 결국 불가지론을 합리화하기 위한 고안품에 불과하다. 지각의 근원이 되는 객관적인 실체를 부정하기 때문이다. 근원적인 존재가 무엇인가라는 물음에 대한 회피는 결국 불가지론으로 빠지고 만다. 불가지론이라는 인상을 벗어나기 위하여 실증주의자들은 이러한 물음이 논리적으로 아무런 의미가 없다고 주장한다. 경험을 완전히 정화하기 위해서 모든 선험주의를 배제해야 한다고 말하면서 아베나리우스는 ‘실체’, ‘물질’, ‘객관’, ‘인과성’ 등의 개념을 철학에서 배제해야 하고 ‘원자’, ‘힘’ 같은 개념도 물리학에서 배제해야 한다고 주장한다. 그 후에 남은 것은 ‘순수 요소’이며 이렇게 하여 실증주의자들은 주관적인 몽상 속에서 끝없이 방황하게 된다. 그러나 아베나리우스와 마흐도 시간과 공간을 인정하지 않을 수 없고 자기들의 이념에 따라 그것이 요소를 결합하는 상대적인 형식이라고 설명한다. 물질의 운동이 없이도 시간과 공간이 존재한다는 주장이다.

아베나리우스와 마흐는 과학을 보호하기 위해서 유물론을 비판한다고 주장하며 과학의 목적은 사물의 인과법칙을 찾아내는 것이 아니라 지각의 질서와 서열을 규제하고 정리하는 데 있다고 주장한다. 과학은 본질이 아닌 현상만을 다루어야 한다는 콩트의 주장과 상통한다. 이러한 실증주의적인 접근에서는 자연의 변화와 발전이 어떤 원인에 의해서 이루어지는가의 문제가 해명될 수 없다. 그러한 물음을 회피하기 위해서 마흐는 '사유경제'(Denökonomie)라는 개념을 만들어 냈다. 본질과 원인을 찾는 물음은 최소한의 노력으로 문제를 풀어야 하는 사유과정에서 쓸모없는 소모이기 때문에 피해야 한다는 것이다. 마흐는 원자와 같은 것의 객관적 존재를 인정하는 과학을 '기계주의'라고 비판하는데 실재로는 자신의 철학이 훨씬 기계주의에 빠져 있다. 왜냐하면 그는 실재를 영원히 변하지 않는 요소의 결합으로 환원시키기 때문이다.

마흐는 과학의 출발점이 되는 기본원리들을 상대적인 가설과 정의로 규정하면서 이른바 '협약주의'(Konventionalismus)에 빠진다. 물질도 감각적 요소의 결합을 지칭하는 사유상징에 불과하다. 원자나 분자도 물리적-화학적 경험이 경제적으로 상징화된 것이다. 마흐와 아베나리우스는 자연과학적 법칙의 객관성을 부정하며 인과법칙의 의미를 왜곡하는 데 심혈을 기울인다. 아베나리우스는 과학적 사유과정을 기존 표상의 도움으로 새로운 표상을 습득하는 통각(Apperzeption)과정으로 해석한다. 가장 단순하고 부차적인 설명이 필요 없는 통각이 가장 경제적인데, 거기에 객관적인 성격의 인과법칙을 적용할 때 그러한 단순성이 방해를 받고 경제적인 사유가 이루어지지 않는다. 그러므로 최선의 방법은 인과법칙에 얽매이지 않고 그 현상만을 기술하는 것이다. 마흐와 아베나리우스의 결론은 결국 흄의 불가지론과 일치한다. 인간은 사물의 기능적인 관계를 잘못된 습관 때문에 인과관계로 착각한다는 것이다. 자연 속에 원인과 결과는 존재하지 않으며 모든 형태의 인과법칙은 주관적인 충동에서 발생한다. 자연 속에는 필연성이 아니라 개연성이 존재할 뿐이다.

22. 논리적 실증주의

신실증주의 혹은 논리적 실증주의는 비트겐슈타인(L. Wittgenstein, 1889~1951)에서부터 시작된다고 말해도 과언이 아니다. 비트겐슈타인의 중심문제는 언어였다. 1921년에 나온 『논리·철학논고』(*Tractatus Logico-philosophicus*)에 이미 신실증주의의 근본이념이 예고되었다. 신실증주의는 '분석철학'이나 '언어철학'과 보조를 맞추어 인식과정에서의 언어의 역할을 절대화하는 언어중심주의에 빠진다. 이들의 주장에 의하면 모든 철학문제는 언어적인 문제로 환원될 수 있다. 비트겐슈타인은 철학의 목적을 사유의 논리적 해명에서 찾았다. 언어를 잘못 사용하거나 잘못 선택함으로써, 다시 말하면 언어적인 혼란 때문에 철학의 문제가 발생한다. 철학의 문제는 그러므로 세계관의 문제가 아니라 언어의 문제다. 비트겐슈타인의 주장처럼 언어분석이 과학적 작업에서 중요한 의미를 지니며 언어의 혼란을 바로잡는 것이 중요하다는 사실에는 의심의 여지가 없다. 이런 측면에서 비트겐슈타인의 공적은 인정되어야 한다.

오스트리아 빈에서 태어난 비트겐슈타인은 1906년에서 1908년 사이에 베를린-샬로텐부르크(Berlin-Charlottenburg) 공과대학에서 공부한 후 영국으로 건너가 1921년까지 맨체스터 대학에서 연구를 계속하였다. 영국에서 처음 몇 년 동안 그는 주로 항공에 관한 실험에 몰두하였으나 차차 순수수학과 그 근본문제로 그의 관심이 바뀌었다. 이러한 변화에서 결정적인 역할을 한 것이 1903년에 출간된 러셀(B. Russell, 1872~1970)의 『수학원리』(*Principles of Mathematics*)다. 이 책의 영향을 받고 비트겐슈타인은 프레게(G. Frege, 1848~1925)의 저서들을 연구하게 된다. 비트겐슈타인은 마침내 공학공부를 포기하고 1911년에 러셀이 활동하던 케임브리지로 옮겨갔다. 그의 결단을 촉진시킨 것이 예나에서 가진 프레게와의 대화였다. 비트겐슈타인은 러셀 밑에서 연구하면서 철학자인 화이트헤드(A.N. Whitehead, 1861~1947)와 무어(Moore)외에도 논리학자 존슨(Johnson), 수학자 하디(Hardy), 그리고 유명한 경제학자인 케인스(J.M. Keynes, 1883~1946) 등을 알게 된다. 여기서 비트겐슈타인은 수학·철학·실험심리학 등을 연구한 후 1913년부터 노르웨이로 건너갔다. 이곳에 머물면서 비트겐슈타인은 1914년~1917년 사이에 오늘날 유명해진 『논리 · 철학논고』(*Tractatus Logico-Philosophicus*)를 저술하여 그 원고를 러셀에게 보여주었고 러셀은 그 출판을 주선하여 1922년 출간하게 되었다.

비트겐슈타인은 『논리 · 철학논고』와 더불어 모든 철학 문제가 해결되었다고 생각하고 철학계를 떠나 1920년에서 1926년 사이에 오스트리아의 여러 초등학교에서 교사로 근무하였다. 그러나 교직에서 보람을 느끼지 못한 그는 1926년에 교직을 그만두고 빈의 교외에 있는 어떤 수도원에서 정원사로 일했다. 이때 슐리크(M. Schlick, 1882~1936)를 알게 되고 슐리크는 그에게 '빈학파'의 토론회에 참석하도록 설득했다. 1928년 3월 10일에 비트겐슈타인은 빈 대학에서 브로우베르(L.E.J. Brouwer, 1881~1966)의 특별강연 「수학 · 과학 · 언어」를 듣고 다시 철학 연구를 계속하고 싶은 충동을 받는다. 왜냐하면 이 강연에서 브로우베르가 『논리 · 철학논고』를 강하게 비판했기 때문이다. 1929년에 그는 다시 케임브리지로 갔고 이듬해 트리니티 대학의 연구원이 되었다. 1939년에 무어의 후계자로서 철학교수에 임명되었고 1945년에 『철학연구』(*Philosophische Untersuchungen*)의 1부가, 1949년에 그 2부가 완성되었는데 이 저술은 내용상으로 『논리 · 철학논고』와 많은 차이를 보여주었다. 『철학연구』는 1953년에야 유고로 출간되었다.

23. 비트겐슈타인의 오류

언어와 현실의 연관성을 분석하고 그것을 출발점으로 하여 일정한 철학 목표에 도달하려는 비트겐슈타인의 이념과 방법은 처음부터 잘못되어 있다. 그 이유는 그가 인식과정을 하나의 사회적인 발전과정, 다시 말하면 사회적 실천과 끊임없는 연관 속에서 진행되는 과정으로 파악하는 대신 그것들과 분리된 독자적인 과정으로 파악하려 하기 때문이다. 비트겐슈타인의 전제는 마치 사회 속의 고립된 섬을 연상시킨다. 이 섬에서는 언어가 주도하고 있다. 철학을 언어철학의 문제로 환원시키고 그것이 유일한 진리라고 주장하는 것은 결국 사회의 심각한 모순을 회피하면서 중립적인 현상에 만족하려는 기회주의적이고 소시민적인 지식인들의 교묘한 술책이다. 미래의 전망을 상실한 부르주아 지식인들은 진보적인 사회발전을 거부하는 회의주의에 빠져 철학의 문제를 어떤 특수영역에 국한시키려 한다.

비트겐슈타인과 그의 추종자들은 보편적인 문제를 추구하는 철학이 언어의 오용에서 나오는 결과이기 때문에 그것을 철학으로부터 배제해야 한다고 주장한다. 비트겐슈타인의 주장에 따르면 보편성의 문제나 세계관의 문제에 대한 해답의 진위는 검증불가능하다. 그러므로 이러한 문제 자체가 언어를 논리적으로 잘못 사용하는 데서 나타나는 '사이비문제'다. 그러나 그의 주장과 달리 철학은 일종의 세계관이다. 세계관을 벗어난다는 것은 철학이 철학임을 그만둔다는 말과 같다. 문제는 하나의 세계관이 과학적인 토대를 갖느냐 과학을 벗어나 사변적이고 신비적인 색채를 갖느냐 혹은 과학을 왜곡하여 사이비 과학성을 지니느냐이다. 형이상학을 극복하려는 많은 현대의 부르주아 철학들이 사이비 과학철학에 빠져든다. 비트겐슈타인에서도 이러한 오류가 드러난다. 그의 이념 역시 세계관적인 혹은 형이상학적인 전제를 완전히 배제하지 못하고 있다. 물론 그는 형이상학을 철학으로부터 배제해야 한다고 주장한다. 사변적이고 비합리적인 요소를 철학으로부터 추방하려는 그의 요구는 정당하다. 그의 논리연구는 철학적인 용어를 분명하게 정리하고 철학의 공허한 사변성을 제거하는 데 공헌하였다. 그럼에도 불구하고 모든 세계관의 문제를 '사이비문제'로 배제하려는 것은 철학을 포기하는 것과 같다.

비트겐슈타인은 철학이 이론이 아니고 하나의 실천이라고 말한다. 그러나 이러한 실천은 어떤 새로운 결과도 가져오지 않는다고 덧붙인다. 철학의 실천이 어떤 새로운 결과도 가져오지 못한다는 주장은 철학을 아무것도 산출하지 못하는 논리학과 언어학으로 환원시킨다는 말과 같다. 논리적인 언어분석은 실제로 자연과학이나 역사과학 혹은 사회과학의 의미에서 아무런 새로운 지식도 가져다주지 못한다. 기껏해야 자연과 역사와 사회의 주변 문제만을 분석하고 정리할 뿐이다. 논리학과 언어학의 과제는 과학적인 의미에서의 새로운 인식을 얻는 데 있는 것이 아니고 올바른 인식에 도달하도록 도와주는 데 있다. 그러므로 아리스토텔레스가 이미 논리학을 일종의 도구 혹은 '기관'이라 불렀다. 논리학이나 언어학은 오늘날에도 옳은 사유를 위한 도구의 역할을 하고 있다.

논리학의 연구를 통해서 우리는 결코 어떤 진리의 내용이나 그 내용의 타당성을 밝혀낼 수는 없다.

24. 비트겐슈타인의 주관적 관념론

비트겐슈타인은 "참된 사유의 총화가 세계상이다."라고 주장한다. 다시 말하면 세계는 사물의 총화가 아니라 사실(Tatsache)의 총화라는 것이다. '사물의 총화'를 전제로 하는 것은 유물론과 거리가 가깝기 때문에 비트겐슈타인은 '사물' 대신 '사실', 곧 대상간의 관계성을 내세운다. 그러나 러셀이 지적한 것처럼 '사실'의 엄밀한 규정은 용이하지가 않다. 비트겐슈타인은 현실적인 '사실'(Tatsache)과 가능적인 '사태'(Verhältnis)를 구분한다. '사태'는 대상의 결합 속에서 나타나는 '사실'이다. 비트겐슈타인은 '대상'을 어떤 결합되지 않는 실체로 이해한다. 실체를 가정하면서 비트겐슈타인은 자기도 모르게 존재론으로 나아간다. 비트겐슈타인은 논리적 고찰방식과 존재론적 고찰방식을 뒤섞고 있다. 실체는 논리적 조작에 앞서서 존재하는 어떤 것이다. 논리적 주체는 사물이나 실체를 하나의 명제 속에서 언급하며 그러므로 실체는 아직 결합되지 않는 상태로 있다는 점에서 유물론의 실체와 구분된다.

비트겐슈타인에서 논리적 고찰방식과 존재론적 고찰방식이 뒤섞여 있다는 사실이 그의 『일기』(1914~1916)에서도 드러난다.

여기서 그는 하나의 진술이 세계의 논리적 구조를 대신할 수 없다고 말한다. 왜냐하면 진술이 가능하고 하나의 명제가 의미를 얻기 위해서는 세계가 이미 논리적 구조를 가져야 되기 때문이다. 세계의 논리가 명제의 진위에 우선한다. 이러한 주장은 플라톤적인 관념론에 가깝다. 그러나 비트겐슈타인은 언어를 통한 사물의 논리적 반영아 진리관계의 본질을 해명하는 데 도움을 줄 수 있다고 덧붙인다. 그것은 한 명제의 진위가 가능하기 위해서는 그 명제 속에 현실과 일치하는 어떤 것이 포함되어 있어야 한다는 매우 정당한 주장이다. 후기 저서들에서 비트겐슈타인은 다시 언어주의에 접근하면서 언어로부터 독립되어 있는 사태를 가정하는 것은 관념론적인 가상이라고 주장한다. 세계 자체가 먼저 존재하고 그것이 언어를 통해서 옳게 혹은 그르게 진술되는 것이 아니라 언어를 통해서 세계가 진술된다고 주장하면서 비트겐슈타인은 다시 주관적 관념론으로 빠져든다. 언어가 객관적 사실을 반영한다는 주장이 더 관념론적인가 아니면 사실이 언어에 의해서 구성된다는 주장이 더 관념론적인가?

언어와 현실의 관계를 해명하려는 비트겐슈타인의 주장은 다소 합리적인 면을 포함하기도 하지만 전체적으로 관념론의 한계를 벗어나지 못한다. 주관과 객관[대상]의 관계 대신에 주관과 주관적인 대상과의 관계가 들어선다. 이러한 오류는 인식과정의 사회적 · 역사적 측면이 고려되지 않는 데서 기인한다. 물론 인간은 세계를 전체로서 직접 파악할 수 없다. 개념·언어·추상화·법칙 등을 통한 인식과정이 필요하다. 이러한 인식과정에서 필연적으로 고려되어야 하는 문제가 구체성과 추상성, 개별성과 보편성, 현상과 본질 사이의 상호연관성이다. 구체적인 사실과 그것을 기반으로 하는 법칙을 통해서 세계인식이 가능해지고 우리는 그것을 세계관이라 부른다. 철학적인 진술이나 진리는 항상 세계관의 문제와 결부된다. 다시 말하면 철학은 세계에 관한 보편적인 원리를 추구하고 진술한다. 분석철학자들은 왜 세계관의 문제를 기피하는가? 세계관적인 명제는 필연적으로 유물론과 관념론의 문제를 야기하며 그것은 다시 자연과 인간사회에 관한 보편적인 법칙의 탐구로 나아가기 때문이다. 신실증주의자들은 철학을 언어분석에 국한시키고 인과법칙을 거부하면서 인류의 위대한 철학전통을 파괴하려 한다. 그 결과는 영국의 경험론에서처럼 회의주의와 불가지론이다. 비트겐슈타인은 말한다. "태양이 내일 다시 떠오른다는 것은 하나의 가설이다. 다시 말하면 그것이 다시 떠오를지 우리는 알 수 없다. 다른 어떤 것이 발생하기 때문에 어떤 것이 발생해야 되는 필연성은 존재하지 않는다. 다만 논리적 필연성이 존재할 뿐이다. 모든 현대적 세계관에는 자연법칙이 자연현상을 설명해 준다는 환상이 깃들어 있다." 비트겐슈타인의 주장은 버클리나 흄의 주장을 반복한 것에 불과하다.

25. 또 하나의 신비주의

비트겐슈타인은 그러나 논리적 필연성이 어디서 나오는가에 대한 신중한 해답을 회피한다. 그것을 신중하게 묻는 경우 결국 자연과 사회의 필연적인 법칙으로 되돌아가기 때문이다. 가설은 사실에 기초할 때만 참된 이론이 된다. 사실로부터 법칙으로 나아가는 귀납적인 방법이 거부될 때 모든 노력이 관념론적이고 비과학적인 사변에 빠진다는 사실을 스콜라 철학이 잘 보여주었다. 그러나 사실과 현상에 얽매여 보편적인 원리로 나아가지 못할 때 스콜라철학 못지않은 오류가 나타난다는 사실을 실증주의가 잘 보여주고 있다. 사물과 거기서 나오는 법칙을 무서워하는 철학자들에게 남은 길은 불가지론과 신비주의뿐이다. 비트겐슈타인도 그것을 인정한다. "세계가 어떻게 존재하느냐가 아니라 세계가 존재한다는 사실 자체가 신비이다." 객관적인 세계의 합리적인 근거가 부정될 때 필연적으로 비합리적인 신비가 등장한다. 비트겐슈타인은 그의 의미론이나 언어철학에 미루어 보아 아무런 의미도 없는 '신비'라는 말을 사용하지 않을 수 없는 곤경에 빠진다. 비트겐슈타인도 삶의 의미라는 문제를 철저하게 배제할 수 없었다. 왜냐하면 인간의 삶은 사회적 실천 속에서 실현되기 때문이다. 보편적이고 필연적인 자연법칙이나 사회법칙을 부정하는 철학들이 삶의 문제에 관하여 대답해야 할 때는 항상 비합리적이고 신비적인 가정으로 도피한다.

비트겐슈타인은 후기에 들어서면서 점점 『논리·철학논고』 속에 들어있는 합리적인 요소를 제거해 간다. 『논리 · 철학논고』에서 주장된 '논리적 의미에서의 객관적 필연성'이 거부된다. 그의 철학에 나타나는 '형이상학적 경향'이 그것을 말해 준다. 비트겐슈타인은 한편으로 전통적인 형이상학의 잔재를 완전히 제거하지 못하며, 다른 한편으로 전통적인 논리학이나 수학에서 타당성을 얻는 수학적 진리의 객관성마저 거부하려 한다.

주관적 관념론자들도 논리적 · 수학적 인식의 객관성을 어느 정도 인정한다. 그러나 비트겐슈타인이 『철학연구』에서 전개한 언어이론은 주관주의적인 인식론에 국한되어 있다. 비트겐슈타인은 언어를 단순하게 그 자체의 현상으로 파악한다. 인간이 어떻게 객관적 현실의 여러 현상과 과정을 파악하고 이러한 과정에서 언어적 소통이 어떤 역할을 하는가, 다시 말하면 언어와 현실이 어떻게 인식론적으로 연관되는가를 비트겐슈타인은 문제 삼지 않는다. 『논리 · 철학 논고』에서 잠시 엿보인 언어의 반영설, 곧 언어가 현실을 반영한다는 생각이 후기 저서에서는 자취를 감춘다. 언어의 의미가 객관적 사실의 인식과정에서 수행하는 기능에 의해서 규정되는 것이 아니라 언어유희(Sprachspiel)에 의해서 규정된다. 언어발생과 발전을 사회적으로 해명하지 않으려는 비트겐슈타인은 언어의 '근원현상'(Urphänomene)이라는 신비적인 가설을 내세운다. 그는 '근원현상'에 대해서 과학적인 해명이나 분석이 불가능하다고 말한다. 중세 철학자인 아우구스티누스도 언어를 '언어유희'로 파악하였는데 비트겐슈타인은 『철학연구』에서 아우구스티누스를 많이 인용한다. 언어의 정화를 통한 철학의 혁신이라는 실증주의적 이념은 다소의 공적에도 불구하고 철학으로서의 철학을 포기하는 언어지상주의로 나아간다. 비트겐슈타인과 논리적 실증주의자들은 사물의 본질을 추구하는 데 두려움을 느끼고 논리분석이나 언어분석에 만족한다. 자연과 사회의 객관적 법칙을 인식하고 그러한 인식을 통하여 인류사회가 보다 더 진보적인 방향으로 발전하도록 도와주는 철학의 과제를 방기한다. 이들은 논리학과 언어학 분야에서 다소 공적을 쌓았지만 개별과학의 방법적인 근거나 세계관적인 기초를 제공하지 못한다. 언어철학은 우리 시대의 가장 중요한 문제 중의 하나인 "인간이 어떻게 정치·사회적 문제에 접근해야 하는가?"라는 문제에 대하여 속수무책이다. 오히려 그런 문제의 제기마저 회피하려 한다. 그런 문제는 이들이 간접적으로 옹호하고 있는 자본주의 사회의 현상유지에 이롭지 못하기 때문이다. 비트겐슈타인의 철학도 20세기에 들어선 자본주의 사회의 모순과 위기를 반영하고 있다. 이러한 위기를 소시민적 지식인들은 의식적으로 은폐하거나 체념하면서 받아들인다. 비트겐슈타인의 철학 속에는 현상을 옹호하려는 요소와 체념의 요소가 공존한다.

26. 빈 학파

비트겐슈타인이 언어분석을 통해서 신실증주의에 영향을 미쳤다면 '빈 학파'(Der Wiener Kreis)는 논리분석을 통하여 영향을 미친다. 빈 학파의 창시자는 슐리크(M. Schlick, 1882~1936)였다. 그는 1922년에 마흐의 후계자로서 빈에서 강의를 시작하였다. 그의 주변에는 철학에 관심이 있는 자연과학자들, 특히 수학자들과 물리학자들이 몰려들었다. 그 중에서 중요한 사람이 바이스만(F. Waismann), 노이라트(O. Neurath), 파이글(H. Feigl), 카우프만(F. Kaufmann), 카르납(R. Carnap) 등이었다. 한(H. Hahn)을 중심으로 하는 일련의 다른 수학자들도 이 학파의 이념형성에 기여하였다.

베를린에서는 라이헨바흐(H. Reichenbach, 1891~1953)가 중심이 된 신실증주의자들이 빈 학파와 밀접한 관계를 맺었고 프라그에서는 카르납의 주도 아래 뒤늦게(1931년경) 신실증주의 연구가 활발해졌다. 영국의 철학자 에이어(Ayer)도 빈 학파에서 잠시 활동하였으며 비트겐슈타인의 『논리 · 철학논고』가 빈 학파의 이념형성에 가장 큰 영향을 미쳤다. 또한 물질이나 정신은 존재하지 않고 논리적으로 결합된 개별적인 '감각소여'만이 존재하여 현실을 구성한다는 러셀의 이념도 여기에 작용한다.

빈 학파의 실증주의자들은 수리논리의 체계적인 응용을 통해서 도달될 수 있는 '엄밀한 과학적' 태도를 철학에서 요구한다. 다시 말하면 모든 인식과정을 논리로 환원시키는 것이다. 이들은 수학과 논리학이 현실에 관하여 어떤 진술도 하지 않는, 그러므로 근본적으로 내용이 없는 학문이라고 주장하며, 수학과 논리학은 단순히 명제를 변형시키는 방법으로서 타당성을 갖는다고 말한다. 이들은 구체적 현실을 논리·사유·의식 속으로 전이시킨다. 콩트와 같은 실증주의자들은 논리 자체가 후천적이며 관찰된 개별 사실의 보편화로서 존재한다고 주장한 반면 칸트는 논리가 경험으로부터 독립한 선험적인 법칙을 표현한다고 주장하였다. 신실증주의자들은 논리법칙이 선험적이지만 아무런 진술도 할 수 없는 단순한 문법적 규칙이며 감각체험에 주어지는 것들을 더 용이하게 조작하도록 도와준다고 말한다. 논리문제와 관련하여 신실증주의자들은 경험론과 합리론에 양다리를 걸치고 있으며 그러나 모든 경우에 논리를 객관적 사물의 법칙으로 간주하는 유물론과 상반된 입장을 취한다. 신실증주의자들은 수리논리의 영역을 벗어나는 모든 문제를 무의미한 '사이비문제'로 간주하고 경험적으로 검증 가능한 명제들에만 의미를 부여한다. 이러한 견해는 철학과 개별 과학 사이뿐만 아니라 경험과 현실 사이를 기계론적으로 분리시킨다.

신실증주의자들은 어떤 명제가 논리법칙과 일치하는가를 확인하는 '논리적 검증', 경험과 일치하는가를 확인하는 '경험적 검증'을 내세우며 이 두 검증을 벗어나는 모든 명제들을 무의미한 것으로 간주한다. 이렇게 하여 이들은 흄의 주관적 관념론을 벗어나려 하지만 결국 몇 발자국 나아가지 못한다. 왜냐하면 이들이 주장하는 논리·경험적인 것은 객관적 물질세계의 반영이 아니기 때문이다. 이들의 철학은 "이 문제는 원칙적으로 해답될 수 없다."

는 흄의 명제를 "이 문제는 의미가 없다."는 명제로 뒤바꾼 것에 불과하다. 두 경우에는 모두 객관적인 세계에 대한 불가지론이 밑받침되어 있다. 예컨대 "이 장미는 하얗고 동시에 빨갛다."는 명제와 "세계는 그 자체로 존재하지만 원칙적으로 인식될 수 없다."는 명제가 나타날 때 신실증주의자들은 앞의 것은 논리적 규칙(논리적 검증)에 어긋나기 때문에, 뒤의 것은 경험적으로 검증될 수 없기 때문에 모두 무의미하다고 선언한다. 그러나 실제로 이 두 명제는 무의미한 것이 아니라 단순히 오류라는 사실이 드러난다. 왜냐하면 한 장미가 동시에 하얗고 빨간색일 수 없으며 세계가 그 자체로 존재한다는 사실이 점차 증명되어가기 때문이다. 그러므로 명제의 의미와 무의미 대신에 그 진위를 과학적인 인식과 사회적 실천을 통하여 밝혀가는 것이 참된 과학적인 철학의 과제다. 이러한 과제를 신실증주의는 회피해 간다.

27. 카르납의 '프로토콜 명제'

신실증주의자들은 철학이 논리적 방법을 통한 과학적인 언어분석에 국한되어야 한다고 주장한다. 이들은 과학을 논리적으로 정돈된 명제의 조직으로 간주한다. 모든 과학은 일정한 기초명제로부터 출발해야 한다. 이러한 기초명제를 카르납은 '프로토콜 명제'(Protokollsatz)라 일컫는다. 왜냐하면 그것은 실험실의 조서에 나타나는 명제와 같기 때문이다. 이 명제의 순수형식은 "X라는 시점에서 P라는 현상을 L이라는 위치에서 관찰하였다."이다.

이러한 '프로토콜 명제'에는 보편성이 결여되어 있다. 모든 '프로토콜 명제'는 다른 관찰자의 '프로토콜 명제'에 의해서 반박되거나 의문시될 수 있기 때문이다. '프로토콜 명제'는 결국 보편적인 인식이 불가능하다는 회의론으로 끝맺지 않을 수 없다. 경험의 대상은 객관적인 물질세계가 아니라 지각이라는 주관적 관념론을 신실증주의가 극복할 수 없다는 사실을 '프로토콜 명제'가 잘 보여주고 있다.

라이헨바흐는 확신 대신에 개연성을 강조하면서 기술적인 검증성, 물리적인 검증성, 논리적이고 초경험적인 검증 성을 구분한다. 라이헨바흐의 주장은 순수한 경험과 선험적인 논리 사이를 우왕좌왕하고 있는 신실증주의의 단면을 잘 보여준다. 순수경험, 감각적으로 주어진 사실, 상호 주관적 검증성, 문법적 규칙으로서의 선험적 논리 등은 모두 주관적 관념론의 범주를 벗어나지 못하며 그러므로 신실증주의는 어떤 형태를 취한다 해도 참된 과학적인 철학이 될 수 없다.

28. '물리주의'

카르납과 노이라트(O. Neurath, 1882~1945) 등을 중심으로 일련의 실증주의자들은 과학을 통일한다는 이념 아래 모든 명제를 물리적인 명제로 환원시키려 하였는데 그것이 바로 물리주의(Physikalismus)다. 이들은 모든 과학적 개념이 물리적 언어로 환원될 수 있다고 생각하며 그렇게 함으로써 통일과학을 만들려 한다. 이들은 과학용어 가운데 물리학의 용어가 우선이며 물리주의 문장으로 정식화되어야 검증이 가능하다고 주장한다.

과학을 통일적으로 체계화하려는 노력은 다소 긍정적이지만 이들의 숨은 의도는 그러나 변증법적 유물론을 공격하는 데 있었다. 변증법적 유물론에 의하면 물질적인 영역은 기계적으로 고정되어 있는 것이 아니라 항상 질적인 변화를 겪는다. 그러나 물리주의는 탐구대상을 양적으로만 규정하려 한다. 물리주의에 의하면 과학의 모든 연구대상은 개개의 고정된 점들이 결합한 것에 불과하다. 사물들 간의 질적 차이나 체계 사이의 질적 차이가 소멸된다. 변증법적 발전이 거부된다.

물리주의와 비슷하게 프로이트 등 심리학자들은 심리주의를 들고 나왔으며 심리주의도 학문연구에 많은 영향을 미쳤다. 물론 심리주의는 용어의 통일을 목표로 하는 것이 아니라 인간행위의 동기를 통일적으로 해명하려 하면서 인간과 연관되는 학문에서 무의식적인 성애의 역할을 극대화하였다. 이러한 편향적인 시도는 그러나 실패할 수밖에 없었다. 물리주의의 기계론적인 세계이해는 학문의 진보적인 발전을 저해한다. 각 학문에 독특한 용어나 성격을 한 분야의 언어나 내용으로 통일하려는 시도가 과학 사이의 소통을 진척시킬지 모르지만(이 경우에도 물리학을 제외한 다른 과학은 쉽게 동의하지 않을 것이다.) 그것이 철학의 발전에 기여하는지는 의문스럽다. 이들은 외견상 과학적인 철학이라는 인상을 주지만 참된 과학철학은 용어의 통일에서가 아니라 과학적인 연구결과를 토대로 통일된 세계관을 제시하는 데 있기 때문에 참된 철학과는 거리가 멀다.

29. 비판적 합리주의

제2차 세계대전이 끝나던 1945년에 한 권의 정치철학적인 저술이 출간되어 많은 논쟁을 불러 일으켰는데 그것이 바로 칼 포퍼(K.R. Popper, 1902~1994)의 『열린사회와 그 적들』(*The Open Society and Its Enemies*)이다. 포퍼는 1902년에 오스트리아 빈에서 태어났으며 스스로의 고백에 의하면 "13세가 되던 1915년에 맑스주의자가 되었고 17살이 되기 전에 반(反)맑스주의자로 전향하였다." 그는 자유와 사회주의가 공존할 수 있다는 가능성에 대하여 의혹을 품게 되었음에도 불구하고 30세까지는 여전히 사회주의에 대한 미련을 버리지 못했다. 28세가 되면서 그는 빈의 중학교 교사로 재직하였고 1943년에 『탐구의 논리』(*Logik der Forschung*)라는 책을 내어 유명하게 되었다. 히틀러가 정권을 잡자 유대인이었던 그는 뉴질랜드로 망명하였고 후에(1945) 영국으로부터 초빙을 받고 런던 대학에서 강의를 하였다. 미국에서 객원 교수로 활동하였고 짧은 기간 동안 오스트리아와 일본, 그리고 오스트레일리아에도 머물렀다.

일반적으로 포퍼는 알버트(Albert), 토피치(Topitsch), 랭크(Lenk), 오프(Opp), 수피너(Spinner) 등이 속해 있는 '비판적 합리주의'(Kritischer Rationalismus)를 대변하는 철학자로 알려져 있다. 그는 『역사주의의 빈곤』(1944)과 『열린사회와 그 적들』에서 자유주의를 옹호하면서 맑스주의의 비판에 주력하였다. '비판적 합리주의'는 비판적 이성을 통하여 사회를 합리적으로 개혁하려는 의도에서 출발하였다. 비판적 합리주의자들은 우선 사회과학을 엄밀하게 과학적으로 구성하려 한다. 이들은 '탈가치성', '중립성', '객관성'을 정치학의 합리적 토대로 삼는다. 이들은 자율적인 이성의 비판을 통과하지 않는 '비과학적인' 사회과학을 공격한다. 이들은 근본적으로 실증주의의 기반에 서 있으면서도 실증주의와는 다른 측면을 보이고 있다.

포퍼에 의하면 서로 상반되는 사회의 두 가지 전형이 '열린사회'와 '닫힌사회'다. 집단의식이 지배하던 원시사회에서 이미 닫힌 사회가 시작된다. 그 특징은 개인이 집단의식에 굴복하고 종속되는 데 있다. 이러한 사회는 종속을 통하여 사회 안정을 유지하고 있기 때문에 '닫힌사회'이고 전체주의적인 사회이다. 포퍼는 '닫힌사회'의 철학적 기초로 '역사주의'를 들고 있다. 포퍼에 의하면 역사주의는 역사적 결정론을 내세우며 개인의 자유를 부정하는 전체주의의 이념을 제공한다. 원시시대의 전체주의로부터 현대의 '닫힌사회'인 공산주의로 넘어가는 과정에서 철학적으로 결정적인 역할을 해 준 것이 포퍼에 의하면 플라톤과 헤겔과 맑스이다. 포퍼는 플라톤을 공산주의의 원조로 해석한다. 이에 반하여 포퍼는 소크라테스와 칸트를 비판적 이성의 선구자로 치켜세운다.

30. 포퍼의 한계

포퍼의 견해는 매우 편협하다. 그는 자본주의의 원리가 되고 있는 개인주의의 안목에서 원시사회를 자유롭지 못한 사회로 평가한다. 자유의 문제와 연관하여 보다 중요한 범주인 억압과 착취의 문제를 그는 중요하게 다루지 않는다. 비록 집단적 사고방식에 개인이 종속되었다 할지라도 원시사회는 현대 자본주의 사회에서 나타나는 것과 같은 착취가 없었다는 사실을 그는 파악하지 못한다. 포퍼에 의하면 '열린사회'는 집단의식에 대한 비판, 토론과 자율적인 이성, 개인의 자유 등을 기반으로 한다. 그러나 포퍼는 자유로운 토론과 비판, 그리고 개인의 자유가 과연 자본이 지배하는 사회에서도 실제로 가능한지 신중하게 묻지 않는다. 그는 자본주의의 경제적 토대를 분석하지 않은 채 그 형식적인 정치이념을 절대화시키고 있다.

포퍼는 모든 혁명이 폭력이고 모든 폭력은 지탄을 받아야 한다고 주장하면서 급진적인 혁명보다도 점진적인 개혁을 지지한다. 그것이 혁명을 지지하는 마르쿠제(H. Marcuse, 1898~1979)와의 대화에서 잘 드러난다. 그러나 포퍼의 주장은 기존사회를 옹호하려는 보수적인 성격을 드러내줄 뿐이다. 프랑스의 작가 카뮈(A. Camus, 1913~1960)도 포퍼와 비슷한 생각을 하면서 사르트르(J.P. Sartre, 1905~1980)와 논쟁하였다. 프랑스의 식민지였던 알제리인들의 독립운동에 직면하여 카뮈는 알제리인들이 사용하는 폭력을 지탄하면서도 프랑스인들이 식민지를 지배하기 위해서 사용하는 보이지 않는 폭력을 눈감아 주었다. 실제로 인류의 역사에서는 보이는 폭력보다도 보이지 않는 폭력이 더 잔인하고 반인간적인 경우가 허다하였다.

포퍼는 '닫힌사회'의 전형으로 히틀러 치하의 독일과 공산주의 사회를 들고 있다. 나치의 독일이 2차 세계대전의 종말과 함께 소멸하였으므로 그의 공격목표는 이제 사적 유물론을 기저로 하는 공산주의 사회였다. 그러나 그는 너무 성급하게 질적으로 상이한 나치즘과 맑스주의를 동일시하는 오류를 범하고 있다. 그것은 현상과 본질을 혼동하는 데서 오는 결과다. 나치에 대항한 용감한 투쟁 때문에 전후 서구의 지식인들 사이에서 맑시즘이 폭넓게 공감을 얻었다는 사실을 애써 외면하고 있다. 포퍼가 비판적 이성에 의해서 사회를 개혁하는 방법으로 내세운 '점진적 사회공학'은 정치의 과학화를 의미하는데 그것은 실제로 '탈정치화'를 의미하며 민중의 정치의식을 마비시키고 엘리트 집단의 지배를 부추기는 결과를 가져온다. 그것은 오히려 플라톤의 이상 국가를 연상시킨다. 포퍼가 전가의 보도처럼 내놓은 '비판적 이성'도 결국 자본주의의 핵심을 건드리지 않으면서 주변 문제를 개선해 가려는 '부르주아적 이성'에 불과하다. 그는 '열린사회'와 '닫힌사회'를 창문으로만 들여다볼 뿐 발로 들어가 뒤져보지 못하는 한계에 머물러 있다.

31. 분석철학

분석철학은 미국, 영국, 스칸디나비아 국가들에서 확산되고 있는 신실증주의의 한 형태이며 기회주의적인 소시민적 지식인들에 의해서 연구·옹호되고 있다. 이들은 과감하게 사회문제를 건드릴 만한 용기도 없고 전통적인 형이상학에 의지할 순진함도 갖고 있지 않기 때문에 철학으로부터 역사문제와 사회문제를 배제해버리고 지역적인 현상, 특히 언어의 분석에 만족하면서 마치 진보적인 철학을 추구하고 있는 것 같은 인상을 독자들에게 주려 한다. 한국에서도 최근에 분석철학이 실증주의나 실용주의를 제치고 점차 확산되어가고 있다. 역사의식이 결핍된 분석철학자들은 우리 민족의 절실한 과제인 자주·민주·통일의 문제를 철학으로부터 제쳐버리고 언어분석을 둘러싼 무의미한 논쟁에 열을 올리고 있다.

분석철학의 주요과제는 전통적인 철학문제를 '언어분석'의 방법에 국한시켜 해결하려는 데 있다. 분석철학자들은 언어를 분석하여 개념과 개념들 사이의 논리적 관계를 명확히 하고 그것을 기반으로 하여 철학문제를 해결하려 한다. 언어를 논리적으로 분석하면서 이들은 철학적인 내용의 진위 대신에 명제의 의미와 무의미성을 진리의 척도로 내세운다. 그러므로 전통적인 철학의 많은 문제들이 무의미한 것으로서 거부된다. 이들은 처음부터 유물론과 과학적인 세계관을 부정하는 점에서 실증주의의 한 변용이다.

분석철학은 대략 1930년대에 발생했으며 빈 학파가 와해된 후인 1950년대 중반부터 실증주의를 주도해갔다. 분석철학은 방법적 면에서 두 방향으로 구분될 수가 있는데 하나는 빈 학파를 중심으로 논리분석을 중시하는 방향이고 다른 하나는 비트겐슈타인의 영향 아래 언어분석을 중시하는 옥스퍼드학파이다. 카르납, 구드맨(Goodman), 콰인(Quine) 등이 앞의 방향에 속하는 분석철학자이고 위스덤(Wisdom), 어스틴(Austin), 라일(Ryle) 등이 뒤의 방향을 대표하는 학자들이다. 그러나 반(反)유물론적이고 반(反)변증법적인 태도를 취하는 점에 있어서 양 방향은 구분되지 않는다. 그것은 모든 실증주의의 특징이며 더 나아가 모든 부르주아철학의 핵심이기도 하다.

32. 의미론

언어분석을 사회현상의 해명수단으로 이용하는 경향이 하야카와(Hayakawa), 코르치브스키(Korzybski), 체이스(Chase) 등이 속해 있는 미국의 '의미론'(semantics)에서 나타난다. 분석철학의 주요한 특징은 언어를 철학연구의 유일한 과제로 삼는 데 있다. 그러므로 '언어분석' 혹은 '언어철학'이라는 말이 사용되기도 한다. 분석철학자들은 언어의 논리적 연구를 강조한다. 그러나 언어의 논리적 연구는 언어와 객관적 현실과의 관계가 역사적으로 고려될 때만 효과적이라는 사실을 그들은 파악하지 못한다. 카르납이 중심이 되는 빈 학파에서처럼 사유가 현실로부터 분리되는 경우 언어는 내용 없는 단어들의 무더기, 곧 부호체계로 전락한다. 언어는 인간이 고안해 낸 부호체계나 인간의 심리적 현상으로 환원될 수 없는 사회적 내용을 항상 내포하고 있다.

언어적 부호는 물론 추상화를 실현하는 도구로서 중요한 역할을 한다. 다시 말하면 언어를 통해서 인간의 개념이 형성된다. 언어에는 항상 음(소리)과 내용이 내적으로 결합되어 있다. 아리스토텔레스가 이미 언어의 두 요소로서 음과 내용을 들었었다. 언어는 전달 수단으로서 인간 사이의 교제를 통해서 형성된다. 다시 말하면 사회 속에서 발생하고 사회와 더불어 발전해간다. 음이 없었다면(부호나 문자가 고안되기 이전에) 언어는 전달 수단의 역할을 할 수 없었을 것이고 전달 수단이 없이는 의식이나 사유가 발전하지 못했을 것이다. 음은 언어의 물질적 요소로서 언어발생과 발전에 중요한 역할을 한다. 음은 언어의 자연적 재료이며 동시에 물리적·

심리적 성격을 지닌다. 음은 의미와 결부된다. 그러나 언어의 의미내용은 소리에만 국한되는 것은 아니다. 언어는 소리가 표현하지 못하는 개념적인 의미를 내포한다.

분석철학자들은 언어적인 부호가 사물을 반영하는 데서 나타나는 인식론적 의미를 간과한다. 물론 분석철학자들 가운데는 언어를 현실의 반영으로 파악하는 경우도 있지만 이 경우의 현실은 객관적 · 물리적 실재가 아니라 지각의 총화일 뿐이다. 결국 이들은 주관적 · 관념론적 현실파악의 범위를 벗어나지 못한다. 더욱이 지각이 객관적 실재의 모사로서가 아니라 단순한 상징으로, 현실과 연관되지 않는 순수한 부호로 해석된다. 현실과 연관되지 않는 순수한 상징이나 부호가 가능한가? 내용과 분리된 부호는 관념 속에서만 가능할 뿐이다. 상징론은 결국 일종의 인식론적인 불가지론이다. 인간의 의식 밖에서 독자적으로 존재하는 대상이 거부된다. 지각이 물질적 대상의 반영으로 해석되는 것이 아니라 일종의 상징으로 해석된다. 분석철학자들은 진리가 사물 속에 있는 것이 아니라 언어와 언어사용에 있다고 주장한다. 이들은 명제를 의미명제와 무의미명제로 구분하며 내용의 진 · 위에 관한 해답을 회피한다. 자연적인 언어의 명제는 형식을 갖춘 언어의 명제로 바꾸어질 때만 의미를 갖는다는 이들의 주장 뒤에는 모든 사태를 논리적 구조로 전환시키려는 저의가 깔려 있다. 이들은 학문적인 언어의 객관적인 의미마저 인정하려 들지 않으면서 진 · 위의 문제가 사유와 객관적 실재와의 일치에 의해서 결정되는 것이 아니라 언어의 올바른 사용 혹은 잘못된 사용, 다시 말하면 부호의 결합방식에 의하여 결정된다고 주장한다. 분석철학에서는 언어의 논리적 분석이 과학의 유일한 연구과제이고 언어와 객관적 실재와의 일치문제는 관심 밖으로 밀려난다. 그러나 객관적 실재로부터 분리될 때 언어는 객관적 의미내용을 상실한 하나의 부호가 되고 이에 따라 진리 문제가 구문(부호결합)의 문제로 환원된다. 분석철학자들은 진리가 진술과 존재와의 일치라고 말하기도 하지만 이 경우 존재가 무엇인가에 대한 규정이 매우 애매하다. 카르납은 존재를 대상으로 이해하지만 이 대상은 실재적 대상이 아니다. 그는 인식문제가 현상이나 현실의 특성과 관계되는 것이 아니라 언어 및 언어적 표현의 분석문제와 관계된다고 주장한다. 그는 부호체계로서의 언어와 자의로 구성된 언어체계 사이를 구분하지 못한다. 진리가 언어체계에 의존하는가? 구체적 사실을 떠난 진리는 관념 속의 진리일 뿐이다.

33. 진리의 문제

분석철학자들은 진리를 언어문제로 국한시키면서 철학의 중립성(혹은 순수성)을 들고 나오는데 철학의 중립성이란 항상 관념론을 배후에 숨기면서 기존 사회를 옹호하는 일종의 관념론이라는 사실을 우리는 주목해야 한다. 논리적 실증주의의 인식론은 철저하게 관념론적이다. 이들은 언어와 사유가 밀접하게 연관되어 있으며 언어나 사유는 독자적인 영역을 지니는 것이 아니라 인간생활의 표현형식에 불과하다는 사실을 파악하는 대신 언어라는 외형적인 현상을 절대화시키고 거기 안주하면서 사회적 모순들을 눈감으려 한다.

분석철학자들은 언어분석에서뿐만 아니라 도덕 · 교육 · 문학 · 정치 등의 문제에서도 부르주아지의 이익을 옹호하기 위한 주장들을 내세운다. 이들은 모든 가치판단으로부터 인식의 성격을 배제하고 인식의 가치를 다만 학문적인 진술에 국한시킨다. 학문 중에서도 논리수학적인 학문이 절대적인 우위를 차지한다. 19세기의 부르주아 철학자들은 대부분 자연과학과 정신과학을 엄밀하게 구분하였다. 이러한 전통에 속해 있는 현대 부르주아 철학과 사회학은 자연과 역사를 엄밀하게 구분하고 상호 간의 통일성을 부정하며 자연현상과 사회현상 사이의 연관성을 인정하지 않는다. 이들은 사회과학의 연구로부터 어떤 법칙성도 추출될 수 없다고 주장한다. 사회과학의 연구로부터 어떤 법칙성이 도출되는 경우 자본주의의 근본적인 모순이 드러나고 자본주의 체제의 유지가 위협을 받기 때문이다. 이들은 자본주의 사회에서 과학발전과 사회구조 사이에 나타나는 모순들이 결코 조화될 수 없다는 사실을 파악하였다. 빈델반트(Windelband)와 리케르트(Rickert)는 역사적인 사건이나 사회현상의 일회적인 성격을 강조하면서 역사과학의 본질을 규정하려 한다. 19세기 후반에 나타난 '역사주의'도 역사의 보편적인 법칙을 부정하고 대치될 수 없는 일회적인 사건만을 강조하였다.

물론 역사를 구성하는 것은 독특하고 일회적인 사건들이다. 그러나 이러한 사건을 수집하고 그 원인들을 분석함으로써 우리는 어떤 보편적인 역사법칙을 추출할 수 있다. 사건의 일회성을 절대화시키고 거기로부터 모든 법칙적인 요소를 배제할 때 남는 것은 역사왜곡과 체념뿐이다. 현 상태의 옹호나 현실과의 타협뿐이다. 역사는 일회적인 사건을 통해서 발전하지만 일회적인 사건의 근저에는 어떤 보편적인 원인이 숨어 있는 것이다. 일회적인 사건만을 절대화시키는 것은 현상에 얽매여 본질의 문제를 회피하려는 것과 같다. 자연과학과 사회과학을 절대적으로 분리시키려는 것은 철학과 과학을 어중간하게 뒤섞으면서 관념론적 신비주의로 도피하려는 것과 크게 다를 바 없다.

34. 예술의 인식기능

분석철학자들은 예술적·윤리적인 명제들이 결코 인식의 기능을 갖지 못한다고 주장한다. 물론 문학작품에 나타나는 예술적인 표현들은 사실적인 진술이 아니라 상상적인 묘사일 수도 있다. 그러나 예술가의 이념은 전체적으로 현실과 부딪치고 있으며 예술가는 현실로부터 예술의 진리기능을 도출해 낸다. 그것은 인간과 사회에 관한 역사적인 관점을 추구해 가는 기능을 포함한다. 올바른 예술은 항상 사회로 눈을 돌린다. 물론 모든 진술이 항상 동일한 것은 아니다. “이 나무는 푸르다.”와 “이 나무는 아름답다.” 사이에는 구분이 나타난다. 전자는 사실판단에 속하고 후자는 가치판단에 속한다. 그러나 사실판단과 가치판단 사이에 절대적인 구분이 나타나는 것은 아니다. 객관적 현실 상태를 직접 진술하느냐 그 연관성을 진술하느냐의 차이가 있을 뿐이다. “이 나무는 아름답다.”에서는 객관적 연관성이 더 강조되고 있다. 도덕과 예술의 개념이나 범주는 주관과 객관의 밀접한 상호연관성에 의해서 특징지어 진다. 주관적인 요소와 객관적인 요소 가운데 어느 하나가 절대화될 때 예술과 도덕의 인식기능이 왜곡된다. 객관적 가치를 절대적인 본질로 내세우는 경우 플라톤적인 관념론에 빠지고 주관적인 요소만을 절대시하는 경우 립스(Lipps)나 크로체(Croce)에서처럼 ‘감정이입설’이나 ‘직관주의’에 빠진다. 관념론적인 사고방식은 항상 이 가운데의 하나를 절대화시킨다.

부르주아 지식인들은 방법 면에서 예술과 과학을 상반적으로 대치시킨다. 이러한 절대적 구분은 인식론상으로 옳지 못하다. 예술이나 과학은 다 같이 현실을 기반으로 하며 현실을 인식해 가는 기능을 갖는다. 현실을 벗어난 과학이 참된 학문이 될 수 없는 것처럼 현실을 벗어나 환상 속에서 맴도는 예술도 참된 예술이 아니다. ‘사실’과 ‘가치’를 절대적으로 대치시키려는 것은 관념론에서 나오는 오류가 아니면 사회적 모순을 은폐하거나 그곳으로부터 눈을 돌려버리려는 부르주아 지식인들의 의도적인 사고방식이다. 과학의 '몰가치성'을 주장하는 베버(M. Weber, 1864~1920)의 경우에도 그것은 예외가 아니다. 가치문제를 언어문제로 환원시키려는 실증주의는 '사실'과 '가치'를 은밀하게 대립시키면서 가치문제를 회피하려 한다.

결국 논리적 실증주의나 분석철학은 버클리에서 시작되는 주관적 관념론이 도달하는 최후의 도피처이다. 이들은 인간으로부터 독립되어 있는 물질적 대상이 아니라 인간의 개별적인 지각을 모든 존재와 인식의 근거로 삼으면서 유아론에 빠지고 존재문제와 연관하여 결국 불가지론적인 신비주의로 끝맺는다. 이들은 과학으로 위장한 사이비 과학철학이며 과학의 참된 성과와 그것에 기초하는 사회적 실천을 두려워한다. 모든 것이 지각의 복합물이라면 인간이 태어나기 전에 지구는 그 자체로 존재하지 않았다는 궤변에 빠진다. 인간도 결국 세계의 일부이며 주위 세계와의 상호작용을 통해 지식을 얻어가고 세계를 변화시켜 간다. 철학의 근본문제는 언어의 문제가 아니며 자연의 본질 및 자연 속에 처한 인간의 위치에 관한 문제이다. 인간의 지식은 개인적인 지각이나 언어의 재구성에 의해서라기보다 오히려 인간 사이의 실천적 관계, 세대를 통한 사회활동을 통해서 축적된다. 물질적인 세계가 개인의 지각에 의존한다면 인간은 태어난 후 며칠 안 되어 사멸할 것이다. 모든 사회적·역사적 내용이 제거된 형식적인 논리나 언어의 문제로 철학을 환원시키려는 것은 과학의 발전을 가로막으려는 저항이고 철학의 본질을 이해하지 못하는 사람들을 혼미하게 만들어 기성사회에 마찰 없이 안주하게 하려는 속임수이다. 그것은 한가한 사람들의 지적 유희가 아니면 말장난에 불과하다. 이러한 철학의 이면에는 세계, 사회, 인간 등의 본질에 대해서 인간은 아무것도 알 수 없다는 체념이 깔려 있다. 그러나 많은 한계에도 불구하고 인간은 점차 과학의 성과를 이용하여 세계의 본질을 인식해가고 그것을 인류의 평화와 행복을 위해 이용하고 있다. 인류의 행복은 결코 말장난에 의존할 수 없는 것이다. 실증주의나 분석철학은 개별과학의 구체적인 성과에 눈을 돌리는 점에서 진보적이다. 그러나 과학과 철학을 혼동하면서, 그리고 새로운 과학적 성과를 오해하면서 관념론에 머물러 있다. 20세기에 들어서면서 물리학에 혁명이 일어났다. 새로운 발전에 의하여 물질의 알맹이가 사라진다. 미시세계에서는 종래의 이론이 타당성을 잃는다. 많은 과학자들과 철학자들은 이러한 변화를 유물론의 반박과 관념론의 옹호에 이용했다. 그러나 그것은 물질의 변증법적 발전을 이해하지 못하는 데서 나온 잘못된 결론이었다. 반박된 것은 고립되어 있는 고정된 물질의 알맹이를 가정하는 기계적 유물론이었으며 변증법적 유물론의 정당성은 오히려 이러한 사실을 통해서 더욱 더 확증되었다.

35. '과학철학'

실증주의를 계승하는 신실증주의철학이 오늘날 자본주의사회를 주도하면서 많은 지식인들의 관심을 끌고 있다. 그것은 이 철학이 종래의 진부한 형이상학을 극복하고 새로운 '과학철학'이라는 인상을 주기 때문이다. 그러나 인류의 철학사를 음미하면서 철학의 본질을 이해하는 사람들에게는 이러한 주장이 맞지 않다는 것을 깨달을 수 있다. 실증주의자들이 주장하는 '과학철학'이란 '과학의 흉내를 내는 철학' 혹은 '철학의 흉내를 내는 과학'에 불과하다. 다시 말하면 철학의 본질을 왜곡하는 '사이비과학철학'이다. 과학으로 위장한 가장 교묘한 관념론 철학이다.

철학은 과학과 밀접하게 연관된다. 과학의 연구결과를 토대로 인생관을 제시해 주며 인간으로 하여금 자기 운명의 주인이 되게 하는 것이 철학의 과제이고 철학이 종교와 구분되는 것도 이러한 이유에서다. 그러나 과학의 연구결과를 종합해서 정리한 것이 바로 철학이 되는 것은 아니다. 과학의 역할이 일정한 분야의 법칙을 발견하는 데 있다면 철학의 목적은 그것을 토대로 인간이 올바르게 살아가는 방향을 제시해 주는 데 있다. 다시 말하면 삶의 의미가 무엇이고 인간의 행복이 무엇인가를 제시해주는 것이 철학의 과제다. 그에 대한 완전한 정답이 얻어지기 어렵다 해서 그것을 포기하는 것은 철학자체를 포기하는 것과 같다. 그것은 인류가 영원히 풀어나가야 할 불가피한 과제인 것이다.

실증주의자들은 실증주의가 종래의 유물론과 관념론을 극복했다고 주장한다. 그러나 그것은 주장에 불과하다. 실증주의자들이 극복한 유물론은 교조주의적이고 형이상학적인 유물론이며 그들 자신이 주관적 관념론을 벗어나지 못한다. 주관적 관념론을 현대적인 감각으로 도색하여 그것을 '과학철학'이라 주장하고 있다. 참된 과학철학은 자연, 인간, 사회의 본질을 과학적으로 연구해야 한다. 그 본질을 이해하지 못하고 그 현상에만 머무르는 철학은 참된 과학철학이 될 수 없다. 이러한 본질문제 자체를 무의미한 것으로 규정하는 철학이 어떻게 과학철학이 될 수 있는가? 물질적 존재로서의 자연, 사회적 존재로서의 인간, 보편적 발전법칙을 갖는 사회를 이해하지 못하는 철학이 어떻게 과학이라는 이름을 지닐 수 있는가? 실증주의, 특히 의미론자들의 주장에 의하면 물질은 물론, 물질의 객관적 존재형식인 시간과 공간도 객관적으로 존재하는 어떤 것이 아니라 인간의 언어가 조장해 낸 산물이다. 자유, 정의, 자본주의, 민주주의, 독재, 착취와 같은 개념도 객관적으로 존재하지 않고 언어 속에서만 존재한다. 그러나 인류의 역사는 객관적으로 존재하는 시간과 공간을 인식하고 그에 따라 문명과 문화를 발전시켰다. 마을과 도시, 주와 국가라는 객관적인 장소가 인정되고 날, 주, 달, 년 등의 객관적인 시간이 정해지며 그에 따라 생활을 해왔다. 인류는 자유와 정의를 실현하기 위해 투쟁하였고 자본주의의 모순을 밝혀내고 그것을 지양하는 새로운 민주주의를 추구해 왔다. 이러한 개념들을 인류는 객관적 현실을 체험하고 인식하면서 발전시켜왔다. 그러나 이러한 개념이 반영하는 객관적 실체를 부정하는 실증주의자들은 자본주의를 분석하거나 비판할 필요가 없게 되었고 더욱더 혁명을 통해 변혁할 필요가 없어졌다. 언어의 유희 속에 안주하면서 현상을 유지하기만 하면 된다. 그러므로 실증주의자들은 사회발전의 주축이 되는 노동운동과 노동자의 역할을 도외시하며 기껏해야 수정주의적인 노동운동과 연관될 뿐이다. 실증주의자들은 역사발전의 주축이 되는 노동자들의 투쟁을 두려워하면서 노동자들의 이념을 언어의 조작이라 규정하면서 무력화시키려 한다.

36. 실증주의와 도덕

인간은 사회적 동물이고 사회생활 속에서 도덕이 발생하며 철학은 그 근거와 본질을 이론적으로 규명하려 한다. 절대적인 규범을 내세우는 형이상학적인 도덕철학에 반대하여 니체는 『도덕계보학』, 『선악의 피안』 등의 저술에서 인간의 창조적 가치는 선과 악을 넘어서 있다고 주장했다. 생철학, 실존주의, 실용주의 등 현대의 주관적 관념론은 니체의 주장과 같은 도덕적 상대주의를 들고 나온다. 여기서 실증주의도 예외가 아니다. 실존주의자들은 도덕적 이상이 무의미하다고 주장하는 데 비하여 신실증주의자들은 도덕에 대한 논쟁 자체가 무의미하다고 주장하는 데 차이가 있을 뿐이다.

도덕에 관한 신실증주의적 근본명제는 도덕적 평가와 규범에 옳고 그름이라는 논리적 척도가 적용될 수 없다는 것이다. '선하다', '악하다'와 같은 도덕적 진술은 검증불가능하며 그러므로 진술 자체가 아무런 의미도 없는 사이비명제라는 것이다. 이러한 주장은 극단적인 주관적 관념론철학에서 도출되는 필연적인 결론이다. 왜냐하면 행위자의 객관적 실체도 없고 그 행위를 유발하는 객관적 법칙도 없으며 모든 것은 주관의 느낌이나 의식 속에서만 존재하기 때문이다.

플라톤의 철학이나 중세의 스콜라철학에서처럼 선과 악의 절대적인 규범을 만들어 놓고 그에 따라 인간의 도덕적 행위를 평가하는 방법은 오늘날 그 근거를 상실했다. 도덕평가는 어느 정도 상대적이다. 시대, 장소, 종족에 따라 그 평가기준이 달라질 수 있다. 그러나 도덕의 상대적 측면을 절대화시키는 주관주의도 일종의 형이상학이다. 도덕은 상대적인 측면과 보편적인 측면을 동시에 지니고 있기 때문이다. 도덕적 행위의 주체는 개인이지만 개인은 사회를 떠나 존속할 수 없다. 그러므로 인간의 도덕적 행위는 그것이 사회에 미치는 결과에 따라 평가된다. 어떤 행위에 연관되는 술어가 논리적으로 검증되느냐, 아니냐가 문제가 아니고 그것이 주변 인간과 사회에 어떤 영향을 미치는가가 문제가 된다. 도덕적 행위에 대한 진술의 논리적 검증이 불가능하므로 이에 대한 논쟁 자체가 무의미하다는 주장은 현실적인 삶을 떠난 이론가들의 말장난에 불과하다. 왜 실증주의자들은 복잡한 논리를 사용하여 이러한 말장난을 고안해 내는가? 사회의 본질로서 사회발전을 이끌어 가는 보편적인 법칙을 부정하기 위해서다. 예컨대 노동자를 착취하는 자본가들은 근본적으로 악하다. 물론 그것은 논리적으로 증명되는 것이 아니라 구체적인 삶 속에서 실천적으로 증명된다. 그러나 착취의 실체가 없다고 주장하는 실증주의자들에게 자본가들은 한없는 고마움을 느낄 것이다. 악의 실체도 없고 자본가의 착취도 존재하지 않는다면 자본가들은 아무 거리낄 것 없이 계속 이윤추구에만 몰두할 수 있기 때문이다.

37. 실증주의와 종교

중세에서는 철학이 신학의 시녀 노릇을 하면서 독자성을 상실하였다. 근세에 들어서면서 철학은 신학으로부터 해방되어 본래의 과제를 수행하려 하였고 이때 철학이 사용한 가장 효과적인 무기가 과학이었다. 그러나 인간의 의식은 변하지 않는다. 오랫동안 길들여진 인간의 의식은 그것이 비록 오류일지라도 오래 지속된다. 특히 그 의식을 만들어 낸 사회제도의 본질이 변하지 않는 한 오래 연명한다. 근세 계몽철학이 비록 종교적인 오류에 대하여 철저하게 비판했지만 종교는 소멸되지 않았다. 그 모습만 변했을 뿐이다. 봉건주의나 그것을 변혁시킨 자본주의가 다 같이 종교를 필요로 하는 계급사회였기 때문이다. 종교를 비판한 유물론에서 출발한 영국의 경험론이 후반에 들어서면서 종교를 용인하는 주관적 관념론으로 변질된 것은 바로 그러한 사회적 요인 때문이었다. 이후 자본주의 사회의 철학들은 자본주의의 유지에 필요한 종교를 직접·간접으로 옹호했으며 그것을 위해 영국의 경험론을 이용하여 과학과 종교의 화해를 모색하였다. 실증주의도 여기서 예외가 아니었다.

종교와 과학은 근본적으로 화해될 수 없다. 자연과 사회와 인간을 그 자체로 해명하려는 과학은 종교와 상반된다. 과학은 어떤 초월적인 존재를 가정하지 않는다. 종교와 과학의 화해를 추구하는 철학은 결국 과학을 왜곡하고 위조하는 사이비철학으로 빠지고 만다. 과학은 실증주의자들이 주장하는 것처럼 과학적인 명제의 변화를 통해서가 아니라 인간의 사회적 실천과 맞물려 발전한다. 종교와 과학을 화해시키려는 실증주의자들이 고안해 낸 무기가 바로 영국 경험론자 버클리와 흄이 사용한 불가지론이다. 신, 영혼, 물질 등에 관한 물음은 해답이 불가능하며 과학이 다룰 수 없다는 것이다. 그에 대한 증명이 불가능하기 때문이다. 그러므로 철학이 이 문제를 건드려서는 안 된다.

실증주의자들이 올바른 과학을 택했다면 신은 증명될 수 없을 뿐만 아니라 존재하지 않는다는 결론을 내렸을 것이다. 왜냐하면 과학은 신이 존재하지 않는, 인간의 환상이 만들어 낸 산물이라고 말하기 때문이다. 그러나 실증주의자들은 근본적인 문제를 은폐하면서 간접적으로 신을 옹호하는 방식을 선택한다. 신이 있는지,

없는지 검증 불가능하므로 이에 대한 물음이 무의미하다는 것이다. 다시 말하면 신이 있어도 좋고 없어도 좋다는 식이다. 그리고 그것이 참된 과학적인 태도이고 방법이라고 주장한다. 참으로 무책임하고 어중간한 사이비 철학이다. 과학의 탈을 쓴 비과학적 철학이며 유물론으로 위장한 관념론철학이다. 올바른 철학은 과학과 종교 사이에서 확고한 선택을 해야 한다. 어중간한 타협은 철학을 후퇴시킨다.[5)]

38. 실증주의와 맑스주의

실증주의는 유물론, 무신론, 사회주의를 적대시하면서 그것들을 옹호하는 맑스주의와 상반되는 입장에 서 있다. 맑스주의가 철학이 세계를 해석하는 데 머물러서는 안 되고 세계를 변혁하는 무기가 되어야 한다고 주장하면서 세계를 변화시키는 혁명의 철학이라면 현상의 유지와 그 개선을 목표로 하는 실증주의는 반혁명의 철학이라 말해도 과언이 아니다. 실증주의는 맑스주의의 토대가 되는 변증법적 유물론을 부정한다. 그 자체로 존재하는 물질의 세계와 그 보편적인 발전의 법칙을 부정하는 데서 그것이 잘 드러난다. 물질의 존재와 변증법은 실증적인 현상으로 나타나지 않

---

5) 보다 자세한 것은 저자의 『무신론자를 위한 철학』(중원문화, 2015) 참조.

기 때문에 의미가 없다. 또한 실증주의는 맑스주의의 또 다른 근간이 되는 사적 유물론을 부정하면서 역사적인 상대주의에 빠진다.

실증주의는 맑스주의가 내세우는 이론이나 개념들이 검증될 수 없기 때문에 철학이 다루어서는 안 될 무의미한 명제라고 주장한다. 어떤 이론이나 명제의 진위를 실천과 연결시키는 맑스주의의 철학에 반해 실증주의는 그것을 논리적 검증 가능성과 연관시킨다. "이론이 대중을 사로잡을 때 커다란 무기가 된다."는 맑스의 주장에 반해 실증주의자들은 논리적 검증을 통과한 명제들만이 과학과 철학의 발전에 도움을 주면서 인간의 삶을 개선할 수 있다고 주장한다. 진리의 척도를 실천적인 결과에서 찾는 맑스주의에 반하여 실증주의자들은 진리의 척도를 논리적 검증가능성에서 찾으면서 철학의 과제를 언어의 분석에 한정시키고 있다. 세계를 해석하는 것이 문제가 아니라 변혁하는 것이 철학의 근본문제라는 맑스의 주장과 배치된다. 실증주의자들은 세계의 해석에 안주할 뿐만 아니라 세계의 해석에서도 본질을 제쳐두고 현상에 매달린다.

맑스주의의 가장 큰 장점은 인류역사발전의 주체를 인간 자신, 특히 생산을 담당하는 노동자들에서 찾는다. 그러나 실증주의자들은 역사발전의 보편적인 법칙을 부정하면서 노동자가 아니라 소수 엘리트 지식인들의 논리적인 말장난 속에서 역사의 점진적인 발전과 개선의 길을 찾는다. 그것은 자본주의 사회의 현상유지에 만족하면서 혁명적인 변화를 차단하려는 지식인들의 교묘한 술책에 불과하다. 실증주의 철학은 자본주의 사회의 구조적인 모순을 언어적인 모순으로 위장 · 은폐하려 한다. 일반 민중은 난해한 논리로 가득 찬 실증주의 이론을 쉽게 이해할 수 없으며 그에 부합한 행동지침을 발견할 수도 없다. 마치 조선의 지배계급이 난해한 철학, 즉 성리학을 동원하여 민중을 몽매한 채로 가두어 놓고 이성적인 세계의 이해나 그러한 세계로의 변혁을 철저히 차단하는 것과 다를 바 없다. 난해한 이기론(理氣論)이 아니라 '보국안민, 척왜척양'을 외치는 동학의 철학이 민중에게는 살과 피가 되는 참된 철학이었다는 것을 우리는 역사를 통해 확인할 수 있다. 서양의 역사를 뒤바꾼 것도 회의론이나 불가지론이 아니라 계몽주의의 유물론이었다.

39. 구조주의

레비-스트로스(C. Lévi-Strauss, 1908~2009), 푸코(M. Faucault, 1926~1984) 등이 중심이 되는 구조주의(Struktualismus)는 실증주의의 한 변종으로서 역사적인 내용을 벗어난 형식과 구조를 절대화하고 과학의 연구 대상을 구조로 환원하려 한다. 특히 언어를 중시하는 구조주의자들은 언어구조, 세계관, 문화구조가 서로 연관되어 있기 때문에 언어구조의 분석을 통해 다른 문화영역의 이해가 가능하다는 입장을 내세운다. 사회적 · 정치적 구조가 언어구조에 의존한다는 이념은 프랑스 실증주의자 레비-브륄(L. Lévi-Bruhl, 1857~1939)의 『열등사회 속의 정신기능』(*Les fonctions mentales dans les sociétés inférieures*, 1910)이란 저술에서 시작된다. 그는 객관적인 언어학을 거부하며 원주민들에게는 논리적인 사고의 능력이 없다고 주장한다. 그는 프랑스 제국주의의 식민정책을 언어철학적으로 옹호하기 위해 원주민들의 '논리 이전의 사고'와 서구인의 논리적 · 개념적 사고를 절대적으로 대치시킨다.

언어의 구조를 중심으로 세계관과 문화를 해명하려는 시도는 비과학적이며 서구중심적인 편견에서 나오는 오류다. 인간의 사고와 언어는 생리적 · 물리적 · 사회적 · 경제적 조건과 같은 여러 요인에 의해 형성된다. 특히 언어는 인간의 노동방식과 밀접한 연관을 맺는다. 언어와 논리적 사고는 직결되며 이들은 다 같이 노동이 중심이 되는 실천 활동 속에서 형성되고 발전한다. '논리 이전의 사고'라는 말은 그 자체로 모순이다. 사고와 논리는 항상 연관되어 있기 때문이다. 미국의 언어학자 사피르(Sapir)와 훠프(Whorf)도 백인 중심적이고 시대착오적인 언어이론을 제시한다. 이들은 한 종족의 언어와 그 문법의 특징으로부터 문화구조의 특징을 찾아내려 한다. 이들은 언어와 사고의 발전이 사회구조와 밀접하게 연관된다는 사실을 의식적으로 은폐하며 원인과 결과를 전도시킨다. 인디언의 사고나 세계관이 잘 발전되지 못한 것은 생산방식의 낙후성에서 오는 것이지 언어나 문법 자체의 특징 때문이 아니다.

언어는 항상 다른 사회활동과 밀접하게 연관된다. 언어는 사회 속에서 형성되고 사회를 통해 발전해 간다. 언어의 역사성 문제, 언어의 하부구조 문제를 배제하고 그 구조 문제만을 고집하는 것은 결국 관념론적이고 형이상학적인 언어철학으로 머물고 만다.

과학적인 연구 대상의 정적인 형식과 구조에 매달리는 구조주의는 사물의 변증법적인 발전에 직면하여 난파하고 만다. 그러므로 구조주의의 가장 큰 과제는 변증법을 구조주의적 방법으로 대치하는 데 있었다. 그러나 그것이 성공하기 위해서는 구조주의 자체의 한계인 관념론과 주관주의가 우선 극복되어야 한다. '구조'의 연구는 물론 모든 학문의 불가피한 과제다. 그러나 '구조'의 연구는 항상 '모순'이라는 범주와 연관되어야 한다. 그렇지 않은 경우 구조의 실제기능이나 발전경향이 옳게 파악될 수 없다. 언어도 구조와 기능의 상호관계 속에서만 해명된다. 그러므로 후기 구조주의자들은 변증법을 구조주의 방법의 하나로 간주하면서 변증법을 극복했다고 말한다. 그러나 언어를 비롯한 모든 사회현상은 정지된 상태에 있는 것이 아니라 모순을 통해 발전해 가기 때문에 정적인 구조 자체에 매달리는 구조주의는 구조의 발전문제를 옳게 해명할 수 없다. 구조주의가 성공하기 위해서는 변증법적 유물론의 보충과 인도가 필수적이다.

40. 실증주의와 현상학

현상학(Phänomenologie)이란 용어가 벌써 현상학이 실증주의와 연관된다는 사실을 말해 준다. 실증주의나 현상학이 다 같이 '현상'에서 출발하여 모든 철학문제를 해결하려 하기 때문이다. 심리학자 분트(W.M. Wundt, 1832~1920), 수학자 바이어스트라스(K. Weierstrass, 1815~1897), 경험주의 철학자이자 심리학자인 브렌타노(F. Brentano, 1838~1917)의 영향을 받은 현상학의 창시자 후설(E. Husserl, 1859~1938)은 우선 실증주의에서 나타나는 상대주의, 회의주의, 불가지론 등에 만족할 수 없었다. 사회가 안정을 유지하기 위해서는 어떤 확고한 원리가 있어야 한다. 후설은 『논리연구』 1권과 『엄밀한 과학으로서의 철학』에서 당시 유행하던 심리주의를 벗어나 수학과 논리학을 기반으로 하는 과학적인 철학을 제시하려 하였다. 심리주의는 심리학의 연구결과를 과대평가하고 논리학, 윤리학, 미학 등의 철학문제를 심리학적 견지에서 해명하려는 입장이다. 그것은 종래의 추상적인 형이상학을 벗어나 구체적인 경험과 개인의 심리상태에 눈을 돌리면서 다소 진보적인 측면을 보이고 있으나 자연과 사회의 객관적인 발전법칙이나 역사성을 배제함으로써 주관주의를 벗어나지 못했다. 후설은 심리주의와 함께 지엽적인 현상에 집착하는 천박한 실증주의도 비판하였다.

과학적인 철학은 자연, 인간, 사회에 대한 과학적인 연구결과를 토대로 할 때만 가능하다. 물질의 실체와 그 법칙이 부정될 때 참된 과학의 연구가 불가능하며 그 경우 철학도 관념론으로 빠지고 만다. 후설은 자신이 흄의 철학으로부터 지대한 영향을 받았다고 언급한다. 그가 주관적 관념론에서 출발했다는 것을 말해주는 것이다. 물론 그는 주어지는 '현상'에 만족하지 않으며 판단중지를 통해 그 본질을 추구하려 한다. 실증주의적인 '자연적 태도'를 벗어나 '본질직관적인 태도'에서 확고한 선험과학의 보편성을 얻어내려 하였다. 그러나 후설이 말하는 본질직관은 생철학이 시도하는 '약동하는 생의 체험'처럼 신비적이다. 본질을 직관을 통해서 파악하려는 이른바 '본질직관'이란 플라톤의 이데아론을 연상시키는 방법이다. 본질은 결코 직관을 통해서 통찰되지 않는다. 실험, 관찰, 분석 등 과학적인 연구방법을 통해서 인식될 뿐이다. 인간의 인식은 감성적 인식과 논리적 인식으로 구분된다. 논리적 인식은 노동활동 및 문자의 발생과 함께 시작되었다. 논리적 인식은 감성적 인식을 기반으로 발생하지만 감성적 인식을 규제하는 고차적인 인식이다. 관념론은 양자를 구분하여 하나를 절대화시킨다. 감각의 역할을 과장하고 논리적 인식과 분리시키는 것이 주관적 관념론이며 논리적 인식을 과장하고 그것을 감각적 인식으로부터 독립시키는 것이 객관적 관념론이다. 참된 인식은 감각적 인식으로부터 논리적 인식으로 발전해 가는 데 있다. 후설의 본질직관은 이러한 통로를 차단해버리고 주관의 직관에 머문다.

후설은 그의 현상학을 통해 부르주아 현대철학의 두 조류인 생철학과 실증주의의 한계를 극복하려 하였다. 그러나 주관적 관념론을 벗어나지 못하는 그의 철학은 목적달성에 실패하였다. 그가 추구한 '과학적 생철학'은 생철학의 한계를 벗어나지 못했으며 그가 추구한 '참된 실증주의'도 실증주의의 한계를 벗어나지 못했다. 겉으로 드러난 것보다는 부르주아 철학의 위기가 훨씬 더 심각했으며 여러 가지 변형된 모습으로 나타난 현대부르주아 철학들은 그 본질에서 큰 차이를 보이지 않았다. 모두 주관적 관념론을 시대상황에 맞게 변용하려는 노력으로 끝나고 말았다.[6)]

41. 철학의 목적과 과제

철학의 목적은 인류에게 세계를 바라보는 올바른 관점, 곧 세계관을 제공하는 데 있다. 세계를 올바로 바라보지 못한 종교적 세계관이나 신화를 비판하면서 철학이 발생한 것도 그러한 이유에서였다. 철학은 항해하는 데 필요한 나침판과 같은 역할을 한다. 배를 움직이는 기술은 과학의 도움을 받는다. 그러나 그러한 기술만으로 성공적인 항해가 이루어지지 않는다. 배가 나아가야 할 올바른 방향을 가늠해 줄 안목이 필요한 것이다.

올바른 세계관은 세계를 올바로 해석하는 데만 있는 것이 아니라 세계를 올바로 변혁하는 데 있다. 철학의 가장 중요한 과제는 인간으로 하여금 세계를 올바르게 변혁하도록 도와주는 것이다.

---

6) 보다 자세한 것은 저자의 『현대철학의 이해』(한길사, 1991) 참조.

실제로 그리스의 철학은 그리스의 민주주의를 실현하는 데 도움을 주었으며 근세의 계몽철학은 중세봉건제도를 무너뜨리고 시민사회를 형성하는 데 도움을 주었고 맑스주의철학은 노동자들이 중심이 되는 사회의 건설에 도움을 주었다. 세계의 본질이나 인간과 사회의 본질은 인식될 수 없으므로 철학은 이러한 문제, 다시 말하면 세계관의 문제를 포기해야 한다는 실증주의의 주장은 매우 근시안적이다. 전체를 보지 못하고 부분에 얽매여 있고, 숲을 보지 못하고 나무에 얽매여 있는 것과 같다. 더구나 인류가 공통적인 노력으로 얻어 낸 철학적인 노력을 짧은 안목으로 팽개치려는 절망적인 몸부림이다. 인간이 어떻게 살아야 올바른 삶을 유지할 수 있고 행복을 찾을 수 있는가의 문제는 그 해답의 어려움에도 불구하고 인류가 끝까지 추구해야 할 근본문제이기 때문이다.

실증주의나 분석철학이 내세우는 현상의 정리, 논리의 체계, 언어의 분석 등은 인간에게 중요한 과제이며 그것이 인간의 행복증진에 도움을 준다는 것도 사실이다. 그러나 그것이 바로 철학을 대신할 수는 없다. 그것은 개별과학의 영역으로 머물면서 철학적인 세계관의 형성에 도움을 주어야 한다. 행복의 길이 어렵다고 하여 아예 행복 자체를 포기하는 것처럼 어리석은 일은 없다. 인간이 스스로 자기운명을 개척하기 위하여 세계관은 항상 삶의 주춧돌이 된다. 그것을 인류의 역사가 잘 보여주었다. 세계관을 포기한 자는 자기가 자기 자신의 운명을 개척하는 주인이라는 사실을 포기한다. 조국이 침략을 당한다 해도 언어와 논리에 매달려 있는 철학자는 정상적인 철학자가 아니다. 우리는 항상 우리가 누구를 위해서 철학을 하는가를 물어야 하며 그 경우 철학은 역사적 · 정치적 현실을 외면할 수 없다. 그것을 해명해주는 철학이 바로 세계관으로서의 철학이다. 서양에서 유행하는 새로운 철학이라 해서 우리는 그것을 무조건 받아들이고 해석하는 데 그쳐서는 안 된다. 우리 민족의 운명과 연관하여 어떤 철학이 우리에게 필요한가를 우리는 항상 비판적으로 음미해야 하다. 외국철학을 무조건 소개하고 선전하는 철학자는 역사의식이 없는 철학자이며 그러한 철학자는 오히려 우리 민족의 역사발전에 무용하거나 유해한 철학자일 뿐이다.

42. 기(器)와 도(道)

일반적으로 서양의 과학문명이 기(器)를 대변하고 동양의 정신문명이 도(道)를 대변한다고 말해진다. 그러나 이 양자는 서로 분리되는 것이 아니고 항상 결부되어 있다. 어느 것이 더 주도하느냐의 차이가 있을 뿐이다. 서양에서도 많은 철학이 도를 대변하여 보편적인 삶의 방향을 제시하였고 동양에서도 과학기술이 구체적인 삶의 질적인 향상에 도움을 주었다.

인간의 삶에서 기(器)에 해당하는 중요한 도구가 과학이라면 과학발전의 필수적인 무기 하나가 논리와 언어다. 논리와 언어가 발달하지 못한 민족은 문명화될 수 없으며 그것을 소홀히 취급하는 민족도 자주독립을 유지하기 어렵다. 도(道)만 강변하는 사람은 외적이 침입했을 때 신령의 힘만을 믿고 기도하는 도사와 같다. 임진왜란 때 조총이라는 기(器)가 이러한 환상을 여지없이 무너뜨렸다. 오늘날 세계는 서로 밀접하게 연관되어 있으며 이러한 상황에서 자신을 유지하기 위해서는 모든 민족이 과학발전에 눈을 돌려야 하며 철학에서도 논리와 언어를 중요하게 여겨야 한다는 사실은 의심의 여지가 없다.

그러나 다른 한편으로 기(器)에만 매달리는 것은 앞날을 멀리 바라보지 못하는 근시안적 사고다. 전쟁에서는 칼이 중요하고 칼을 잘 사용하는 용감한 장군이 필수적이다. 그렇다고 하여 이들이 꼭 전쟁의 승패를 좌우하는 것은 아니다. 삼국지에 등장하는 명장 관우나 장비가 전쟁을 주도한 것이 아니라 오히려 제갈량이나 사마의가 주도하였다. 다시 말하면 도(道)가 기(器)를 주도한 것이다. 철학에서도 마찬가지다. 올바른 철학을 발전시키는 데 중요한 역할을 하는 논리나 언어를 소홀히 할 때 그 철학은 신비주의나 형이상학에 빠지고 만다. 그러나 실증주의처럼 논리분석이나 언어분석이 철학의 모든 것이라 주장할 때 철학은 방향을 잃고 숲 속을 헤매며 철학은 그 본래의 사명을 잃고 만다. 실증주의 철학이 종교문제나 신의 문제가 검증불가능하기 때문에 그것을 철학이 다루어서는 안 된다고 말할 때 결국 신비주의나 종교를 간접적으로 옹호하는 결과를 낳는다. 그러므로 참된 철학은 과학이 밑받침되는 확고한 세계관이 되어 신비주의의 오류를 밝혀주어야 한다. 그러한 철학만이 과학적인 철학이고 인류에게 자기운명을 개척할 수 있는 열쇠를 준다. 실증주의는 결코 그러한 역할을 수행할 수 없다. 기껏해야 언어의 순화를 통해 언어학의 발전에 공헌할 수 있을 뿐이다. 논리적 분석에 모든 것을 걸고 있는 실증주의자들의 주장대로라면 우리 사회의 갈등도 사람들 사이의 언어적인 오해에서 연유하므로 언어의 정화를 통해서 해소될 수 있고 남과 북이 분단되어 서로 싸우는 것도 언어의 혼란에 기인하므로 언어의 정화를 통해 해결될 수 있다. 제국주의의 침략도 우리는 올바른 언어의 소통을 통해 물리칠 수 있다. 이러한 논리는 민족의 얼이 빠진 기회주의적인 지식인들의 철면피한 주장이며 그것이 누구를 위한 철학인가를 삼척동자도 알아차릴 수 있다.

Ⅲ. 예술철학 산책

Karl Marx, 1818~1883년 Friedrich Engels, 1820~1895

III. 예술철학 산책

1. 철학, 과학, 종교, 예술

철학은 하나의 학문이다. 모든 학문은 그것이 연구하는 대상을 갖고 있다. 철학이 연구하는 대상이란 무엇인가? 한마디로 '모든 것'이라고 말할 수 있다. 연구하는 대상의 총체성 때문에 철학은 일반과학과 구분된다. 과학은 일정한 대상을 집중적으로 탐구하고 거기서 개별적인 법칙을 찾아낸다. 철학은 과학이 제공하는 모든 지식을 이용하여 삶의 의미와 방향을 제시해 주는 역할을 한다. 철학은 결코 과학과 분리되지 않는다. 과학 없이 철학은 한 발자국도 나아갈 수 없다. 과학을 떠난 철학은 사변적이고 주관적인 환상에 머물기 쉽다. 이런 의미에서 종종 철학은 항해 중의 나침반에 비유되기도 한다. 배를 움직여 가는 것은 과학적인 기술과 그것을 유도하는 전체적인 방향감각이다. 어중간한 철학은 상식이나 주관적인 생각에 의거하지만 진정한 철학은 과학적인 토대를 밑받침으로 한다. 다시 말하면 철학은 과학이 줄 수 없는 세계관을 제공한다. '세계관'이란 세계에 대한 총체적인 관점 혹은 견해이다. 철학은 올바른 삶의 의미가 무엇인가를 해명해준다. 많은 경우에 과학자들은 스스로의 연구가 인간의 행·불행에 미치는 영향을 간파할 수 없었다. 이는 과학의 의미와 한계를 제시해 주는 철학을 갖지 못했기 때문이다. 그러나 또한 많은 철학자들도 공리공론에 빠져들었다. 철학의 기초가 되는 과학적인 지식을 외면했기 때문이다. 오늘날 철학은 특히 사회학, 정치학, 경제학의 지식들을 도외시할 수가 없게 되었다. 인간의 요람인 사회로부터 눈을 돌릴 때 어중간하고 공허한 철학이 되지 않을 수 없다.

삶의 문제에 대한 포괄적인 해답을 추구하고 제시해주는 것은 비단 철학뿐만이 아니다. 철학과 가까운 영역이 종교다. 종교도 인간의 삶에 대한 올바른 방향을 제시해주려 한다. 그러나 종교에서는 이미 절대적인 진리가 계시를 통하여 주어진 반면, 철학에서는 인간 스스로 독자적인 힘을 통하여 그 진리를 찾아가는 데 양자의 구분이 있다. 계시된 진리의 내용을 이성으로 분석하고 비판하려는 사람은 종교를 갖기 힘들다. 종교에는 무조건 믿어야 되는 진리가 이미 확정되어 있기 때문이다. 종교가 믿음을 강조한다면 철학은 이성적인 사고를 강조한다. 철학에서는 절대적으로 타당한 고정된 진리는 존재하지 않는다. 무수한 철학자들이 나름대로 진리를 주장했지만 모두 후세 사람들에 의하여 비판되고 극복되었다. 과학의 발전에 따라 철학의 내용도 변해 간다.

예술도 삶을 포괄적으로 이해하고 그것을 통해 인간의 행복을 증진시킨다는 점에서 철학과 연관된다. 실제로 많은 예술가들이 탁월한 안목으로 인생관을 제시하고 있다. 그러나 철학은 하나의 학문이기 때문에 추상적인 개념(Begriff)을 사용하여 논리적으로 납득시키려 하지만 예술은 비유나 상징 등의 비논리적인 형상(Bild)을 사용하여 감동시키려 한다. 이것은 물론 철학과 예술이 그 표현방식을 통해서만 구분된다는 말은 아니다. 표현방법은 일종의 형식이며 형식은 항상 내용에 의존하기 때문이다. 예술이 다루는 가장 중요한 내용이 구체적인 인간이다. 다시 말하면 예술은 삶에서 나타나는 본질적인 문제를 구체적인 대상, 특히 인간을 통해서 생생하게 묘사해야 한다. 예술은 철학적인 문제를 구체적인 인간의 형상 안에 포함시켜 간접적으로 제시한다. 그렇지 않은 경우 예술은 공허한 도식주의에 빠지고 만다.[7]

2. 미학과 미의 학

예술과 연관되는 철학의 연구 분야가 미학이다. 많은 사람들이 미학을 미의 학과 혼동하고 있다. 미학(Ästhetik)은 18세기 독일의 철학자 바움가르텐(Baumgarten)의 주창에 의해 만들어진 학문으로서 '감성적 인식에 관한 이론'이라는 의미를 지니고 있다. 다시 말하면 인간의 이성적 사유를 다루는 학문이 논리학이고, 인간의 윤리적 행위를 다루는 학문이 윤리학이라면 인간의 감성적

7) 보다 지세한 것은 저자의 『왜 철학인가?』(중원문화, 2011) 참조.

활동을 다루는 학문이 미학이다. 인간의 감성 활동이 관계하는 대상은 다양하다. '아름다운 것', '숭고한 것', '우아한 것' '비극적인 것', '희극적인 것'은 물론 '추한 것', '천한 것', '악한 것'도 여기에 포함된다.(1853년에 독일의 미학자 로젠크란츠Rosenkranz는 『추의 미학』이라는 책을 저술했다.) 미학은 단순히 미만을 다루는 '미의 학'(Wissenschaft vom Schönen)과는 다르다. 그러므로 미학(독 ; Ästhetik, 영 ; Aesthetics)의 우리말 번역은 '미학'이 아니라 '감성학'이 더 적합했을 것이다. 그러나 우리는 아직까지 일본어 번역을 그대로 수용하여 '미학'으로 사용하고 있다.

인간의 감성 활동이 표현되는 가장 중요한 영역이 예술이며 그러므로 예술은 자연에서 나타나는 미적 가치와 함께 미학연구의 중요한 영역이 된다. 예술에는 많은 종류가 있고 각종의 예술이 지니는 특성, 법칙, 역사를 연구하는 학문이 예술학이다. 문학, 미술학, 음악학 등이 중요한 예술학에 속한다. 이에 비해 모든 예술에 나타나는 공통적인 원리나 법칙을 연구하는 학문이 예술철학이다.

미학이 예술이나 미의 문제를 철학적으로 다루는 학문이라면 예술철학은 예술의 문제를 집중적으로 다루는 '예술의 미학'이라 말해도 크게 어긋나지 않는다. 예술철학의 과제는 예술의 본질과 기능을 보편적으로 제시하는 일이다. 왜, 그리고 무엇을 위해서 예술이 존재해야 하는가를 해명하기 위해서 필요한 것이 바로 예술철학이다. 예술철학은 구체적인 예술연구와 항상 연관되어야 한다. 그렇지 않으면 추상적인 체계로 끝나고 만다.

3. 예술가와 철학

예술의 본질이 무엇인가를 연구하는 미학자에게는 철학이 중요한 척도가 된다. 세계의 시원을 물질에서 찾는 유물론철학에 의존하는 유물론적 미학과 그것을 정신적인 어떤 것에서 찾는 관념론 철학에 의존하는 관념론적 미학이 서로 상반되는 예술이론을 제시하는 것은 그러한 이유에서다. 그러나 미학을 연구하는 학자가 아니라 예술 활동에 전념하는 예술가들에게도 철학은 필요한 것인가? 어떤 사람들은 감성을 중시하는 예술이 이성을 중시하는 철학에 의해서 오히려 방해를 받는다고 주장하기도 한다. 다시 말하면 예술이론이 오히려 예술창작에 방해가 된다는 것이다.

예술의 목적은 결국 인간의 행복을 증진시키는 데 있다. 예술은 어떤 방식으로이든 인간의 행복증진에 기여해야 한다. 인간의 행복과 무관한 예술은 쓸모없는 유희나 말장난에 불과하다. 그렇다면 예술가들은 어떤 방식으로 자기의 독특한 예술을 통해서 인간의 행복증진에 기여할 것인가? 우선 인간과 삶을 잘 알아야 한다. 인간과 삶을 알지 못하고 개인의 느낌만을 전달할 수는 없다. 또 인간의 삶과 연관되어 있는 자연과 사회를 알아야 한다. 인간과 자연과 사회를 나타나는 현상에서가 아니라 그 본질에서 알게 해주는 것이 바로 철학이다. 세계관으로서의 철학이다. 예술가들도 세계에 대한 자기의 일정한 안목을 갖고 창작에 몰두해야 하며 그렇기 때문에 세계관으로서의 철학은 예술창작에도 중요한 역할을 한다. 철학을 갖지 못하는 예술가들은 자기의 협소한 주관 속에서 맴돌거나 객관적 사실을 기록하는 데 그친다. 다시 말하면 자기의 생각이 모두 옳다는 독단에 빠지거나 알맹이 없는 기록주의, 혹은 아무런 생각도 없이 현실을 있는 그대로 묘사하려는 자연주의의 함정에 빠진다. 철학도 물론 비슷한 오류를 범한다. 자기의 생각이 세계를 결정한다는 주관적 관념론이나 현상의 기술에 만족하는 실증주의가 그러하다. 그러나 참된 철학은 인간의 본질을 여러 가지 측면에서 파악하려 한다. 다시 말하면 인간을 추상적인 사변이 아니라 구체적인 삶의 과학적인 연구를 통해서 파악하려 한다. 그렇기 때문에 참된 철학은 인간의 생리적 특성과 심리적 특성은 물론 정치 · 경제적인 특성에 더 많은 관심을 기울인다. 사회적 존재로서의 인간을 외면하지 않는다. 훌륭한 예술은 이러한 참된 철학을 배경에 깔고 있어야 한다.

미학이나 철학이 창작과 무관하다거나 오히려 방해가 된다는 주장은 잘못이다. 물론 추상적이고 현학적인 철학은 예술창작에 방해가 되거나 예술 활동을 잘못된 방향으로 이끌 수 있다. 그러나 참된 철학은 예술 활동에 필요한 비옥한 토양을 제공한다. 감성과 이성은 배타적으로 분리되는 것이 아니라 항상 연결되어 있다. 비이성적인 예술가의 작품이 건전한 이성을 가진 인간을 감동시킬 수 없다. 모든 예술가들은 인간과 삶을 바라보는 자기의 안목을 가져야 한다. 그것을 독특한 자기의 예술방식으로 형상화시킬 수 있어야 한다. 그러므로 위대한 예술작품에는 항상 사상성과 예술성이 잘 조화되어 있다. 그것은 내용과 형식이 조화되어 있는 것과도 연관된다. 위대한 예술가가 되기 위해서는 인간과 자연과 사회를 그 본질에서 올바르게 파악해야 하며 그것을 도와주는 것이 바로 철학이다. 예술의 진실은 바로 삶의 진실인데 많은 예술가들이 이론의 부족으로 생활 속의 진실을 보지 못하는 경우가 있다. 예술가들도 철학을 알아야 한다.

4. 알타미라 동굴의 벽화

예술철학에서 가장 중요한 문제는 예술의 본질이 무엇인가를 규명하는 일이다. 많은 논쟁을 불러일으키는 이 문제를 과학적으로 해명하기 위해서 우리는 인류의 예술이 발생하게 된 동기와 과정을 추적해보아야 한다. 그렇지 않으면 추상적인 공론에 빠진다. 고고학이나 역사학, 민속학, 언어학, 사회학 등이 이에 대한 자료를 제공한다. 인류의 가장 오랜 예술로서 알타미라 동굴의 벽화가 거론되고 있는데 동물과 동물사냥의 그림이 그려져 있는 이 벽화를 중심으로 우리는 예술의 발생동기를 추적하게 된다.

일반적으로 예술의 발생 동기는 크게 4가지로 추정되는데 1)유희 본능, 2)종교의식, 3)노동과 생산 활동, 4)모방본능이 그것이다. 각 주장에는 옳은 측면이 있고 또 그것들이 섞여서 나타나는 경우도 있지만 중요한 것은 이러한 발생동기에 대한 결론이 예술의 본질을 규정하는 데서 중요한 역할을 한다는 것이다. 예컨대 유희본능에서 예술의 발생동기를 찾는 입장은 순수예술을 옹호하는 쪽으로, 종교의식에서 그것을 찾는 입장은 신비주의적인 예술을 지향하는 방향으로, 노동과 생산 활동에서 그 동기를 찾는 입장은 사실주의적인 참여예술을 옹호하는 쪽으로 기울어진다.

의식주의 해결에 모든 힘을 쏟아야 했던 초기의 인류는 노동과 생산을 돕기 위한 수단으로서 예술을 창조했다는 사실이 가장 확실한 것 같다. 다시 말하면 인류 예술의 발생 동기는 생산 활동이었다. 알타미라 동굴벽화나 선사시대의 조각들이 그것을 뒷받침해주는 자료가 된다. 동물이나 동물을 사냥하는 모습 등은 원시적인 생산 활동의 한 요소였다. 그것이 종교의식이나 유희본능과 연관되었겠는가?

5. 그리스 비극

그리스의 문화와 예술은 그리스신화를 떠나서 생각되어질 수 없다. 그러므로 그리스의 신화와 전설이 그리스예술의 모태 혹은 보고라 말할 수 있다. 그리스 신화는 「신통기」, 유명한 시인 호메

로스의 서사시 「일리아드」와 「오디세이」 등에 잘 나타나 있다. 이러한 자료에 따르면 그리스 신들은 제우스를 중심으로 올림포스 산에 거주하고 있었는데 이들 신들은 사람의 속성을 지니고 있었다. 어떤 신은 허영심이 많고, 어떤 신은 속이 좁고 질투심이 강하며, 어떤 신은 게으르기도 하고, 심지어 어떤 여신은 지상으로 내려와 미남자와 사랑을 나누기도 한다. 결국 그리스 신화는 그리스인들의 생활상을 반영하며 상상의 힘으로 자연과 사회생활을 해석한 것에 불과하다. 그런 의미에서 신과 인간을 대치시키는 다른 종교에서와 달리 그리스의 종교는 인간중심적이고 휴머니즘적이라 말해도 과언이 아니다. 그러나 신화는 신화다. 인간과 세계의 비밀을 상상을 통해서 제시한 것일 뿐이다. 과학적인 근거가 빈약하다.

기원전 5세기경 아테네를 중심으로 하는 그리스인들이 외국무역을 통해서 과학적 지식을 습득하고 전통적인 종교와 신화에 의문을 던지면서 인간과 자연의 문제를 과학적으로 해명해보려는 노력이 나타났다. 그것이 바로 철학의 출발이었다. 서양철학의 아버지라 불리는 탈레스는 만물의 근원을 물이라 말하면서 신화적인 해석을 벗어났는데 바로 그것이 철학적인 정신이고 철학이 종교와 구분되는 중요한 단서가 된다. 철학의 발생과 거의 같은 시기에 예술도 발생하였는데 가장 중요한 예술분야가 비극이었다. 그리스의 3대 비극작가였던 아이스킬로스, 소포클레스, 에우리피데스는 비극의 소재를 신화에서 가져왔지만 작가에 따라 신화를 해석하는 입장이 달랐다. 모든 작가는 당시의 사회상을 염두에 두면서 사회발전을 제시하는 방향으로 극을 만든 것이다. 공공학교가 없었던 그리스에서는 매년 다수의 시민이 참여하는 비극의 공연을 통해서 시민의 의무와 책임감을 길러주었다. 그러므로 그리스의 극장은 시민학교의 역할을, 예술은 교육의 역할을 담당한 셈이다.

당시 아테네에서는 농업에 의존하는 전통적인 토지 귀족과 상공업에 의존하는 신흥 귀족 간의 주도권 쟁취를 위한 투쟁이 계속되었다. 물론 전통적인 귀족은 전통적인 종교와 전통적인 정치형태를 원했고 신흥귀족은 새로운 변화를 원했다. 전자가 보수적 경향을 지녔다면 후자는 진보적 경향, 다시 말하면 민주적 통치방식을 생각했다. 결국 아이스킬로스의 비극 「프로메테우스」는 이러한 투쟁을 신화의 형식을 빌려 예술적으로 묘사하면서 시민들의 결정에 영향을 주려 하였다. 작가는 선명한 화폭으로써 제우스 앞에 굴복한 신들의 비굴성과 아첨을 묘사하면서 이와 대비하여 어떠한 권고와 위협에도 불구하고 제우스에 대한 노예적인 복종보다는 오히려 고통을 택하며 자유와 진보를 지향하는 프로메테우스를 찬양한다. 잔인과 폭력으로 인류에게 불행을 가져다주는 독재자 제우스와 그의 독재를 반대하며 인류에게 자유와 행복을 가져다 준 프로메테우스 사이의 투쟁을 통해서 아테네 귀족들의 정치적인 투쟁이 묘사된 것이다. 프로메테우스가 인류에게 훔쳐다 준 불은 과학기술의 발전요인을 상징할 뿐만 아니라 정의와 자유를 향한 투쟁정신을 상징하기도 하였다. 훗날 철학자 맑스도 프로메테우스처럼 결박당한 모습으로 그려졌는데 매우 적합한 비유였다. 왜냐하면 맑스도 정의와 자유를 향한 투쟁에서 많은 박해를 받았기 때문이다.

6. 아리스토텔레스의 『시학』

일반적으로 예술에 관한 이론이나 철학은 예술이 발생한 후에 나타난다. 그리스 초기의 많은 철학자들 사이에서 예술에 대한 이론적인 언급이 나타나지만 최초의 체계적인 저술은 아리스토텔레스의 『시학』이었다. 아리스토텔레스의 스승이었던 플라톤은 서양철학에서 처음으로 관념론의 이론적 기초를 만들어 낸 사람이다. 플라톤은 가변적이고 불완전한 현실세계와 대비되는 영원하고 완전한 이데아의 세계를 가정하고 그것이 실제로 존재한다고 믿었는데 그것이 바로 그의 이데아론이다. 플라톤은 이데아론에 기초해서 예술을 파악했는데 처음에는 예술에 관해서 매우 적대적이었다. 예술작품은 자연을 모방하는 것이고 자연은 이데아를 모방한 것이기 때문에 예술은 모방한 것을 다시 모방하는 낮은 단계의 기능으로 떨어진다. 사물의 배후에 있는 참된 이데아를 인식하는 것이 철학이고 그것이 진리를 찾아가는 과정이며 예술은 현상에 얽매여 오히려 참된 인식을 흐리게 하는 방해 작용을 한다는 것이다. 그 때문에 플라톤은 그의 이상 국가에서 시인이 들어설 자리를 남겨놓지 않았다. 예술은 시민을 교육하는 하나의 수단으로 그친다. 그러나 말년의 저술에서는 다소 그의 견해가 변한다. 신을 찬양하는 노래는 보고하는 형식의 예술로서 완전히 모방적인 예술인 비극이나 희곡과는 다르며 서사시는 양쪽이 혼합된 것이라고 주장한다. 그러나 전체적인 맥락에서 가변적인 현실세계의 모방이라는 예술의 평가에는 큰 변화가 없었다.

아리스토텔레스의 『시학』에서 중요한 부분은 6장의 카타르시스 문제와 9장의 보편성 문제다. 비극의 목적이 공포와 연민을 통해서 독자들의 마음을 정화시킨다는 카타르시스 문제보다 오히려 예술의 보편성 문제가 우리에게 더 중요한 의미를 주고 있다. "지금까지 말한 것으로부터 시인의 과제는 일어난 사실이 아니라 적합성 혹은 필연성에 따라 일어날 수 있고 가능할 수 있는 것을 보고하는 데 있다는 사실이 드러난다. 역사기술가와 시인은 한 사람이 운문을 쓰고 다른 사람이 그것을 쓰지 않는다는 것을 통해 구분되는 것이 아니다(헤로도토스의 역사를 운문으로 바꾸어 놓을 수도 있지만 운문이 있느냐 없느냐에 상관없이 그것은 역사로 머물기 때문에); 그들은 오히려 한 사람이 일어난 일을 이야기하고 다른 사람이 일어날 수 있는 일을 이야기 한다는 데서 구분되는 것이다. 그러므로 시가 역사기술보다 더 철학적이고 의미심장하다. 시는 보편적인 것을 말하는 반면 역사기술은 특수한 것을 말하기 때문이다." 여기서 금방 알아차릴 수 있는 것처럼 아리스토텔레스는 플라톤의 예술관과 달리 시인의 역할을 높이 평가한다는 사실이다. 그것은 시 혹은 예술이 인간생활과 인류역사의 보편적인 문제를 다루기 때문에 철학과 함께 매우 중요하다는 사실을 말해주고 있다.

아리스토텔레스는 현실적인 개별자를 가장 중요한 실체로 보았고 개별자의 본질은 그 보편성에 있기 때문에 그것을 밝혀내는 것이 시인 혹은 예술의 과제라고 생각하였다. 그러니까 철학과 예술의 과제가 비슷하며 그 표현방식이 다르다는 것이다. 동시에 객관적인 사물이 예술과 철학의 근거가 되어야 한다는 사실을 강조했다. 아리스토텔레스는 예술이 자연의 모방이라는 그리스 전반에 통용되던 견해를 결론적으로 총괄했다. 그런 의미에서 아리스토텔레스의 예술관은 사실주의 쪽에 가깝다고 말할 수 있다. 그러나 오해를 피하기 위해서 주목해야 될 점은 예술의 과제가 자연을 사진 찍듯이 모방하는 것이 아니라 그 가능성을 모방한다는 데 있다는 것이다. 그러므로 19세기에 나온 자연주의 예술경향은 그의 의도와 배치된다.

7. 중세예술

서양의 중세는 과학, 철학, 예술 등이 종교의 속박 아래 들어간 암흑시대였다. 중세의 종교는 그리스종교와 달리 인간중심적인 신이 아니라 신 중심적인 인간을 만들려 하였으므로 인간 본래의 특성은 위축되거나 왜곡되었다. 인간의 삶이 그 자체로 인정될 수 없는 곳에서 올바른 예술이 개화될 수는 없다. 유럽을 여행하는 사람은 어느 도시에 가든 관광 대상으로 성당을 찾게 된다. 아시아를 여행하는 유럽인들이 절을 찾는 것처럼. 그리고 성당 안에서 예수나 마리아의 동상 혹은 그림을 보게 된다. 그러나 관찰력이 있는 사람이라면 성공한 작품을 찾지 못할 것이다. 이들의 모습에는 신과 인간의 특징이 잘 배합되어야 하는데 그것이 불가능하기 때문이다. 오히려 라이프치히 가까운 소도시 나움부르크 성당에 걸려 있는 마리아의 그림이 가장 성공한 것 같다. 순박한 시골처녀의 모습이기 때문이다.

중세에서는 초상화가 발전할 수 없었다. 신의 모습은 그릴 수 없고 인간의 모습은 그려선 안 되기 때문이었다. 거대한 성당이나 교회 안에서는 인간의 모습이 사라지고 인간의 신비적인 상상력만이 암울하게 배회하고 있다. 신은 인간의 무한한 상상력이 만들어 낸 산물이거나 이미 사망했기 때문이다.(서양 철학자 포이어바흐와 니체의 결론).

유명한 바티칸의 미술관에 가보면 그리스의 조각들이 진열되어 있는 야외 마당이 있다. 인간중심의 그리스 예술에서는 인간의 육체를 죄악과 결부시키지 않았기 때문에 성기를 포함한 인간의 모습이 그대로 표현되었다. 그러나 바티칸의 진열된 작품들에는 훗날에 만든 낙엽들이 남자의 성기를 가리고 있다. 이렇게 하여 예술작품의 가치가 완전히 파괴되었다. '육체는 영혼의 감옥'이라는 플라톤의 관념론적 주장과 '육욕의 원죄'를 들먹이는 기독교 교리가 초라하게 승리를 외치고 있다. 그렇게 육체가 추하고 죄악과 연관된다면 수집은 왜 하였는가? 관람객들을 위한 세속적인 돈벌이 때문인가? 마치 신학적인 철학이 신학과 철학을 동시에 파괴하는 어중간한 잡종인 것처럼 종교적인 예술은 아름다운 현실을 왜곡하는 어중간한 불순물로 전락하고 만다.

8. 단테의 『신곡』

단테(A. Dante, 1265~1321)는 봉건중세의 종말과 근대 자본주의의 시작을 예감한 중세 최대의 시인이었다. 플로렌츠에서 법관의 아들로 태어난 그는 그가 일찍이 사랑하였던 미녀 베아트리체에 대한 동경을 예술로 승화하였다. 그의 사랑은 중세적, 신비적 성격을 지녔지만 베아트리체를 광명, 진리, 선, 미의 상징으로 묘사하면서 여인에 대한 사랑을 도덕적 완성의 모티브로 삼은 점에서 인간적이었다.

그가 태어난 이탈리아는 당시 자본주의적 발전의 선두에 섰지만 통일국가가 이루어지지 않았고 그러므로 조국의 통일문제가 그의 가장 큰 관심사였다. 조국의 통일이 가까운 장래에 이루어질 것이라는 사실을 확신하고 그것을 위하여 현실의 모순을 폭로하고 정치 도덕적으로 인민을 각성시키는 것이 예술의 과제라고 생각하며 그러한 이념을 그의 주저 『신곡』(*La divina commedia*, 1308~1321)에서 폭 넓게 묘사하였다. 『신곡』이 겉으로는 중세적인 세계관이 예술적으로 집대성 되어 있는 것처럼 보이지만 자세히 살펴보면 물러가는 낡은 시대와 다가오는 새 시대의 경계선에서 낡은 것과 새 것의 투쟁을 암시하고 있다. 단테는 지옥, 연옥, 천국의 단계를 통해 당시의 사회현실을 폭넓게 반영하면서 교회의 부패와 탐욕, 봉건통치자들의 전횡, 도시시민들의 이기심을 비판하였다.

「지옥」편 제19장에서 단테는 불구덩이에 거꾸로 박혀 형벌을 받고 있는 교황 니콜라스 3세(재위 1272~1280)에 대하여 "그대는 탐욕으로 하여 선량한 것을 짓밟고 흉악한 것을 추어올려 세상을 비참하게 만들었다."고, 그러므로 형벌이 마땅하다고 말하며 보니파키우스 8세(재위 1294~1303)도 비슷한 형벌을 받게 하였다. 그가 묘사한 지옥은 결국 봉건주의의 모순에서 오는 비참한 상황을 확대시킨 것이며 그것을 통해 문학도 현실을 반영해야 한다는 것을 가르쳐 준다.

9. 보카치오의 단편「데카메론」

귀족과 사제들로 이루어진 중세의 지배층이 얼마나 부패와 기만으로 점철되었는가를 문학을 통해 보여준 르네상스 최대의 작가가 보카치오다. 그는 단편집 「데카메론」(*Decameron*, 1349~1351)에서 부패한 주인공들의 모습을 통해 중세의 사회구조 및 세계관이 지니는 모순을 가차 없이 고발하였으며 봉건사회가 몰락하지 않을 수 없다는 사실을 암시하였다. 피렌체에 창궐하는 페스트를 피하여 3명의 신사들과 7명의 귀부인들이 교외의 별장으로 피난을 간다. 무료함을 달래기 위해 매일 한 사람이 하나의 주제를 놓고 한 가지씩 이야기하기로 하였고 그렇게 하여 10일 동안에 100개의 이야기가 모아지는데 그것이 바로 '10일간의 이야기'라는 의미를 지닌 이 소설의 내용이다.

소설의 내용들은 우선 봉건적 특권을 반대하고 인류의 평등, 특히 남녀평등을 부각시키고 있다. 공주와 신하 사이의 사랑도 소개된다. 소설은 기만에 의해서 인간사회가 연명되고 있다는 사실을 보여주면서 성직자들의 탐욕, 허위, 부패, 음란을 폭로하고 비판하였다. 현대의 음담패설에 해당되는 이야기들이 이 소설에서 상당한 분량을 차지한다. 벙어리로 가장한 청년이 수녀원의 과수관리원으로 들어가 모든 수녀들과 정을 통한다는 이야기가 그 대표적이다.

보카치오는 물론 교회의 비난을 받고 자기 소설이 무가치하다고 선언하면서 말년에 인문주의 정신을 배반했지만 그의 소설이 지니는 가치는 변하지 않았다. 그는 풍자와 대비의 수법, 생동하고 해학적인 민중언어를 사용하면서 사실주의적인 것과 낭만주의적인 것, 비극적인 것과 희극적인 것을 잘 배합하여 근대 단편소설의 토대를 마련하였다. 그는 중세 금욕주의의 허울을 벗기고 애정이 인간의 자연적인 욕구임을 밝히면서 종교에 의해서 왜곡되지 않는 인간 그대로의 모습을 보여주려 하였다. 그것은 인간중심의 휴머니즘적 사고가 시작되는 출발점이었다.

10. 셰익스피어의 희곡

셰익스피어(W. Shakespeare, 1564~1616)는 엘리자베스 치세(1558~1601)에 활동했던 영국 최대의 극작가였다. 우리나라의 경우는 숙종(肅宗, 1661~1720)시대에 해당한다. 산업혁명의 선두에 선 영국은 1588년에 스페인의 무적함대를 격파하고 절대군주를 중심으로 통일적인 강대국이 되어가고 있었으나 봉건귀족과 신흥 부르주아 사이의 투쟁과 모순이 계속되고 있었으며 셰익스피어의 문학작품들은 대부분 이러한 시대적 모순을 반영하는 내용을 담고 있다. 그는 새로운 시대를 지향하는 입장에 서서 작품을 썼기 때문에 그의 희곡에는 봉건잔재의 모순을 척결해가는 인문주의적인 내용이 주류를 이루고 있다.

위대한 작품은 시대의 모순을 반영하고 그 돌파구를 제시해주는 사실주의적인 작품이 되어야 한다는 것을 셰익스피어는 다시 한 번 우리에게 잘 보여주고 있다. 물론 그는 정치적인 이념에서 민중의 입장보다는 지배층의 입장을, 공화제보다 군주제를 옹호하였다. 그럼에도 불구하고 그는 전반적으로 사실주의자였으며 위대한 인물 속에 감추어져 있는 약점이나 사회의 모순을 적나라하게 묘사하였다. 그의 희곡들은 단순한 도덕적인 설교로 끝나지 않는다. 운명은 때때로 인간의 희망과 계획을 무참히 짓밟아버린다는 것을 보여주었다. 그는 연극에 나타나는 내용이 공허한 상상 속에 빠지지 않도록 구체적인 역사로부터 소재를 선택하였다. 그는 '만인의 마음을 아는 작가'였고 현실을 꿰뚫어볼 줄 아는 '인간정신의 기사'였다.

셰익스피어는 연극의 배우들을 가리켜 "저들은 시대의 역사를 압축해서 전하는 사람들이다."라 말한다.(「햄릿」, Ⅱ막 2장) 연극의 목적이 시대의 모순을 밝혀주는 거울이 되어야 한다는 것이다. 자연과학이 자연법칙을 인류에게 알려주는 것처럼 예술은 사회발전의 본질을 인류에게 알려주어야 한다. 셰익스피어는 인간과 인간의 갈등, 인간과 사회의 갈등을 구체적인 현실의 물질적 요인을 분석하면서 밝혀주고 해결해주려 하였다. 그의 4대 비극인 「햄릿」, 「오텔로」, 「맥베스」, 「리어왕」 뿐만 아니라 37편의 전 희곡을 관철하는 예술 원리는 바로 시대적인 모순과의 투쟁정신이었다. 그리고 그 묘사방법이 너무도 생생했기 때문에 관객들은 때로 연극의 내용을 현실과 혼동할 정도였다. 20세기에 미국 뉴욕에서 「오텔로」가 공연되고 있었다. 순진한 장군 오텔로를 부추겨 순결한 아내 데스데모나를 살해하게 만든 그의 부하 이아고의 비겁한 행위를 보고 관객들은 증오에 불타고 있었다. 그때 갑자기 총소리 한 방이 울렸고 이아고 역을 맡은 명배우 윌리엄 버즈가 피를 흘리며 쓰러졌다. 관객중의 한 사람인 장교가 권총으로 그를 쏘았던 것이다. 그리고 또 다른 총소리와 함께 현실을 깨달은 그 장교는 자결을 하고 말았다. 시민들은 두 사람을 합장하고 묘비에 '가장 이상적인 배우와 가장 이상적인 관객'이라 써 놓았다. 이 두 사람을 만들어 낸 것은 '가장 이상적인 작가' 셰익스피어였다.

11. 미켈란젤로의 조각

르네상스의 선두에 서 있던 이탈리아의 유명한 도시 피렌체가 낳은 조각가 미켈란젤로(Michelangelo, 1475~1564)는 건축가인 동시에 화가이기도 한 만능천재였다. 중세와 상반되는 의미에서 고대의 이상을 부활시키려 했던 르네상스 문화의 특징은 신 중심에서 인간중심으로, 내세중심에서 현세중심으로, 종교중심에서 과학중심으로 그 주안점이 옮겨가는 데 있었다. 르네상스의 학자들은 관찰과 실험을 통하여 우주와 자연을 인식하고 그것을 기반으로 사회를 합리적으로 변화시켜 갈 수 있다는 자신감에 차 있었다. 인간이 중세에서처럼 신의 은총을 기다리는 수동적인 존재가 아니었고 능동적으로 역사를 만들어가는 주체가 되었다. 르네상스의 화가들은 더 이상 종교적인 영감을 기다리지 않았고 자연과학,

수학, 해부학의 연구에 눈을 돌렸다.

미켈란젤로가 태어났던 시기에 이탈리아는 귀족적인 은행가문과 하층민중 사이의 투쟁이 심화되었고 교황청을 등에 업은 귀족들은 나라의 통일 대신에 민중의 착취와 호화로운 방탕생활에 젖어있었다. 1494년에 도미니크 수도사인 사보나롤라가 이끄는 반란군이 일시적으로 공화국을 만들어 부패한 교황과 성직자들을 비판하고 참된 예수의 정신에 따라 통치하려 하였으나 교황과 메디치가의 군대에 의해서 무너지고 사보나롤라는 이단으로 몰려 화형당했다. 이 사건은 청년 미켈란젤로의 인생관에 커다란 영향을 미쳤다. 미켈란젤로는 당시 권력과 부를 장악하고 있었던 교황청을 위해 일하지 않을 수 없었지만 사보나롤라는 그의 마음속에 자리 잡은 이상이 되었고 그 이상을 그는 <다비드>라는 동상으로 표현하였다. 민중봉기에 의해서 피렌체에 공화정이 다시 수립되고 그것을 기념하기 위해서 만들어진 이 조각을 조각가 상갈로가 '민중의 기념비'라 불렀던 것은 우연한 일이 아니다.

미켈란젤로의 '다비드'는 골리앗과의 싸움에서 이긴 다비드가 아니라 싸움을 앞에 둔 다비드였다. 청년 다비드의 아름다운 얼굴에는 강한 분노가 일고 있으며 그의 시선은 적을 응시하고 그의 손은 던질 돌멩이를 힘 있게 잡고 있다. 5.5미터 높이의 이 거대한 대리석상은 모든 보수적인 세력과 맞서 싸우려는 진보적인 르네상스인의 이상을, 그리고 가까이는 공화정을 실현하려는 피렌체 민중의 이상을 상징하고 있다. 자유로운 인간의 무한한 힘이 다비드의 정열 속에 숨 쉬고 있다. 모든 난관을 극복하려는 영웅적인 태도가 나타나 있다. 집중된 의지 속에 무섭고 위협적인 힘이 솟구친다. 바로 민중의 힘인 것이다.

12. 베토벤과 나폴레옹

음악은 혼의 직접적인 언어이며, 그 시대의 위대한 이상을 표현하는 수단이며, 도덕적 세계의 아름다움과 위대함을 다양하게 그려내는 예술이다. 베토벤(Beethoven, 1770~1827)의 「에그몬트」 서곡에는 봉기하는 인민의 투쟁이 묘사되고 있으며 쇼스타코비치의 제7교향곡에는 파시즘의 어두운 힘, 평화로운 노동을 파괴당한 사람들의 감정, 조국의 방위를 위해서 일어선 민중의 영웅적인 정신력, 자유의 밝은 이상, 승리의 신념 등이 구상화되어 있다.

베토벤의 생애에서 일어난 가장 중요한 사건이 1789년의 프랑스 대혁명이었다. 이 혁명은 자유, 평등, 박애의 기치를 내걸고 일어선 민중의 봉기로서 절대주의 권력의 상징이었던 바스티유 감옥을 무너뜨리고 왕을 처형하는 엄청난 변혁을 시도하였다. 그러나 혁명에 동참했던 부르주아지는 민중을 배반하고 공화국의 실현을 물거품으로 만들었다. 이 틈을 타 나폴레옹이 등장하여 입헌군주국을 만들었다. 그러나 모든 인간이 자유롭고 평등한 삶을 누릴 권리를 갖는다는 자유사상은 프랑스혁명을 통해 양심적인 지식인들의 가슴 속에 자리를 잡았다.

인간의 존엄성과 평등에 대한 인식은 베토벤의 정신과 작품 속에서도 항상 숨 쉬었다. 그는 인간을 속박하던 봉건주의의 사슬을 끊고 폭군을 몰아내는 나폴레옹을 지켜보면서 존경심을 갖고 그를 칭송하는 교향곡 3번을 작곡하였다. 그리고 그 교향곡을 나폴레옹에게 헌정할 예정이었다. 그러나 나폴레옹이 황제로 즉위했다는 소식을 듣고 그는 분노하여 나폴레옹에게 바치려 했던 헌정사를 찢어버렸다. 베토벤은 결코 타협하지 않았으며 귀족에게 굽실거리지도 않았다. 제9번 교향곡에서처럼 인간에 대한 사랑, 민중에 대한 사랑을 승화된 모습으로 표현하였다. 여기에 들어있는 합창에는 권력과 독재에 대항하는 그의 휴머니즘이 아름답게 조화되어 울려 퍼지고 있다. 엥겔스와 레닌이 베토벤의 음악, 특히 제9교향곡을 즐겨 들었던 것은 우연이 아니다. 이들은 베토벤의 음악 속에서 인간에 의한 인간의 착취가 사라지는 지상낙원의 건설에 대한 이상을 바라보았던 것이다.

13. 미와 사회적 이상

"여성은 태어나는 것이 아니라 만들어진다."는 유명한 말을 남긴 사르트르(J.P. Sartre, 1905~1980)의 연인 보봐르(S.de. Beauvoir, 1908~1986)는 남녀평등의 기치를 들고 나왔다. 남존여비의 사상이 자연의 원리에 속하는 것이 아니라 봉건주의라는 사회구조가 만들어 낸 산물이라는 의미다. 요즘 우리 곁에는 "미인은 태어나는 것이 아니라 만들어진다."는 말이 있다. 여성의 모습이 성형수술에 의해서 개조되는 현상을 지칭하는 말이다. 우리가 하나의 대상을 아름답게 느낄 때 그것을 미라고 표현하며 아름다운 인간을 미인이라 부른다. 그렇다면 미나 미인의 근원과 기준은 어디에 있는가?

미의 문제를 많은 철학자들과 미학자들이 집요하게 추적하였다. 우선 대상 자체에 미의 원리가 들어있다는 대상중심의 미학이 나타났고 대상의 형식적인 문제가 연구 되었다. 대상의 비율이나 대칭, 조화 같은 것이 미를 구성하는 형식적인 요소로 간주되기도 했다. 황금분할이나 8등신미녀라는 말이 그것을 말해준다. 다른 한편으로 미는 대상의 구조나 내용에 있는 것이 아니라 그것을 느끼는 주관의 심리작용에 있다고 주장하면서 주관에 더 많은 관심을 두는 주관주의적 미학도 나타났다. 그러나 이 모든 연구는 미를 해명하는 데서 충분한 근거를 제시해 주는 데 실패하였다.

미의 근거에 대한 가장 합리적인 해석은 어떤 대상이 그 사회의 이상과 어울릴 때 아름답게 나타난다는 주장이다. 다시 말하면 미는 시대와 장소에 따라 변한다. 종족에 따라, 시대에 따라, 지역에 따라 미인의 개념이 변하는 것은 바로 사회적 이상이 변하기 때문이다. 고대와 중세, 동양과 서양, 자본주의사회와 사회주의사회의 미인상이 다른 이유도 여기에 있다. 같은 종족이면서도 오늘날 남과 북의 미인상은 서로 다른 모습을 보인다. 사회적 이상이 다르기 때문이다. 남에서는 자본가의 향락을 맞추어주는 여인, 키가 크고 허리가 날씬하며 가슴과 엉덩이가 큰 섹시한 여인이 미인으로 간주되고 각종 미인대회를 휩쓴다. 돈이 사회를 지배하는 이상이기 때문이다. 이런 여성을 만들어 내기 위해 온갖 매스컴이 동원된다. 이에 비해 북에서는 정치적 신념이 굳건하며 국가와 사회를 위해 가장 많이 헌신하는 여인이 남성들의 선호대상이 된다. 역사의식이나 정치의식이 없으면서 몸매만 섹시한 여성은 오히려 천박한 여인으로 간주된다. 미나 예술을 평가하는 사람들은 그러므로 항상 그 사회의 정치·경제적인 구조를 염두에 두어야 한다.

14. 순수예술의 발생동기

우리 주변에는 일반적으로 예술을 '순수예술'과 일치시켜 이해하고 있는 사람이 많은데 그것은 잘못된 학교교육이 만들어 놓은 결과다. "예술은 원래 순수하다."고 생각하는 사람은 "성서는 하늘에서 떨어진 진리다."라 믿는 사람처럼 순박하고 맹목적이다. 성서가 인간이 만들어 낸 창작품인 것처럼 순수예술이라는 개념도 역사적 발전과정에서 만들어진 산물이기 때문이다.

'순수예술'이란 예술 그 자체에 목적을 두고 예술 외적인 것, 특히 정치적인 것으로부터 영향을 받지 않으려 하며 예술의 사상적 내용과 인식적 의의를 거부하는 예술이다. '예술의 자율성', '예술을 위한 예술' 등이 이와 비슷한 이념을 추구하며 예술의 최고 목적을 미의 추구에 두는 '심미주의', 형식을 중시하는 '형식주의' 등도 여기에 속한다. '순수예술'과 대비되는 것으로 '참여예술', '삶을 위한 예술', '민중예술' 등이 있다.

인류의 예술발전역사를 돌이켜보면 예술은 원래 순수한 것이 아니었다. 원시시대에는 생산을 상징하거나 노동을 도와주는 목적으로, 고대 그리스에서는 시민의 교육을 목적으로, 중세에는 종교적인 이해를 목적으로 예술 활동이 전개되었다. 순수예술이라는 이념이 나타난 것은 자본주의 사회가 시작되면서부터다. 예술을 중세적인 종교와 도덕의 영향으로부터, 그리고 자본주의가 발전하면서 신의 자리에 들어선 돈의 지배로부터 독립시키려는 예술가들의 노력으로부터 순수예술이나 예술의 자율성을 추구하는 운동이 시작된 것이다. 그러므로 이 운동의 출발은 상당히 긍정적인 측면을 지니고 있었다. 그러나 초기의 장점은 점점 퇴색해갔고 순수예술이 기존 사회를 옹호해주는 역할을 하게 되었다.

15. 순수예술의 변질

자본주의가 발전하면서 자유롭고 평등한 사회의 실현이라는 이상은 무너지기 시작하였다. 자유로운 공기를 마시기 위해 도시로 몰려든 노동자들은 노숙자가 되어 거리를 방황하게 되었으며 빈부의 격차는 평등이라는 말을 무색하게 만들었다. 노동자가 중심이 되는 무산계급이 불어나고 노동운동이 강화되면서 일련의 예술가들이 이에 동조하기 시작하였다. 이들은 사실주의적인 방식으로 자본주의의 모순을 비판하였다. 이른바 비판적 사실주의 예술이었다. 이에 맞서 기득권을 향유하려는 부르주아 예술가들은 예술의 자율성을 내세우며 순수예술로 도피하였는데 실제로 그것은 자본주의를 옹호하고 노동운동을 무마시키려는 의도와 무관하지 않았다. 예술의 자율성 이념은 시민계급이 내세우는 자유개념과 일맥상통하였다. 시민계급의 지식인들은 개인의 자유를 내세우면서 자본축적의 자유를 합리화하고 착취의 자유를 옹호하며 지배계급의 자유를 전 인류의 자유인 것처럼 선전하였다.

인간의 의식은 그가 살고 있는 사회를 통해서 규정되기 때문에 어떤 영역에서도 절대적인 자율성이란 있을 수 없다. 그것은 하나의 허구이고 환상이다. 인간은 고립되어 살아갈 수 없으며 항상 다른 개인과 연관을 맺는다. 물고기가 물을 떠나 살아갈 수 없는 것처럼 인간도 사회를 떠나서 존재할 수 없다. 인간의 삶이 복합적으로 전개되는 사회의 가장 중요한 요소가 정치 및 경제이고 그러므로 어떤 방식으로든 인간의 삶을 풍요롭게 만드는 데 기여해야 하는 예술가도 결코 이 문제를 도외시할 수 없다. 과학이나 철학에서는 물론 예술에서도 중립 혹은 순수란 기득권에 대한 일종의 묵시적인 긍정인 것이다.

예술의 자율성 혹은 순수예술을 표방하는 예술가들은 많은 경우 그들의 사회적 위치를 보전하려는 숨은 의도를 지니고 있다. 예술의 자율성을 주장하면서 돈벌이마저 포기하는 예술가는 드물다. 이들은 모든 수단을 동원하여, 심지어 자신의 작품이 돈과 무관하다는 것을 선전하면서 명성을 얻어내려 하는데 명성이 곧 작품의 값과 구매력을 결정한다. 순수 예술가들은 편안하게 자신들의 이기적인 꿈을 실현하면서 노동자들의 피땀 어린 노동이 만들어 낸 생산물들과 가치를 유유자적하게 향유한다.

16. 순수예술의 양면성

'순수예술' 가운데도 2가지 부류가 존재한다. 역사적인 실례를 통해 그것을 살펴보자. 일제 식민지 아래서 우리나라 문학가들이 취했던 태도를 중심으로 우리는 4방향의 작가들을 구분해 볼 수 있다.

첫째, 공개적으로 친일문학을 한 작가들이다.

둘째, 문학의 순수성이라는 외피를 방패삼아 일제침략을 용인하는 작가들이다.

셋째, 마음속으로는 일제에 항거하지만 실천적인 저항을 할 수 없어 순수문학으로 도피하는 작가들이다.

넷째, 적극적으로 항일독립운동에 참여한 애국적인 작가들이다.

첫째와 넷째의 경우를 우리는 다 같이 참여문학으로, 둘째와 셋째의 경우를 순수문학으로 규정할 수 있다. 여기서 나타나는 것처럼 순수 예술가들의 이면에 서로 다른 모습이 숨겨져 있다. 불의와 타협하지 않기 위해서 순수문학으로 피신하는 경우도 있고 불의를 눈감아주기 위해서 순수문학으로 도피하는 경우도 있다. 그러나 순수로 위장하기 때문에 그것이 잘 드러나지 않는다. 순수문학은 결국 불의에 저항해서 투쟁해야 하는 정의로운 인간의 정신에 어긋난다. 순수 예술가들은 식민지의 절박한 상황에서도 독립운동에 참여하는 대신에 순수라는 이름으로 자신의 안전을 지켰다. 일제 때 순수문학을 표방하면서 무난하게 일신의 안전을 유지하던 작가들이 해방 후에는 반공작가로 둔갑하여 정체를 드러내는 경우도 있었다.

순수예술로 위장하는 예술가들은 예술이 개인이나 집단이 아닌 보편적인 인류에 봉사하는 목적을 지녀야 한다는 논리를 내세우기도 한다. 그러나 엄밀하게 분석해 보면 이들이 내세우는 '보편적 인간' 혹은 '전 인류'는 결국 지배계급, 다시 말하면 자본주의 제도 아래서 기득권을 향유하는 계급과 일치할 뿐이다. 아직도 제국주의 국가들의 식민지적 지배 아래 신음하고 있는 약소국가의 민중이나 노동자들에게 순수예술이 가져다주는 긍정적인 결과는 미미하다. 오히려 그것은 민중들의 투쟁의식을 마비시키는 보이지 않는 독소로써 작용할 뿐이다. 평화로운 태평성대에 순수예술은 개인의 꿈을 길러주는 제한적인 역할을 할 수 있을지 모르지만 어려운 시기에 순수 예술가들은 무책임한 방관자라는 비난으로부터 자유로울 수 없다. 현시대와 연관해서 말한다면 우리의 순수 예술가들은 우리 민족의 화급한 과제인 통일문제를 무관심하게 바라보면서 간접적으로 통일을 방해하는 역할을 하고 있다.

17. 칸트의 미학과 순수예술

독일의 철학자 칸트(I. Kant, 1724~1804)는 인식의 문제를 다룬 『순수이성비판』(*Kritik der reinen Vernunft*, 1781), 도덕의 문제를 다룬 『실천이성비판』(*Kritik der praktischen Vernunft*, 1788), 미학의 문제를 다룬 『판단력비판』(*Kritik der Urteilskraft*, 1790)이라는 3대 저서를 내어놓았다. 『판단력비판』에서 판단이란 미적인 판단을 의미하며 칸트는 그것을 '취미판단'이라 부르기도 했다. 칸트는 자기의 미학이론을 "취미판단을 규정하는 '마음에 듦'은 모든 이해관계를 벗어나 있다."는 말로써 요약하였다. 쉽게 말하면 미나 예술을 체험하고 규정하는 인간의 판단은 이해관계를 벗어나 있다는 것이다. 칸트는 이해관계의 핵심적인 2요소로 쾌적과 선을 들었다. 쾌적은 본능과 관계되는 것이고 선은 도덕과 관계되는 것이다. 그러므로 칸트는 예술이 본능이나 도덕과 결부되어서는 안 된다는 사실을 암시하였고 이러한 칸트의 주장을 밑받침으로 많은 예술이론가들이 순수예술 혹은 예술의 자율성을 주장하기에 이른다.

그러나 인간의 느낌이나 생각 혹은 삶이 이해관계를 벗어나 존재할 수 있는가? 본능이나 도덕을 벗어나 존재할 수 있는가? 그것은 순간적인 환상 속에서만 가능할 뿐이다. 칸트는 자율성이라는 개념을 이미 도덕론에서 정립하였다. 인간의 도덕적 행위는 외적인 규제가 없이 인간이 지니는 이성적인 도덕률에 따르는 자율성을 지녀야 한다는 것이다. 외부의 영향을 받는 도덕적 행위가 참된 도덕이 될 수 없다는 칸트의 주장은 인간의 독자적인 이성을 신뢰한다는 점에서 공적을 보이지만 그러나 도덕적 행위에서도 절대적인 자율성은 불가능하기 때문에 현실성이 부족하다는 비난을 받는다. 인간의 행위나 생각 속에는 항상 본능적인 이해관계와 사회의식이 작용하기 때문이다. 칸트의 윤리학이나 미학은 너무 추상적이고 보편적인 형식에 얽매여 그것이 발생하는 사회적인 내용을 배제하였다.

칸트는 너무 소시민적 입장에서 정치와 사회문제를 다루었다. 그가 쓴 『이성의 한계 내에서의 종교』(*Religion within the Bounds of Bare Reason*, 1793)라는 저술이 프로이센 당국으로부터 종교적인 이념과 어긋난다는 경고를 받았을 때 그는 아무런 항변도 없이 굴복하였고 자기가 태어난 도시 쾨니히스베르크가 속해 있는 동프로이센이 러시아에 합병되었을 때도 그것을 당연한 사실처럼 받아들였다. 칸트는 계몽주의 철학자로서 독일이 '이성의 왕국' 속에서 자유로운 국가가 되리라는 꿈을 꾸었지만 그것은 꿈으로 끝나고 말았다. 그는 유물론 철학과 관념론 철학의 투쟁 속에서 독일의 역사발전이 이루어진다는 사실을 예감하지 못했다. 너무 관념론적인 철학과 미학에 안주하고 있었기 때문이다.

18. 헤겔의 미학과 변증법

독일 관념론의 완성자인 헤겔(G.W.F. Hegel, 1770~1831)은 그의 미학에서도 철학에서처럼 단점과 장점을 드러내었다. 자연과 역사를 포함한 모든 것이 절대적인 이념의 자기발전에서 나오는 부수적인 현상이라는 그의 관념론은 기득권을 옹호하는 보수적인 철학으로 변질될 수 있으며 모든 것이 변증법적으로 발전한다는 그의 철학방법은 사회발전을 유도하는 혁명적인 철학으로 발전할 수 있었다. 헤겔은 예술을 이념의 발전과정에서 나타나는 현상으로 파악했으며 그러므로 이념의 부수적인 현상인 자연에서 나타나는 자연미보다 이념을 의식하는 인간정신과 연관되는 예술미를 더 높이 평가하였다. 예술은 결국 이념을 감성적으로 표현해주는 역할을 하며 그렇게 표현된 이념이 바로 이념상(Ideal)이다.

헤겔은 예술을 파악하는 미학이 예술의 구체적인 역사발전을 토대로 구축되어야 한다는 사실을 강조하면서 플라톤의 신비주의 미학이나 칸트의 형식주의 미학을 벗어나려 하였다. 그는 디드로(Diderot)를 비롯한 프랑스 계몽주의 미학이 토대로 삼고 있는

'반영론'을 미학연구에서 무의식적으로 인정한 셈이다. 반영론은 인간의 의식이 객관적으로 존재하는 물질세계를 반영하면서 발생한다는 인식론의 주장이지만 미학에서도 예술이 객관적인 세계를 모방하고 반영해야 한다는 주장으로 나아간다. 그것은 이미 아리스토텔레스의 『시학』에서 제기되었으며 사실주의 예술의 근간을 이루는 것이다. 물론 모방이 사진 찍는 것처럼 기계적인 모방이 아니라 창조적인 모방이 되어야 한다는 사실도 이미 아리스토텔레스가 언급하였다. 자연과 연관해서는 철저하게 유물론적이면서도 사회와 역사발전에 대해서는 아직 관념론적이었던 프랑스 계몽주의 미학은 형이상학적이고 고전적인 경향을 완전히 벗어날 수 없었지만 헤겔은 그의 변증법적인 사고방식을 동원하여 그러한 한계를 벗어나려 하였다.

헤겔은 예술에서 객관적인 것과 주관적인 것, 보편적인 것과 개별적인 것, 형식과 내용의 변증법적 연관성을 강조하였다. 그는 결코 감성과 이성을, 예술과 세계관을 형이상학적으로 분리시키지 않았다. 그는 예술을 이념의 한 발전형식으로 파악하면서도 동시에 예술과 사회발전의 연관성을 간과하지 않으면서 미학연구는 항상 구체적인 예술사에 눈을 돌려야 한다는 사실을 강조하고 스스로도 이탈리아 여행 등에서 예술체험을 축적하였다. 추상적인 관념 속에서 미학을 다룬 칸트와는 많은 차이가 난다. 헤겔의 예술철학이 관념론적인 한계에도 불구하고 신비주의나 형식주의 혹은 예술지상주의에 빠지지 않는 이유가 바로 여기에 있다. 그러나 신헤겔학파들처럼 그의 장점인 변증법을 무시하고 관념론에만 집착할 때 그의 미학도 결국 낭만주의나 신비주의적인 입장으로 후퇴하지 않을 수 없다.

19. 자본주의 사회의 예술적대성

이념을 구체적인 형상으로 실현하면서 나타나는 이념상의 변화를 헤겔은 그의 『미학강의』에서 정치적 사회구조와 연관하여서 제시했는데 상징적 예술, 고전적 예술, 낭만적 예술이 그것이다. 상징적 예술은 고대 이집트와 같은 동방에서 나타나는 예술로 전제군주의 지배 아래 개인의 자유가 제한된 시대의 산물이다. 여기서 예술은 그 이념과 내용이 구체적인 표현을 얻지 못하고 형식이 우세하여 피라미드에서처럼 상징적으로 표현된다. 개인의 자유가 허용되었던 고대 그리스에서 내용과 형식이 일치하는 고전적인 예술이 나타났으며 중세와 근세에서는 이념은 구체화되었으나 그에 적합한 형식이 뒤따르지 못하는 낭만주의 예술이 나타났다.

헤겔은 중세예술과 근세예술의 질적인 차이를 구분하지 못하는 관념론적인 오류를 범하였지만 근세예술의 후기에 나타나는 예술적대적인 경향에 대해 언급하면서 예술과 사회구조의 밀접한 연관성을 암시하고 있는데 그것은 매우 탁월한 안목이었다. 헤겔에 의하면 위대한 예술은 개인의 목적과 사회의 목적이 조화를 이루는 곳에서 개화되는데 초기 자본주의 사회에서는 어느 정도 그것이 가능했지만 자본주의가 발전하면서 개인의 이기적인 목적이 서로 상충하고 사회적인 목적과 배치되기 때문에 예술이 점차 설 자리를 잃어가거나 퇴폐적이 되지 않을 수 없다. 개인과 사회가 조화되지 않는 사회에서 예술가들은 대상의 자연적인 모사에 그치거나 주관적인 내면세계 혹은 형식의 모험 등으로 도피한다. 이러한 사회에서는 형식과 내용이 조화를 이루는 위대한 예술이 불가능해진다.

헤겔은 물론 관념론적인 철학의 한계 때문에 자본주의 사회의 예술적대성을 경제구조와 연관시키지 못하고 세계정신의 발전과정에서 오는 위기로 파악하며 그 위기가 철학에서 극복되는 것으로 생각했지만 구체적인 예술발전의 역사에 눈을 돌리면서 진리를 감성적으로 실현하는 예술의 정점이 개인과 사회가 조화를 이루는 상태에서만 가능하다는 것을 암시하였다. 그것은 그의 미학이 지니는 공적이며 그것 때문에 그의 예술해석은 유물론적이고 사실주의적인 예술이론으로 나아갈 수 있는 가능성을 내포하고 있었다.

20. 나치의 미학

우리에게 잘 알려진 헝가리의 맑스주의 미학자 루카치는 『이성의 파괴』라는 책에서 니체의 철학이 어떤 과정을 거쳐 독일 파시즘의 문화적인 이데올로기를 형성해주는 근거가 되었는가를 잘 밝혀주고 있다. 니체가 치켜세우는 본능 중심의 디오니소스적인 요소가 나치의 사상적 핵심이 되었는데 그것은 지금까지 인류가 획득한 이성적인 것을 파괴하는 비합리적인 권력의지의 승화라는 것이다.

보이믈러(A. Baeumler, 1887~1968)의 『미학』, 로젠크란츠(J.K.F. Rosenkranz, 1805~1879)의 『20세기 신화』, 융거의 『전쟁과 전사』 등은 나치의 세계관과 미학을 제시해주는 대표적인 저술이다. 나치의 미학과 문화정책은 독일민족의 피와 우수성을 내세우는 비합리적인 영웅주의로 점철되어 있었고 예술도 이러한 이념을 실현하는 도구가 되었다. 그러므로 나치는 이성을 중시하는 맑스주의 철학과 사실주의 예술을 적대시하였다. 유대교와 공산주의가 나치의 두 주적이 되었다. 나치는 자신들의 반이성적, 반과학적, 반유물론적인 예술경향을 인종적, 민족적, 영웅적, 신비적 사실주의라 불렀는데 그것은 사이비 사실주의였다. 나치가 내세우는 민족사회주의, 국가사회주의, 독일노동당 등도 사유재산의 폐기를 주장하는 사회주의나 노동운동과 상반되었다. 나치는 사유재산을 옹호하였고 민중을 금융재벌과 군사독재의 지배에 이용되는 수단으로 간주하였다. 나치가 내세우는 '사회주의'는 마치 미국을 상전으로 모신 제3국가들의 군사독재자들이 내세우는 '민족주의'처럼 일종의 사기극이었다. 나치는 정치의 예술화를 통해서 독일민중을 선동하였고 그들의 비합리적이고 맹목적인 국수주의와 민족주의는 민중의 이성을 눈멀게 만들었다. 프랑스를 점령하면서 나치는 많은 프랑스 좌파 지식인들을 체포하고 살해하였다. 이때 프랑스 우파 지식인들은 친 나치파로 변하였는데 물론 전후에 처단되는 신세를 면치 못했다.

니체와 나치의 관계에 대해서는 많은 논쟁이 일어났고 연구서도 나왔다. 현대 부르주아 철학자들은 나치가 니체의 사상을 오용한 것에 불과하다고 주장하며 니체를 구조하려고 노력한다. 야스퍼스와 하이데거가 대표적이다. 그러나 니체와 나치의 사상적, 문화적 연관성은 부정될 수 없다. 1937년에 무솔리니가 베를린으로 히틀러를 방문했을 때 히틀러는 무솔리니에게 호화판 니체전집을 선물로 주었고 무솔리니는 매우 기뻐하였다. 무솔리니는 학생시절에 사회주의자였으나 니체의 영향을 받고 국수주의적인 파시스트가 되었다. 히틀러의 『나의 투쟁』에도 니체와 연관된 대목이 82개나 나타난다. 니체의 비합리주의적인 예술관은 나치의 예술은 물론 오늘날의 포스트모더니즘의 기저가 되고 있다.[8)]

21. 나치의 '영웅적 사실주의'

나치가 내세우는 예술관의 핵심이 이른바 '영웅적 사실주의'다.

---

8) 보다 자세한 것은 저자의 『니체의 고독』(중원문화, 2014) 참조.

파시즘의 철학이 과학적인 유물론을 두려워하면서 낭만적인 신화 이론으로 도피한 것처럼 나치의 예술도 사실주의를 무서워하면서 신비적인 민족주의로 도피하였고 그것을 '영웅적 사실주의'라 불렀다. 참된 사실주의 예술은 파시즘의 본질을 파헤치고 비판하였는데 나치는 사실주의라는 이름으로 위장하여 스스로의 본질을 은폐하려 한 것이다. 비합리적인 세력들이 비합리적인 이념에 의지하여 민중을 속이고 스스로를 합리화하는 것은 놀라운 일이 아니며 지금까지의 많은 역사가 그것을 보여주고 있다.

나치는 예술과 현실을 통일시킨다는 미명 아래 예술을 파시즘의 이데올로기 선전에 이용하였다. 나치의 노래들은 "독일이여, 깨어나라!", "나치의 병정들을 위해 길을 비켜라!", "젊은 민족이 일어선다!", "오늘은 독일이 우리의 것이고 내일은 전 세계가 우리의 것이다!" 등의 제목을 달고 있었다. 나치는 건전한 국민정서를 함양한다는 구실 아래 나치의 이념에 어긋나는 예술을 모두 '퇴폐적인 예술'로 낙인찍어 추방하였다. 예컨대 1933년 5월 10일에 금서를 불태우면서 히틀러의 추종자들은 다음과 같이 말했다; "계급투쟁과 유물론을 반대하고 민족공동체와 이상적인 생활태도를 위하여! 나는 맑스와 카우츠키의 책들을 불에 던진다." "퇴폐와 도덕적 타락에 반대하여! 가족 및 국가의 기강과 윤리를 위하여! 나는 하인리히 만, 에른스터 글레저, 에리히 케스터너의 작품들을 불에 던진다." 나치의 반공 소동이 기승을 부린 것이다.

나치의 예술에서 나타나는 특이한 문학 장르가 '향토문학'과

'노동자 시'였다. 향토문학에서 향토란 독일적인 것의 고향이다. 그것은 좌익혁명이나 유대교와 구분되는 전통적이고 신화적인 독일을 의미한다. 대표적인 향토소설이 랑벤의 『교육자로서의 렘브란트』인데 여기서 소시민, 농부, 권력자, 봉건귀족, 대 부르주아지가 긴밀한 유대관계를 맺으면서 자유 부르주아지와 사회민주주의에 대항한다. 나치의 '노동자 시'들은 노동자들을 맑스주의 노동운동으로부터 이탈시키고 나치의 이념으로 교육하려는 이념 아래 추진되었다. 노동자들의 비참한 생활을 동정하는 척하면서 독일민족의 영광을 위해 노동자들이 영웅적으로 인내해야 한다고 강조하였다. 그것은 자연과 인간과 사회에 대한 올바른 인식 대신에 낭만적이고 신비적인 독일전통을 강조하면서 노동자들의 건전한 역사의식을 파괴하는 아편과 같은 것이었다. 그리고 많은 순박한 노동자들이 이 아편에 중독되어 나치를 위해 일하고 싸웠다. 마치 한국의 서민들이 선거 때마다 속아 수구보수적인 당에 표를 던진 것처럼.

22. 몰리에르의 「타르튀프」

17세기에 들어서면서 프랑스는 영국에 이어 봉건제도를 청산하고 근대 시민국가를 형성하려는 노력이 두드러졌으며 그것은 우선 중앙집권적 통일국가인 절대군주제의 형태로 나타났다. 그러나 중세의 봉건제도에 비하여 상당히 발전적이었던 이러한 정치구조에서도 이전의 사회적 모순은 사라지지 않았다. 군주와 귀족, 그리고 성직자들이 계속하여 인민을 착취하고 억압하였다. 이에 맞서 18세기의 계몽주의자들인 디드로, 볼테르, 루소와 같은 걸출한 작가들은 문학작품을 통해서 봉건사회의 잔재를 청산하고 자유와 평등을 기저로 하는 합리적이고 이성적인 시민사회로 나아가는 투쟁을 고무하였다.

17세기의 극작가인 몰리에르(J.B.P. Molière, 1622~1673)는 프랑스 고전극의 완성자로서 고전주의미학의 이념을 실현한 인물이었다. 발로(Ballo) 등이 중심이 되는 프랑스 고전주의 미학은 데카르트(R. Descartes, 1596~1650)의 합리주의 철학에서처럼 예술에서도 이성적인 규범을 중시하는 이론이었다. 개성적인 것보다 보편적인 것, 감성적인 것보다 이성적인 것, 현실보다 이상을 추구하는 고전주의는 그러므로 환상적인 낭만주의나 현실적인 사실주의와 상반되었다. 중세의 신비주의 예술에 비하여 발전적인 측면이 있었지만 추상적으로 현실을 변화시키려는 이상 때문에 한계를 드러내기도 하였다.

몰리에르는 그의 희극「아내들의 학교」에서 인민을 몽매하게 만들어 순종밖에 모르는 노예로 삼으려는 지배계급의 정체를 폭로하였으며 그것을 도와주는 종교의 위선을 조소하였다. 종교의 이름으로 합리화시키는 사회적 불평등과 기만을 날카롭게 비판한 것이다. 이러한 종교비판적인 내용 때문에 작품의 공연이 금지되었고 작가는 많은 박해를 받았다. 몰리에르는 희극 「타르튀프」에서 예수회회원인 타르튀프의 악행과 위선을 폭로하였다. 주인공은 상인 집에 들어가 달콤한 말로써 주인의 환심을 산 다음 주인의 부인과 딸을 유혹하고 재산을 갈취하려 한다. 지혜로운 하녀의 도움으로 그의 정체가 드러나고 만다. 예술이 사회의 모순을 밝히는데 앞장서야 한다는 사실을 몰리에르는 희곡을 통해 보여주었다. 그러나 귀족을 모독하고 왕권을 조소하는 작가들에 대하여 지배층의 박해가 항상 뒤따랐다. 영국의 천재적인 극작가 말로우(C. Marlowe, 1564~1593)가 종교비판적인 작품 때문에 29세의 나이로 런던의 비밀경찰에 의해서 살해된 것은 그 대표적인 예다. 몰리에르의 친구 라 퐁텐(J. La Fontaine, 1621~1695)도 비슷한 이유에서 재판을 받게 되자 몰리에르는 재판정에 출두하여 말했다. "진실과 진리와 정의 속에서 살고 있는 작가의 양심을 빼앗을 힘은 이 세상에 없다."

23. 루소의 『에밀』

18세기 프랑스의 걸출한 사상가 루소(J.J. Rousseau, 1712~1778)는 철학저술뿐만 아니라 문학작품을 통해서도 사회비판적인 역할을 충실히 수행하였다. 그는 현상논문 「과학예술론」에서 과학과 예술의 발전이 인간을 행복하게 만들기보다는 오히려 불행하게 만들었다고 주장하였으며 「인간불평등기원론」에서 이기심과 사유재산이 인간불행의 근원임을 밝히고 있다. 이러한 이념의 기저에는 자연인에 대한 동경과 이상이 자리 잡고 있다.

루소는 「교육에 관하여」라는 부제가 붙은 교육소설 『에밀』(*Emile*, 1762)에서 귀족출신 주인공 에밀을 사회와 격리시켜 자연스럽게 교육해가는 과정을 묘사하고 있다. 선하게 태어난 인간이 자연 속에서 행복을 찾아간다는 스스로의 이념을 구체적으로 설명하려 한 것이다. 그리고 『신 엘로이즈』에서도 사회보다는 자연의 품속에서 행복을 영위해가는 남녀의 모습을 보여주고 있다. 인간의 자주성에 반하는 봉건사회의 위선적인 도덕, 신분제도를 비판하면서 자연적인 도덕과 자연적인 감정을 승화시킨다. "자연으로 돌아가라!"고 호소하는 것 같다.

오늘날에도 사회적인 모순을 목격하고 자연으로 돌아가 조용한 전원생활 속에서 행복을 찾으려는 사람들이 있다. 그러나 그것이 해결의 실마리가 될 수 있을까? 그렇지 않다. 인간은 육체적 생명과 함께 정신적 생명을 지니고 있으며 오히려 후자가 더 중요하다고 말할 수 있다. 정신적 생명은 사회적 활동과 실천을 통해서만 배양되고 유지된다. 자연은 인간에게 자연적, 생물학적 속성을 부여하지만 사회는 인간에게 사회적 속성을 만들어주며 사회적 속성 중에서도 가장 중요한 것이 자주적인 사상의식이다. 아무리 건강한 신체를 지닌 사람이라 할지라도 건전한 정치의식과 역사의식이 없을 때 그는 동물과 커다란 차이가 없다. 자신의 안일함을 추구할 뿐이다. 사회의 모순을 잘 파헤치면서도 자연과 사회를 적대적으로 대치시키는 데 루소의 한계가 있다. 세계적으로 명성을 떨친 체육인들이 보수단체의 앞잡이가 되어 매국의 길에 들어서는 경우를 우리는 많이 목격하며 안타까워한다. 건전한 역사의식을 갖는 사람은 자연이나 일상으로 도피하지 않으며 항상 사회적 모순을 척결해가는 투쟁에 동참한다. 예술가의 경우에도 예외가 될 수 없다.

24. 디드로의 『라모의 조카』

18세기 프랑스의 대표적인 무신론적 철학자 디드로(D. Diderot, 1713~1784)는 이 시기를 대표하는 사회비판적인 작가였다. 그는 계몽주의를 주도한 '백과전서'의 출판을 담당했을 뿐만 아니라 스스로 철학 및 미학에 관한 저술과 많은 작품을 창작하였다. 그는 대표적인 철학저술인 『맹인에 관한 편지』(*Lettre Sur Les Aveugles*, 1749)에서 우주에 최종목적은 존재하지 않는다고 주장했는데 그 때문

디드로

에 무신론자라는 판결을 받고 감옥에 가게 되었다. 종교에의 집착은 인간을 바보로 만들고 종교의 과제는 인간을 무지에 얽매이게 하여 정권의 순종적인 노예를 만드는 데 있다는 내용은 당시의 상황에서 결코 용인될 수 없는 것이었다. 「미의 기원」, 미술평론집 「전람회」, 소설론 「리처드슨에게 바친다」, 연기론 「배우에 관한 역설」, 「연극론」 등은 디드로의 주요한 미학저술에 속하며 『수녀』와 『라모의 조카』(*Neffe Rameaus*, 1762)는 그의 대표적인 소설이다.

디드로의 소설 『수녀』는 부모의 강요에 의해서 어쩔 수 없이 수녀가 된 한 여인이 자기의 비참한 상태를 알리고 구원을 요청하는 편지형식으로 구성되어 있다. "저는 꽤 용기가 있는 편이지만 세상으로부터 버림받은 채 지독한 고독과 박해를 홀로 견뎌낼 힘은 없었습니다. 저에 대한 박해는 점점 심해져서 급기야 수녀원 전체의 오락이 되고 말았습니다. 50여 명의 여자들이 결탁하여 저를 노리개처럼 괴롭힌 그 세세한 사연을 어찌 필설로 표현할 수 있겠습니까?" 결국 그녀는 탈출과 자살을 기도하기까지 한다.

많은 논쟁을 불러일으킨 『라모의 조카』는 유명한 음악이론가인 라모의 조카가 겪는 인생편력을 다룬 소설이다. 철학자인 '나'는 파리의 카페에서 우연히 라모를 만난다. 직업도 없이 귀족들에 의지하여 식객생활을 하는 라모의 조카는 자기의 체험을 통하여 모두가 강도처럼 살아가는 사회에서 양심, 정의, 도덕 같은 것은 필요 없고 '행복한 강도'가 되어 적당하게 살아가는 것이 진리라고 말한다. 황금이 모든 것을 결정하는 사회에서 다른 모든 것은 사치에 불과하다는 것이다. 철학자는 그의 철면피하고 타락한 인생관을 비판하지만 결국 현실은 그의 주장에도 일리가 있다는 것을 인정하지 않을 수 없다. 라모의 젊은 조카는 상류사회에 적응하면서 그럭저럭 살아가지만 때로 날카로운 통찰력을 발휘하여 프랑스 상류사회의 모순, 다시 말하면 혁명 전야의 프랑스 사회상을 파헤치기 때문이다. 디드로는 여기서 예술론을 펼치려 하는 것 같지만 깊이 있게 살펴보면 그것은 철학적인 사회비판이었다. 주인공인 라모의 조카를 통하여 디드로는 인간의 성장이 사회적 여건에 의존한다는 이념을 제시하기도 한다. 라모의 조카는 사회적인 도덕과 인습에 복종하기도 하고 반항하기도 한다. 자만과 겸손, 거부와 궁핍이 서로 갈등한다. 그는 노동 대신에 빈둥거리며 놀고 먹는 인텔리가 되려고도 한다. 이러한 갈등을 통해서 디드로는 만인이 서로를 잡아먹는 이리의 법칙이 지배하는 사회의 모순을 폭로한다. "자연 속에서는 종(種)들이 서로를 잡아먹지만 사회 속에서는 계급이 서로를 잡아먹는다." 디드로의 목표는 주인공의 폭로를 통해 봉건사회의 모순을 비판하고 계몽주의가 이상으로 하는 사회의 모습을 제시하는 데 있었다. 그러한 사회는 과학적인 세계다. 진·선·미가 종래의 우상을 대신하는 새로운 신이 된다. 교회와 국가는 이 새로운 신에게 자리를 물려주어야 한다. 이러한 사회를 개혁할 수 있는 것이 천재이지만 바보가 너무 많아 천재가 나오기 어렵다. 대중은 진리보다도 거짓말에 익숙해진다. 그러나 천재는 나와야 하고 또 실천적인 용기를 보여야 한다. 타협을 거부하는 천재가 정신이상자처럼 보일 수 있다. 천재는 종종 예술적인 정열과 결부된다. 철학과 예술이 천재 속에서 만난다. 천재는 사회의 전체적인 본질을 꿰뚫어보며 미래를 계획한다.

25. 괴테의 『파우스트』

독일이 낳은 최대의 작가 괴테(W. Goethe, 1744~1832)는 자유를 위한 투쟁을 고취하는 계몽주의적 작가이면서도 바이마르 공국 재상이 되어 봉건군주의 충복 노릇을 하기도 했다. 때로는 거인이었고 때로는 소인이었던 괴테는 양면성을 지니고 있었으며 그것이 그의 작품에서도 반영되고 있다. 부유한 부르주아 가정에서 태어난 그는 '질풍노도'운동에 참여하여 봉건전제주의의 압제에 대한 반항과 투쟁을 고무했으며 1792년 프랑스혁명군의 승리 소식을 전해 듣고 망연자실한 귀족들에게 새로운 역사가 시작되었다고 공언하기도 했지만 혁명에 경악하고 혁명을 무산시키려는 반동적인 봉건귀족들에게 맞서 싸우지는 못했다.

괴테가 오랜 기간에 걸쳐 완성한 대표작 『파우스트』에도 이러한 양면성이 나타난다. 인간은 노력하는 한 방황하며 결국 옳은 길을 찾아갈 수 있다는 낙천적인 신념이 작품을 주도해간다. 『파우스트』 제2부 대궐 앞 큰 뜰에서 파우스트는 말한다. "지혜가 내리는 결론은 이렇다. 매일 쟁취하는 자만이 자유와 삶을 누릴 자격이 있다." 파우스트는 자유와 이성이 지배하는 왕국을 건설하려는 뜻을 갖고 간척지를 개간하며 인민이 자유로운 노동으로 새생활을 창조하는 광경을 보고 행복을 느낀다. 자유로운 땅에서 자유로운 인민이 자유로운 노동으로 생활을 창조하는 순간을 향하여 "멈추어라, 너 참으로 아름답구나!"라 말한다.

그러나 자유를 실현하려는 괴테의 이념은 너무 추상적이고 미약하였다. 주인공 파우스트의 영혼이 신에 의하여 위로부터 구원되는 것도 그가 아직 신비적인 종교의 잔재를 극복하지 못했다는 것을 말해준다. 괴테는 사회를 구체적으로 변화시키는 인민들의 해방투쟁을 옳게 파악하지 못했다. 파우스트가 찾은 진리도 사회개조를 위한 혁명투쟁이 아니라 자연개조를 위한 창조적 노동에 국한되어 있었다. 자연개조나 추상적인 이념의 개조를 통해서 근본적인 사회변혁은 결코 이루어질 수 없으며 사회적으로 자유롭지 못하면서 자유롭다고 생각하는 사람은 벌써 자유의 노예가 되고 마는 것이다.

26. '자유를 위한 투사' 바이런

영국의 진보적 낭만주의 시인 바이런(G.G. Byron, 1788~1824)은 몰락한 귀족 가문에서 후처의 아들로 태어났다. 준수한 용모에 다리를 절은 그는 3살 때 아버지를 여의고 어머니와 함께 빈궁한

생활을 했으나 10살 때 큰아버지가 사망하면서 물려준 유산과 귀족의 작위로 부유한 귀족이 되었다. 케임브리지대학에 들어가 공부하면서 프랑스 계몽주의 작가들의 영향을 받고 진보적인 세계관을 습득하였다. 그 때문에 그의 첫 시집 「게으른 나날」(*Hours of Idleness*)은 평론가들의 조소와 야유를 받았다. 바이런은 굴하지 않고 이들을 반격하는 시를 발표한 후 영국을 떠났다. 포르투갈을 거쳐 스페인, 그리스, 터키를 여행하면서 외세의 침략과 전제정치로 시달리고 있는 인민들을 목격하고 이들에 대한 깊은 동정으로 시인의 마음이 불탔으며 다시 한 번 자신의 진보적인 신념의 정당성을 확신하였다.

영국에 돌아온 바이런은 24세의 나이로 귀족을 대변하는 의회의원으로 정계에 발을 들여놓았는데 노동자들을 옹호하는 열정적인 연설 때문에 지배계층의 미움을 사지 않을 수 없었다. 당시 산업혁명으로 공장이 기계화되어 일자리를 잃자 노동자들은 기계를 파괴하는 행동에 돌입했고 의회는 이들에게 사형을 선고해야 한다는 법안을 채택하려 하였다. 영국 반동지배층은 이러한 시인을 용서할 수 없었고 특히 그의 새 시집 「차일드 헤럴드의 편력」이 대성공을 거두자 시인을 중상모략하기에 바빴다. 이 시집에는 압제에 대한 강한 반항정신이 스며 있었기 때문이었다. 바이런이 이종사촌과 근친상간을 했다는 추문으로 신문지면이 장식되었으며 시인의 명성은 땅바닥에 떨어졌다. 바이런은 영국을 다시 떠나갔고 그것이 마지막이었다. 영국을 떠난 후 그는 다음과 같은 시를 읊었다.

"국내에서 싸울 자유 없다면, 사나이여
이웃나라에서 싸움을 찾으라.
그리스와 로마의 승리를 본받아
자유를 짓밟는 자들의 흉계를 쳐 부셔라

인류를 위해 몸 바침은 장한 일이로다
언제나 고상한 이름이 따르리라
자유를 위한 싸움터는 어디에나 있거니
총탄이나 교수대로 쓰러진다 해도
사나이여, 영예는 너의 것이 되리라."

바이런은 먼저 이탈리아로 가 민족해방을 위한 이탈리아인민의 투쟁에 동참했다. 비슷한 이념을 지닌 4살 연하의 무신론적이고 반종교적인 동향의 열국의 낭만파시인 셸리(P.B. Shelley, 1792~1822)와 친숙해진 것도 이탈리아에서였다. 이탈리아의 민중혁명이 실패한 후 오스트리아 정부의 압력을 받고 바이런은 그리스로 발길을 돌렸다. 당시 그리스는 터키의 압제와 지배를 받고 있었다. 바이런은 그리스 민중의 편에서 헌신적으로 용감하게 싸웠다. 그러나 간고한 상황에서 몸을 돌보지 않고 싸우다가 얻은 병으로 서른여섯 살의 시인은 낯선 곳에서 그리스 민중의 품에 안겨 숨을 거두었다. 그는 안락도, 재산도, 건강도, 생명도 억압받는 민족의 해방을 위해 기꺼이 바쳤다. 그것은 인류에게 던진 가장 남아다운 용기였으며 훗날 칠레의 혁명가 체 게바라가 그러한 용기를 다시 한 번 보여주었다. 바이런은 계몽주의가 지향하는 이성의 왕국이 실패하고 과학의 승리에 대한 회의를 느끼며 한 때 개인주의와 염세주의적인 시들을 쓰기도 했으나 점차 그것을 극복하고 자유를 위해 투쟁하는 세계인민들의 해방운동에 동참하는 사실주의적인 시들을 써갔다. 그리고 혁명적이고 진보적인 낭만주의 문학이 나아가야 할 길을 실천적으로 보여주었다.

27. 혁명시인 포티에

1871년 3월 18일~5월 28일까지 72일간 존재했던 파리코뮌은 최초의 프롤레타리아독재로서 인류의 역사에 많은 빛을 던져주었다. 자유, 평등, 박애의 기치 아래 봉건체제를 무너뜨린 프랑스혁명은 민중의 위대한 승리였지만 그 열매를 가로챈 부르주아계급은 인민을 배반하고 스스로의 지배권을 강화하기 위해 1870년 7월 19일에 외국(독일)에 대한 침략전쟁을 일으켰다. 그러나 프랑스군은 독일군에게 참패를 당하였고 프러시아 군이 오히려 파리를 함락하려고 포위하였다. 이러한 절체절명의 시기에 조국을 방어하기 위해서 일어선 것이 노동자가 중심이 된 국민자위군이었다. 반동지배계급은 외국의 침략자보다도 자국의 무장한 인민들을 무서워하면서 1871년 1월 28일에 독일과 치욕적인 강화조약을 체결하고 독일의 지원 아래 인민봉기를 탄압하는 데로 눈을 돌렸다. 파리의 노동자들은 용감한 투쟁으로 3월 18일에 파리를 장악했으며 3월 26일에 코뮌위원들이 선거에 의해 선출되었고 3월 28일에 코뮌이 선포되었다. 이렇게 하여 노동자가 중심이 되는 무산계급의 정부가 최초로 탄생한 것이다. 노동자 가정에서 태어난 시인 포티에(E. Pottier, 1816~1887)도 위원으로 선출되어 코뮌에서 적극적인 활동을 전개하였다.

그러나 코뮌은 노동계급의 혁명적 당과 걸출한 지도자가 없었기 때문에 반혁명세력의 잔인한 탄압으로 실패하고 말았다. '피의 1주일'이라 불린 5월 21일에서 28일까지 인민들은 마지막 피 한 방울까지 바치며 영웅적인 항전을 계속했지만 결국 파리가 함락되었고 반동적인 정부군의 무자비한 살육에 의해 3만여 명의 인민들이 학살당하였다. 간신히 학살을 면하였던 포티에는 그러나 결코 절망하지 않고 6월에 은신처에서 파리코뮌을 기리는 시를 썼는데 바로 그것이 노동자들의 노래인 <인터내셔널가>가 되었다. 1884년에 벨기에의 노동자 작곡가인 데게이테(Degeyter)가 작곡을 하였다. 오늘날 세계 방방곡곡에서 메이데이(노동절)에 이 노래가 불리고 있다. 노래는 다음과 같이 시작된다.

"일어나라 저주로 맞은
주리고 종 된 자 세계
우리의 피가 끓어 넘쳐

결사전을 하게 하네
압제의 세상 뿌리 뽑고
새 세계를 세우자
짓밟혀 천대받는 자
모든 것의 주인이 되리."

포티에는 이 노래에서 인민들이 철저하게 계급성을 갖고 애국심을 발휘할 것을 호소한다. 참된 애국심은 기득권을 옹호하면서 자신들의 이익을 추구하는 지배계급에 대항하는 투쟁이 되어야 하며 이러한 투쟁은 어떤 경우에도 허무주의나 비관주의에 빠져서는 안 된다고 강조하고 있다. 왜냐하면 미래는 노동하는 인민의 것이기 때문이다.

28. 도미에와 쿠르베

도미에(H. Daumier, 1808~1879)와 쿠르베(G. Courbet, 1819~1877)는 파리코뮌에 참여하면서 예술이 인간해방을 위한 무기가 되어야 한다는 것을 실천적으로 보여준 화가들이다. 도미에는 가난한 노동자의 아들로, 쿠르베는 부유한 농민의 아들로 태어났다. 두 사람 다 렘브란트와 루벤스의 사실주의적인 그림에서 많은 것을 배웠다. 도미에는 파리코뮌 시절에 예술연맹 집행기관위원이었으며 쿠르베는 코뮌의 지도성원으로 활동하였다.

도미에는 1830년 7월 군주국을 반대하는 프랑스 인민들의 새로운 혁명을 목격하였다. 여기서 그는 부르주아 계급이 부르짖는 민주주의와 자유주의의 허상을 간파하고 그것을 비판하면서 인민들의 삶을 묘사하는 석판화를 그렸다. 그의 그림 「입법기관」에는 군주국 두목들이 풍자적으로 묘사되어 있다. 만인에게 평등한 법을 제정한다는 목표 아래 모인 이들은 하나같이 인민들을 착취하는 데 혈안이 된 은행가, 지주, 상인, 관리들이었다. 후기의 작품들에서도 도미에는 돈이 모든 것을 지배하는 부르주아 사회의 타락한 모습을 비판하고 하층 민중들에 대한 애정이 담긴 그림을 그렸다.

프랑스 사회사상가 프루동의 영향을 받은 쿠르베는 "회화는 그 시대를 그리는 것이며 동시에 그 시대를 비판하는 것이 되어야 한다."고 주장하면서 고전적인 미술규범과 고전미학을 벗어나 사회문제에 눈을 돌렸다. 지주들과 관리들의 기생충적인 삶을 비판하고 착취당하고 천대받는 노동자들의 삶을 보여주려 하였다. 쿠르베는 1855년 국제미술전람회에서 낙선되자 전람회장 옆에 자신의 그림들을 전시해 놓고 <쿠르베 사실주의 미술 전람관>이라는 간판을 붙여 놓으면서 사실주의 미술을 옹호하였다. 사실주의 미술은 본질상 민주주의 미술이라는 신념이 그의 창작을 이끌어 갔다. 그림 <교회에서 돌아오는 길>에서 그는 기독교인들의 허위성을 통쾌하게 조소하기도 하였다.

도미에와 쿠르베는 다 같이 역사의 진보에 발맞추어 나가면서 착취계급을 질타하고 민중의 편에 서는 사실주의 그림을 그렸으나 노동계급의 혁명적인 세계관으로 무장하지 못하고 하층 민중들을 동정하는 정도에 머무르는 한계를 보이기도 했다. 노동계급이 역사의 주인이 되어야 한다는 투철한 역사의식이 아직 부족했던 것이다.

29. 휘트먼과 '아메리칸 드림'

19세기 미국의 시인 휘트먼(W. Whitman, 1819~1892)은 가난한 노동자의 아들로 태어나 초등학교를 중퇴한 민주적 시인이다. 그는 인쇄공, 신문기자 등의 직업에 종사했지만 한 직업에 1년 이상 머물지 못했다. 셰익스피어 등 유명한 작가들의 작품을 읽으면서 문학에 관심을 갖고 단편과 시를 쓰기 시작하였으나 처음에는 다른 작가들의 모방에 그쳤다. 1855년에 발표한 시집「풀잎」(*Leaves of Grass*)을 통해 그의 시재가 드러나기 시작하였다. 무명이었던 휘트먼은 이 시집을 자신이 직접 출판하여 익명으로 발표하였다. 이 시들에서 휘트먼은 중세적인 노예사상을 반대하고 자유와 평등을 구가하였다.

이듬해 증보된「풀잎」2판은 유명한 출판사에서 출판되었다. 그러나 2집에는 어둡고 침통한 비관적인 색채가 깃들었다. 개성과 자유를 강조하는 그의 사상은 무질서한 개인주의로 나아갔고 인간의 위대성이 사라진 세계에 남는 것은 허무와 고독뿐이었다. 남북전쟁(1861~1865)이 일어나고 양쪽의 부상병들을 치료해주면서 얻은 체험은 그로 하여금 다시 열렬한 민주주의와 애국주의의 대변자로 만들었다. 시집 「울리는 북소리」(*Drum-Taps*)에서 그는 미국의 미래를 휘황찬란하게 묘사하였다. 미국은 모든 사람들에게 약속된 땅이었고 '아메리칸 드림'이라는 꿈을 심어주었다.

1870년대에 들어서면서 휘트먼의 낙관주의는 사라지고 만다. 자본주의의 발전으로 소시민이 몰락하고 백만장자들이 경제를 주도하면서 수많은 인민들이 기아와 빈궁에 허덕이었다. 휘트먼은 미국이 자기가 열광적으로 노래한 꿈의 나라가 더 이상 아니라는 것을 깨달았다. 그는 「민주주의의 전망」(*Democratic-Vistas*)이라는 글에서 미국이 교만하고 악독하며 교활함과 타락이 지배하고 있기 때문에 내면이 공허하며 미래가 불투명하다고 비판하였다. 그의 예언은 적중하여 미국은 제국주의 국가가 되면서 절망의 땅으로 변하고 말았다. 그 당시보다 훨씬 더 확실하게 몰락해가고 있는 미국의 현실을 체험하고 돌아온 현대 남한 지식인들이나 청년들 가운데 아직도 '아메리칸 드림'에서 깨어나지 못한 사람이 있다면 무엇인가 많이 모자라는 인간들이다. 휘트먼이 가르쳐준 교훈을 아직 깨닫지 못하는 것이다.

30. 드라이저의 『미국의 비극』

휘트먼에 이어 미국의 비극적 상황을 소설로 묘사한 작가가 드라이저(T. Dreiser, 1871~1945)다. 집이 가난하여 고등학교를 중퇴한 그도 신문사 기자로서 일하게 되었는데 기자생활을 하면서 그는 미국의 현실을 구체적으로 파악하게 되었다. 그는 소련을 방문하고 공산주의의 장점을 이해하게 되었으며 귀국 후에 미국의 사회개혁에 앞장섰고 죽기 전에 미국공산당에도 가입했다.

그는 대표작인 장편소설 『미국의 비극』(*An American Tragedy*, 1929)에서 미국이라는 사회가 지니는 모순을 사실적으로 묘사했다. 소설의 주인공 클라이드는 가난한 전도사의 아들로 태어나 종교적인 분위기에서 자랐으나 그 분위기에 회의를 느끼고 가출하여 호텔 접대원이 된다. 그리고 돈을 알면서 타락하게 된다. 돈 많은 여자들과 사귀면서 치정관계에 휩쓸리고 결국 살인죄로 체포되어 사형언도를 받고 22살의 나이로 전기의자 위에서 생을 마감한다.

드라이저는 주인공을 두둔하지도 않았지만 모든 책임을 그에게 돌리지도 않는다. 교육도 받지 못한 평범한 청년을 파멸로 이끌어 간 것은 이기심과 탐욕, 약탈과 위선으로 가득 찬 미국사회에 책임이 있다. 순진한 청년이 극단적인 이기주의자가 된 것은 물질문명을 숭상하고 실용주의가 주도하는 미국이라는 사회가 만든 비극이다. 오늘날 우리 사회의 청소년 범죄문제도 드라이저와 비슷한 입장에서 고려해 볼 필요가 있다. 문제학생의 불우한 가정환경이나 심리상태, 혹은 도덕교육의 부재에만 그 책임을 돌릴 것이 아니라 그러한 범죄를 조장하는 사회구조의 분석에도 눈을 돌려야 한다. 이기적이고 타락한 성인들이 가득하고 그들이 정치를 주도하는 사회에서 청소년들에게 도덕적이 되고 양심적이 되라는 설교가 얼마나 큰 효과를 가져 올 것인가?

31. 런던의 황금만능주의 비판

세계의 역사를 변화시킨 러시아 10월 혁명의 주도자 레닌은 죽음 이틀 전까지 미국의 작가 런던(J. London, 1876~1916)이 알라스카 노동자들의 생활과 투쟁을 묘사한 소설 『생활에 대한 사랑』을 즐겨 읽은 것으로 전해졌다. 런던은 미국 샌프란시스코에서 가난한 농민의 아들로 태어나 신문팔이 등 어려운 노동에 종사하였다. 독학으로 공부하여 대학에 입학하였으나 가정생활이 어려워 학업을 포기하고 1897년부터 알라스카에서 금광노동자로 일하였다. 이 시기의 노동은 그에게 자본가들의 정체와 황금만능의 현실을 알게 하였고 그것은 그의 소설에서 중요한 모티브가 되었다. 그는 1899년에 첫 단편 「사냥꾼에게」로 작가의 길에 들어섰다. 1900년의 그의 단편소설집 『승냥이의 아들』이 출간되면서 그는 작가로서의 명성을 얻게 되었다.

알라스카에서의 체험을 묘사한 첫 시기의 대표적인 작품이 『야성의 외침』(*The Call of the Wild*, 1903)이었다. 이 소설에는 한 마리의 개가 다시 늑대로 돌아가는 과정이 묘사되었다. 그것은 인간도 자본주의 사회구조 안에서는 인간성을 상실하고 동물로 돌아갈 수밖에 없다는 사실을 비유한 것이다. 약육강식이 지배하는 자본주의 사회는 '인간이 인간에 대한 늑대'가 되게 만든다. 1905년의 러시아 첫 혁명을 계기로 런던은 노동과 사회문제에 눈을 돌렸다. 미국노동운동에 적극 참여하였으며 맑스주의 철학에도 관심을 가져 『계급투쟁』, 『혁명』 등의 책자를 저술하였다. 이 시기에 창작된 장편소설 『철의 발굽』(*The Iron Heel*, 1907)은 미국의 미래를 예견한 환상소설이었는데 여기서 런던은 처음으로 무산계급의 계급투쟁과 혁명적 항거를 미국문학에 도입하였다. 그는 자본주의는 필연적으로 멸망하고 사회주의가 승리한다는 사실을 예언하였다.

1905년의 러시아 첫 혁명이 실패하자 국제노동운동이 타격을 받았고 런던의 신념에도 변화가 일어났다. 이 시기의 장편소설 『마틴 에덴』(*Martin Eden*, 1909)이 그것을 잘 보여준다. 주인공 에덴은 니체의 철학을 숭배하는 개인주의자로서 인민대중과 멀어져 오로지 자기 자신의 힘에만 의존한다. 온갖 수단을 동원하여 상류사회에 들어서지만 상류사회의 화려한 표면 뒤에 숨겨져 있는 탐욕, 위선, 허위를 알고 환멸을 느낀다. 결국 남은 것은 죽음의 길뿐이다. 말년에 런던은 노동운동과 결별하고 자연의 품에 안겨 자기의 행복을 찾으려 하지만 그것은 일종의 도피였으며 자기신념에 대한 배반이었다. 그것은 그에게 많은 갈등을 야기했으며 결국 그는 자살로서 생을 마감하였다.

32. 졸라와 자연주의

에밀 졸라(Émile Zola, 1840~1902)는 자연주의에서 출발하여 비판적 사실주의에 도달한 프랑스의 위대한 작가다. 졸라는 자연주의 문학이론의 주창자로서 그의 초기 소설도 자연주의적 경향이 농후하였다. 그는 『실험소설론』(1880), 『자연주의 소설가들』(1881)에서 자연주의 창작원칙을 제시하였다. 그의 주장에 의하면 문학의 임무는 사회생활의 본질을 예술적으로 묘사하는 것이 아니라 사실을 객관적으로 기술하는 것이며 사회와 인간의 계급적 본질을 제시하는 것이 아니라 생물학적 측면에서 사회와 인간을 해부하는 것이다. 이러한 주장은 당시 유행하는 실증주의적 관념론철학을 문학이론에 적용하려는 시도였다. 현상이 본질인 것처럼 착각하고 거기에 매달려 인간문제를 해결하려 한 것이다.

그러나 인간은 생물학적 존재인 동시에 사회적 존재다. 사회를 떠나서 한 순간도 존재할 수 없고 사회의 현상뿐만 아니라 그 본질을 파악하는 것이 인간문제의 해결에서 결정적인 역할을 한다. 졸라도 그것을 깨달아 간다. 자연주의적 입장에서 출발한 그의 장편소설 『루공 마카르 총서』(*Les Rougon Macquart*)가 사실주의로 끝나지 않을 수 없었던 것은 바로 그러한 이유에서였다. 졸라가 22년에 걸쳐 20편으로 서술한 이 장편은 「제2제정 시대에 있어서의 한 가족의 자연적, 사회적 역사」라는 부제를 달고 있다. 무려 1,200여 명의 인물이 등장한다. 사회를 올바로 파악하기 위해서는 정치, 경제, 군사문제가 등장해야 한다. 경제문제에서는 돈의 역할이 거론되어야 하며 졸라도 '돈은 피와 눈물 위에 등극하는 황제이며 신'이라 말한다. 성실한 노동자들이 비참한 처지에 빠지는 것은 생물학적인 문제가 아니라 사회적인 문제다.

졸라는 『제르미날』(*Germianal*, 1885)에서 자연주의의 무기력함을 던져버리고 완전히 비판적 사실주의로 전환한다. 고역과 빈궁에 허덕이는 광산노동자들이 결국 파업으로 치닫는다. 파업만이 노동자들의 권익을 보호해줄 수 있다는 메시지를 담은 이 소설은 무산계급의 투쟁을 처음으로 프랑스 소설에 도입하였다. 물론 이러한 투쟁은 경제투쟁의 범위를 벗어나지 못하는 제한성을 가졌음에도 불구하고 위대한 문학은 자연주의를 극복하고 비판적 사실주의가 되어야 함을 극명하게 보여주었다. 졸라는 그의 창작을 회고하면서 썼다. "자본가계급은 자본주의 특권을 보호하고 통치계급의 지위를 유지하기 위하여 자기의 혁명적인 과거를 배반하였다. 자본가계급은 정권을 장악한 다음 그 정권을 인민들에게 넘겨주려 하지 않는다. 반동세력, 교회세력, 군국주의와 결탁한 자본가계급은 이미 자기들의 역할을 다 하였다. 그들은 자기들의 재산을 보호하기 위하여 반동으로 넘어갔다. 미래의 희망은 인민들에 있다.”

33. 입센의 「인형의 집」

목재상인의 아들로 노르웨이의 스킨에서 1828년에 태어난 입센(H. Ibsen, 1828~1906)은 노르웨이가 스웨덴을 중심으로 한 서구열강의 침략을 받자 조국의 자유와 독립은 물론, 자본주의 사회에서 파탄을 맞는 인간성의 회복, 가정에서 인형으로 변한 여성의 참된 해방을 위해 투쟁하는 북구 최대의 사실주의적인 극작가가 되었다.

극장에서 일하던 청년 입센은 초기에 역사자료를 밑받침으로 하는 반봉건적이며 애국적 낭만주의가 넘치는 작품을 썼으나 보수층의 압박을 받고 1864년에 이탈리아, 독일, 프랑스 등에 장기간(27년) 체류하면서 사실주의적인 희곡작품을 썼다. 이 시기의 주요 작품인 「브란트」(1866)에서는 이상과 진리를 찾는 정열적인 주인공이 주위의 비굴, 허위, 몽매를 질타하는 양심의 상징으로 나타난다. 그러나 대중을 이탈한 그의 개인적인 모험은 실패할 수밖에 없었다. 「사회의 기둥」(1877)에서 입센은 시장 겸 상인인 주인공의 형상을 통하여 ‘사회의 기둥’으로 자처하는 인간의 위선을 폭로하면서 진실과 자유의 정신만이 사회의 기둥이 될 수 있다고 강조한다.

1879년에 쓴 「인형의 집」에 등장하는 여주인공 노라는 은행지배인 헬머의 부인으로서 남편을 사랑하며 남편에게 충실하다. 그러나 남편이 병으로 앓게 되자 남편 몰래 빚을 내어 치료비로 사용한다. 이 사실을 알게 된 남편은 자기의 명예와 이익을 손상시켰다고 노발대발한다. 노라는 결국 자기가 남편의 인형과 같은 소유물에 불과했던 것을 깨닫고 가정을 박차고 나간다. 노라는 결혼 전에 아버지의 인형이었고 결혼 후에는 남편의 인형이었다. 봉건사회에서와 마찬가지로 자본주의사회에서도 여성의 예속이 미화되고 여성이 상품화 된다. 이 작품을 통해서 입센은 자본주의사회에서의 허위적인 애정관계를 폭로하고 여성해방의 기치를 든다. 노라의 말처럼 여성의 신성한 의무가 가정이나 남편에 대한 복종에 있는 것이 아니다. 여자도 남자처럼 독자적인 인간이 될 수 있는 똑같은 권리를 갖는다. 이처럼 입센은 진리와 자유를 추구하며 자본주의 사회에서 소외되는 인간성의 회복을 부르짖었지만 사회주의혁명을 이해하는 데까지는 나아가지 못했으며 말년에는 신비주의와 상징주의적인 경향으로 후퇴하고 말았다.

34. 카프카와 '인간소외'

소외(疎外, Entfremdung)란 인간이 스스로 만들어낸 어떤 사물로부터 거꾸로 지배를 받는 현상을 말한다. 주인의 역할을 해야 될 인간이 오히려 거기에 종속된다는 말이다. 예컨대 독일의 철학자 포이어바흐는 인간이 스스로의 행복을 위해 만들어 낸 신이 정말로 존재하는 것처럼 인간을 지배하고 있는 현상을 일컬어 '종교적 소외'라는 말로 표현하였다. 오늘날 인간이 주체성을 상실하고 인간 아닌 다른 어떤 것, 예컨대 기계문명이나 돈에 종속되어 가는 소외현상을 많은 철학자들과 예술가들이 문제 삼고 있다. 그러나 소외의 원인과 그 해결방식을 제시하는 데서 크게 두 부류로 나누어진다. 실존주의를 비롯한 자본주의 지식인들은 자연을 정복하며 과학을 발전시키는 인간의 삶에서 소외는 어쩔 수 없는 불가피한 현상이라고 해석하면서 그것을 극복하기 위해서는 내면의 삶으로 눈을 돌려야 한다고 주장한다. 이에 반해 사회주의 철학자들과 예술가들은 소외는 자본주의 사회가 만든 황금만능주의에서 비롯하므로 그것을 극복하기 위해서는 자본주의 사회구조를 변혁해야 한다고 주장한다. 맑스의 초기 저술에서 소외문제가 제기된 후 루카치는 자본주의 사회의 소외를 물신주의라는 이름으로 규정하고 비판하였다.

프라하에서 태어난 작가 카프카(F. Kafka, 1883~1924)도 시인 릴케처럼 이 문제에 눈을 돌렸다. 릴케는 『말테의 수기』에서 소외 속에서 절망적으로 살아가고 있는 파리의 한 시인을 묘사하고 있다. 카프카의 소설 『변신』, 『성』, 『아메리카』의 주인공들도 무의미하고 절망적인 삶을 살아간다. 『변신』의 주인공은 하루아침에 한 마리의 벌레로 변신한다. 자신의 의지와 관계없는 부조리한 삶이 시작된다. 이처럼 자본주의라는 사회구조 안에서 경쟁을 일삼으며 휩쓸려 살아가는 인간은 생명을 연장하려는 벌레에 지나지 않는다.

카프카는 미국이라는 사회를 배경으로 쓴 『아메리카』에서 소외문제를 환상적인 이야기가 아닌 구체적인 이야기 속에서 전개한다. 유럽에서 꿈을 안고 미국에 온 주인공 칼에게 미국은 더 이상 꿈과 동경의 나라가 아니라 기계문명의 속박 속에서 인간의 모습이 사라진 황폐한 나라였다. 더구나 빈익빈 부익부라는 자본주의적 착취는 노동자와 서민을 비참하게 만든다. 문화가 부재한 기계문명과 함께 자본주의적 착취가 인간소외를 만드는 근원임을 제시하는데 카프카의 예리한 통찰력이 엿보인다. 한국의 작가들도 국내에 한정되지 않고 세계적인 무대를 겨냥한다면 투철한 역사의식은 물론 카뮈나 카프카처럼 자기 나름대로의 철학을 가져야 할 것이다. 민중을 사랑하는 철학이 필요하다.

35. 로댕의 「칼레의 시민」

'생각하는 사람'이라는 조각으로 널리 알려진 로댕(A. Rodin, 1840~1917)은 파리에서 하급관리의 아들로 태어나 장식미술학교를 졸업하고 국립미술학교에 응시했으나 3번이나 낙방하였다. 결국 조각가의 조수로 일하면서 스스로 공부를 했다. 그는 1877년에 '청동시대'라는 작품을 전람회에 출품하여 조각가로서의 명성을 얻게 되었는데 이 작품의 심사위원들은 작품이 너무 실제 사람과 비슷하여 사람의 신체에서 직접 모형을 뜬 것이 아닌가 의심할 정도였다.

로댕의 대표작은 「칼레의 시민」이라는 조각 군상이었다. 이 작품은 1892년에 완성하여 1895년 프랑스의 작은 도시 칼레에 세워졌다. 칼레는 16세기 프랑스와 영국 간의 100년 전쟁 시기에 영국군에 의하여 포위당하였다. 시민들은 굶주림에 시달렸고 도시의 함락이 목전에 다가왔으나 적에게 굴복하지 않았다. 영국군 사령관은 6명의 시민대표자를 넘겨주면 시민들의 목숨을 살려주겠다고 명령하였다. 시민들의 생명을 구하기 위하여 6명의 대표들은 죽음의 단두대를 향하여 용감하게 걸어 나갔다. 작품은 이들을 형상화하고 있다. 작품에 들어있는 인물들의 형상은 영웅심과 애국심으로 불타고 있다.

로댕은 종래의 도식적인 형식주의를 과감히 탈피하고 현실에 눈을 돌렸다. 그러나 역사의식이 부족했던 그는 노동자들의 투쟁과 그 주도적인 힘을 파악하지 못하고 염세주의적이 되었다. 삶의 허무를 에로틱한 조각의 창작에서 극복하려 했지만 그것은 결국 일시적인 처방으로 끝나고 말았다. 위대한 예술작품을 창작하기 위해서 예술가들은 문학, 역사, 철학의 지식을 충분히 습득해야 한다. 베토벤이 불후의 명작을 남길 수 있었던 것도 건전한 역사의식과 확고한 인생관이 그의 창작에 도움을 주었기 때문이었다.

36. 피카소와 입체파

스페인의 말라가에서 출생한 피카소(P.R. Picasso, 1881~1973)는 일반적으로 추상파의 대표자 혹은 입체파의 선구자로 알려져 있다. 그러나 비교적 장수를 누린 그의 예술적 생애는 우여곡절을 겪는다. '청색시대' →'분홍색시대' →'흑색시대'를 거쳐 입체파운동에 가담한 후 다시 사실주의적인 '신고전주의시대'로 돌아간다. 입체파화가들의 주장에 의하면 인간을 포함한 모든 대상이 기하학적 도형의 결합에 불과하다. 삶의 재현이 아니라 물체를 기하학적으로 분해하고 그것을 다시 결합하는 것이 화가의 과제다. 입체파는 극단적으로 초현실주의적인 추상화를 만들어 내었다. 그러나 이러한 그림들에는 삶을 긍정해가는 이성이 마비되어 있고 그 결과는 혼돈과 절망뿐이었다. 피카소는 그러한 절망상태로부터 빠져나올 수 있는 길을 내심으로 모색해 갔다.

피카소는 전쟁을 혐오하고 평화를 사랑하였다. 평화의 상징인 비둘기를 그렸고 1944년 10월에 프랑스 공산당에 가입하였다. 그의 신념으로는 파시즘에 대항하여 인민의 자유를 구출할 수 있는 유일한 길이 사회주의 안에 있었다. 이 소식이 전해지자 수많은 미국기자들이 피카소를 방문하여 사실을 확인하려고 하였다. 피카소는 미국기자들에게 다음과 같이 말했다.

"내가 공산당에 가입한 것은 나의 모든 삶과 작품 활동에 뒤따르는 논리적 결과입니다. 또한 나는 이렇게 말할 수 있음에 긍지를 느낍니다. 나는 그림이 단지 순수한 즐거움이나 심심풀이적인 예술이라고 생각해본 적이 단 한 번도 없기 때문입니다. 내겐 무기와도 같은 데생과 색채를 통해서 나는 세계에 대한 이해와 인간의 길로 더 깊이 접어들 수 있기를 늘 갈구했습니다. 이러한 이해야말로 우리 모두를 더욱더 자유롭게 해줄 수 있기 때문입니다. …… 그렇습니다. 나는 참된 혁명가로서 나의 그림을 위해 투쟁해야 한다고 늘 생각해 왔습니다.

그러나 이제 나는 이것만으로는 충분하지 않다는 것을 알게 되었습니다. 이 경악스러운 억압의 세월은 나에게 나의 예술을 통해서뿐만 아니라 나의 인간성 전체로써 투쟁해야 함을 깨닫게 했습니다. 이러한 깨달음과 더불어 나는 아무 거리낌 없이 공산당을 향해 다가서게 된 것입니다. 실상 나는 오래전부터 내면적으로 이미 공산주의와 동조하고 있었기 때문이기도 합니다. 지금껏 공식적으로 당에 가입하지 않았던 것은 어떤 의미에서 '결백성' 때문이었다는 것을 아라공, 엘뤼에르, 카소, 푸케롱 등 내 친구 모두가 알지요. 나는 나의 작품을 통한 동참과 정신적인 가입으로 충분하다고 생각했습니다. 왜냐하면 공산당은 이미 나의 당이었기 때문입니다. 공산당이야말로 세계를 이해하고 구축하며 현재와 미래의 인간들을 가장 명철하고 자유롭게, 나아가서는 행복하게 해줄 수 있는 것이 아니겠습니까? 공산주의자들이야말로 소련에서와 마찬가지로 프랑스나 나의 조국 스페인에서 가장 용기 있는 자들이 아니겠습니까? 이렇게 생각 해 볼 때 어찌 내가 정치에 참여한다는 두려움으로 망설일 수 있겠습니까? 그러나 나는 오히려 공산당에 가입한 후 가장 자유로웠고 나 자신이 더욱 더 완전해졌다는 느낌을 받습니다. 그 후 나는 조국을 되찾기 위하여 참으로 많은 조바심을 쳤습니다.

나는 늘 망명자였기 때문이지요. 그러나 이제 더 이상 나는 망명자가 아닙니다. 스페인이 나를 받아들일 수 있기를 기다리는 동안 프랑스 공산당은 나에게 두 팔을 활짝 벌려주었고 나는 거기에서 내가 가장 존중했던 모든 사람들, 가장 위대한 지식인들, 가장 위대한 시인들, 8월 한 달 동안 내가 보아왔던 참으로 아름다웠던 항거하는 파리 시민들의 얼굴을 발견했습니다. 이리하여 나는 내 형제들의 품에 안기게 된 것입니다."[9]

37. 「게르니카」와 「조선에서의 학살」

피카소는 전쟁을 질타하는 2점의 유명한 그림을 그렸는데 하나는 1937년의 「게르니카」와 1950년의 「조선에서의 학살」이다.

「게르니카」는 파시즘에 대항하여 공식적으로 투쟁을 선언한 피카소의 첫 작품이다. 1931년에 스페인에서는 공화국이 선포되었다. 사회주의자와 공화주의자로 구성된 정부는 그러나 민주적 시민혁명을 철저하게 추진하지 못했다. 그 결과 왕정복고주의의 반동은 다시 세력을 규합한 후 정권을 탈취하였다. 이에 맞서 광범위한 민중운동이 일어났다. 동년 1월에 스페인의 진보적인 세력이 단합하여 인민전선을 결성하고 2월의 선거에서 승리하였다. 인민전선은 시민민주주의의 개혁을 실시하기 시작하였다. 그러나 반동세력을 청산하지 못했다. 반동세력은 1936년 7월에 프랑코의 지

9) 마리-로르 베르나다크/폴 뒤 부세 지음, 윤형연 옮김, 『피카소의 사랑과 예술』(책세상 1996) 183쪽 이하.

휘 아래 독일 나치 비밀공작대의 도움을 받아 파시스트 군사반란을 일으켰다. 이에 맞서 스페인 민중은 민족혁명전쟁을 시작했고 그것은 파시즘의 세계지배에 대항하는 국제적인 투쟁으로 발전하였다. 3만이 넘는 53개국의 지원병이 스페인으로 들어가 민중의 편에서 싸웠다. 그러나 독일과 이탈리아의 파시스트들은 수십만의 군대와 현대적 무기로 반동세력을 도와주었고 영국과 프랑스는 중립을 지키는 척하면서 공화국을 지원하는 장비와 물품의 반입을 가로막았다. 결국 공화국은 실패하고 프랑코가 이끄는 독재가 생겨났다. 1937년 5월에 독일 폭격기들에 의해서 불바다가 된 스페인의 작은 도시 게르니카를 형상한 피카소의 대작 「게르니카」는 파시스트들의 야만적 공격을 받고 처참하게 일그러진 민중의 비극을 잘 표현하고 있다.

한국전쟁을 배경으로 한 「조선에서의 학살」도 게르니카에처럼 제국주의자들에 의한 약소민족의 학살, 더 정확히 말하면 조선에 들어온 미군들이 신천 등에서 조선인민들을 무자비하게 학살하는 장면을 형상화한 것이다. 이 그림이 발표되자 남한의 보수적인 지식인들과 예술가들은 경악을 표하면서 피카소에게 항의를 표시했지만 역사의 준엄한 현실은 피카소의 편에 서서 오히려 맹목적인 사대주의자들의 우매함을 비웃을 뿐이다.

38. 비토리오 데시카와 신사실주의

「자전거 도둑」으로 널리 알려진 영화감독 데시카(Vittorio de Sica, 1901~1974)는 로셀리니, 비스콘티와 더불어 이탈리아 신사실주의 영화의 3대 거장이다. 이들의 작품은 날카로운 사회비판과 현실적인 생동감으로 전통적인 멜로드라마를 벗어난 사실주의적인 영화에 속한다. 데시카의 주요 작품인 「구두닦이」, 「자전거 도둑」, 「밀라노의 기적」 등은 2차 세계 대전 후의 이탈리아 현실을 축소하여 보여주고 있다. 그것은 파시즘에 동조한 정부의 오류가 낳은 비참한 역사가 가져온 결과였다.

영화 「구두닦이」에는 패전 직후의 로마거리에서 방황하는 구두닦이 두 소년을 묘사하고 있다. 천진난만한 소년들이 자본주의라는 황금만능의 사회에서 어떻게 타락해 가는가를 사실적으로 보여준다. 어린이들을 범죄로 이끌고 타락시키는 것은 바로 자본주의라는 사회구조다. 영화 「자전거도둑」에서도 비슷한 모습이 나타나지만 노동을 할 수 있는 권리문제가 새롭게 등장한다. 가난 때문에 자전거를 훔쳐야 했던 주인공 안토니오의 형상을 통해 감독은 인민들의 빈궁과 고통을 외면한 이탈리아의 반인민적 사회구조를 고발하고 있다.

이탈리아의 신사실주의 영화들은 자본주의 사회의 구조적인 모순을 해부하고 비판하면서 어떤 방식으로든 인간의 행복한 삶에 기여해야 하는 예술의 본질에 접근하고 있다. 민중의 삶과 밀접히 연결된 예술만이 민중을 위한 예술이 될 수 있다는 것을 보여주고 있다. 오늘날 한국에서 일어나는 학교폭력과 자살현상, 왕따 등의 원인을 가정환경이나 학생들의 심리에서만 찾으려는 사이비 지식인들이 많은데 이들보다 이탈리아의 영화감독들이 훨씬 앞서 있는 것이다. 그러나 실업, 빈익빈 부익부 등의 문제를 과학적으로 해명하지 못하고 그 해결방법도 제시하지 못하는데 신사실주의 영화들의 한계가 있었다.

39. 찰리 채플린

채플린(C. Chaplin, 1889~1977)은 런던에서 희극배우의 아들로 태어났다. 그로부터 나흘 뒤에 히틀러가 태어났고 둘은 훗날 영화라는 매체를 통해 숙명적으로 만나게 된다. 채플린은 미국으로 건너가 영화제작에 성공하여 백만장자가 되었고 '아메리칸 드림'을 실현하였다. 그러나 거대한 자본과 마천루 아래서 소외되고 고통 받는 인간들의 모습을 보고 그들의 편에서 영화를 만들었다. 그는

채플린

가난을 동정하는 천박한 박애주의의 수준에 머물지 않고 빈부의

차이를 만들어 낸 사회구조적 문제로까지 눈을 돌린 것이다. 채플린은 공산주의 활동가라는 혐의로 1921년부터 미정보국의 감시 대상이 되었다. FBI의 채플린에 관한 파일이 1,900쪽에 달하였다. 채플린이 좌익인사들과 친했기 때문이었다. 미국의 진보적인 소설가 싱클레어, 인도 수상 네루, 화가 피카소, 철학자 사르트르, 과학자 아인슈타인, 주은래, 간디, 처칠, 소련의 영화감독 아이젠슈타인, 무용가 니진스키, 동독의 극작가 브레히트 등이 그의 친구였다. 채플린은 정당에 가입하지 않았지만 진보적인 운동단체에 많은 성금을 냈다. 1950년대에 미국에서 매카시 선풍이 일어나고 사회주의 이념에 동조하는 사람들을 빨갱이로 몰아 소탕하려 하였다. 채플린도 이러한 선풍의 덫에 걸렸다. 반미행위를 조사하기 위해 조직된 위원회의 출두명령을 받고 채플린은 다음과 같은 전보를 보냈다. "나는 공산주의자가 아니다. 나는 어떤 정당이나 정치단체에 가입한 일도 없다. 나는 여러분들이 알고 있듯이 평화주의자다."[10] 무식하고 저돌적인 극우파 영화배우 로버트 테일러는 다음과 같이 채플린을 공격하였다. "공산주의자는 모두 소련이나 다른 공산주의 나라로 추방해야 한다. 찰리 채플린은 아주 위험한 인물이다. 총 한번 잡아보지 못한 풋내기가 군사문제의 전문가인 양 미국의 전쟁에 대해서 이러쿵저러쿵 떠들고 있다."[11]

1952년 「라임라이트」를 만든 채플린은 런던에서의 시사회에 참

10) 마사루 지음, 고경대 옮김, 『만화 채플린』(도서출판 오월 1990) 63쪽.
11) 앞의 책 같은 곳.

석하기 위해 가족과 함께 영국으로 떠났고 이 기회를 틈타 미국 국무성은 그의 귀국을 허가하지 않는다고 발표하였다. 이렇게 추방된 채플린은 스위스로 이주하게 되었다. 채플린은 배우, 감독, 제작을 맡을 뿐만 아니라 각본을 쓰고 음악을 작곡한 다재다능한 인물이었다. 그가 작곡한 「라임라이트」의 영화음악은 전문가의 작품을 능가하였다. 칸트나 나폴레옹처럼 단신의 사나이가 영화계를 주름잡은 것이다. 더구나 그는 단순한 돈벌이 예술가가 아니었고 인간과 사회의 본질을 꿰뚫어 본 정의롭고 양심적인 예술가였다. 그는 단순한 희극배우가 아니라 기계문명에 의한 인간의 소외, 자본에 의한 인간성의 훼손, 권력에 의한 인권의 침해를 날카롭게 파헤친 철학적인 예술가였다.

40. 호흐후트의 「대리인」

이름 없던 작가가 쓴 한 편의 희곡이 세계를 깜짝 놀라게 하는 일이 일어났다. 이 글은 상상이 아니라 자료를 직접 수집해서 쓴 독일의 극작가 호흐후트(R. Hochhuth, 1931~현재)의 희곡 「대리인」(*Der Stellvertreter*)이었다. 작가는 1931년 독일에서 태어나 나치의 범죄를 목격하였다. 그리고 전후에 나치를 고발하는 작품들을 썼다. 그의 희곡 「대리인」이 1963년에 유명한 연출가 피스카토르(E. Piscator, 1893~1966)에 의해서 공연되자 호흐후트는 일약 세계적인 희곡작가의 명성을 얻게 되었다. 이 희곡은 25개국에서 공연되었고 파리에서만 346회가 공연되었다. 동시에 이 희곡은 많은 논쟁을 불러일으켰다. 희곡의 내용을 살펴보자.

제2차 세계대전 당시 히틀러가 정권을 잡고 유대인과 공산주의자들을 학살하면서 세계를 지배하려는 음모를 꾸민다. 양심적인 신부 리카르도 폰타나는 교황 피우스 12세에게 히틀러에게 저항하도록 요구한다. 그러나 교황은 침묵을 지키면서 히틀러의 의도를 묵인하였고 그 결과로 인류에게 커다란 재앙을 가져다주었다. 침묵과 방관은 공범의 죄로부터 자유로울 수 없다는 것이 이 희곡의 주제다. 이와 더불어 작가는 많은 역사적인 자료를 동원하여 (희곡에 65쪽에 달하는 주석을 붙였다.) 종교와 정치의 연관성을 폭로하였다. 이 희곡은 절대로 오류를 범할 수 없다는 교황의 무구성(無垢性)에 대한 도전의 의미를 지니기도 하였다.

물론 호흐후트는 전쟁의 발생원인, 종교와 정치가 야합하지 않을 수 없는 자본주의적인 사회구조를 명쾌하게 밝히는 대신 교황의 도덕적 결단에 너무 많은 기대를 걸었다. 그러나 세계가 알 수 없는 부조리로 가득 차 있고 그러므로 개인의 결단이 무의미하다고 생각하는 1950년대의 서구 희곡(부조리극)에 비하면 그의 희곡은 정치와 역사에 눈을 돌리면서 올바른 문학과 예술이 나가야 할 방향을 제시해 주었다. 철학자 마르쿠제는 『일차원적 인간』에서 말했다. "우리 시대의 참된 정신이 사무엘 베케트의 소설에서 나타났다면 그 참된 역사가 호흐후트의 희곡에서 서술되었다."

41. 송기동의 「회귀선」

1958년 『현대문학』 5월호(통권 제41호)에 추천작품으로 실린 송기동(宋基東, 1932~현재)의 「회귀선」은 우리나라에서 기독교의 역사와 진리에 도전한 소수의 작품 가운데 하나다. 그 줄거리는 대강 다음과 같다.

겟세마네 동산 부근에 예수라는 사나이가 살았는데 스스로 하느님의 아들이라 일컬으며 많은 순진한 사람들을 유혹하였다. 그중에서도 창녀 출신 막달라 마리아와 연인 사이였다. 스스로도 하느님이 있는지 없는지 회의에 빠져 있던 예수는 자신을 신의 아들로서 증명할 수 있는 교묘한 꾀를 생각해 낸다. 그는 자기와 외모가 닮은 칼프시스라는 사람을 매수한다. 그의 가족이 굶어죽기 직전에 있다는 사실을 안 예수는 칼피시스에게 은 130양을 줄 테니 자기 대신 죽어달라고 흥정을 한다. 예수가 헌금으로 모은 보상금을 받은 칼피시스는 예수 대신 붙잡혀 재판을 받고 스스로 유대인의 왕이라고 고백한다. 군중들의 요청으로 십자가에 못 박힌 칼피시스는 하늘을 향해 예수가 가르쳐 준대로 "나의 하느님, 어찌하여 나를 버리시나이까?"라 외친다. 칼피시스가 십자가에 못 박히던 날 밤 예수는 마리아의 집에서 검붉은 닭의 피로 손을 적신 후 마리아와 함께 다음 연극을 계획한다. 날이 새자 둘은 겟세마네 동산으로 올라간다. 마리아가 무덤을 지키는 병정들을 유혹하여 자리를 비우게 만들자 예수는 무덤의 바위를 열고 들어가 칼피시스의 시체를 처리한 후 흰 옷으로 갈아입고 앉는다. 얼마 후 막달라 마리아와 예수의 어머니 마리아가 나타나고 또 술에 취한 두 병정이 나타난다. 예수는 시치미를 떼고 스스로 부활했다고 말한다. 두 여인은 제자들에게 이 사실을 알린다. 제자들은 달려와 예수를 보고 그의 부활을 확신한다. 연극이 감쪽같이 성공한 후 마리아와 예수는 비가 쏟아지는 황야를 걸어서 도망을 간다. 비를 피해 동굴에 들어선 예수는 피로에 지친 나머지 눈을 감는다. 갑자기 욕정을 느낀 마리아는 예수의 성기를 만져본다. 그리고 질겁한다. 예수가 고자였기 때문이다. 예수는 결국 거기서 죽고 마리아는 탄식 한다; "이런 병신에게 무얼 바라고 쫓아다녔던가? 내가 정말 너무나도 순진했어, 그의 말과 같이. 그러나 그는 정말 불쌍한 사람이야. 그렇게도 달콤한 인생의 향락을 한 번도 맛보지 못하고 죽어버리다니……."

이것은 물론 순수한 상상력이 만들어 낸 소설이다. 많은 기독교인들이 이 소설을 읽고 분노를 터뜨렸다. 어떤 종교인은 이것을 '신성모독'이라고 비판하면서 왜 하필 한국에서 이런 소설이 나와야했는가를 개탄하였다. 그러나 상상은 소설가의 자유에 속한다. 어떤 스님은 기독교 교리 자체가 모두 허구이고 상상일 뿐이라 말한다.(회암 스님의 『말하지 않을 수 없다』) 그렇다면 오히려 소설가가 진실을 알려주었다. 서구의 제국주의적인 종교에 대하여 민족의 자존심을 갖고 통쾌하게 반격을 가한 것이다. 우리나라에도 이런 작가가 있다는 것이 오히려 자랑스러울 뿐이다.

42. 카뮈와 사르트르

서구의 양심이라는 문제와 연관하여 비슷한 시대에 활동한 프랑스의 작가이며 철학자들인 카뮈(A. Camus, 1913~1960)와 사르트르(J.P. SartreSartre, 1905~1980)를 비교해 보는 것은 매우 흥미 있는 일이다. 문학의 사회참여를 주장하면서 카뮈와 8세 위인 사르트르는 한동안 긴밀한 우정을 나누었다. 사르트르의 『구토』와 카뮈의 『이방인』은 당시의 시대적 상황을 반영하는 대표적인 작품이었다. 독일의 파시즘이 지배하던 시절에 이들은 함께 당시 프랑스의 반독일 저항운동단체인 레지스탕스 그룹에 참여하여 투쟁하였고 함께 프랑스 공산당에도 가입하였다. 그러나 전쟁이 끝나고 1951년에 카뮈의 『반항하는 인간』이 나오면서 사르트르는 카뮈와의 이념적 격차를 실감하였다. 역사의 무의미성을 주장하면서 무책임하게 구체적인 현실로부터 눈을 돌리려는 카뮈에게 사르트르는 실망하였다.

카뮈는 시지프스의 신화를 근거로 인간의 삶이란 근본적으로 부조리, 곧 비합리적이라고 말한다. 물을 얻기 위해 제우스의 정사를 폭로하기도 하고 죽음의 신을 묶어버리기도 한 시지프스는 지하에 갇혀 무거운 바위를 산 위로 계속 굴려 올리는 벌을 받는다. 정상까지 올라간 바위는 스스로의 무게 때문에 다시 떨어지고 만다. 그것은 무용한 일이고 부조리한 일이다. 인간의 삶도 이와 비슷하다. 인간은 아무런 의미도 없는 부조리한 삶을 살아가고 있다. 그러나 문제는 이 부조리한 삶에 대하여 어떻게 인간이 대처

하느냐이다. 우선 두 가지의 해결방식이 가능하다. 하나는 아무런 쓸모없는 부조리한 삶을 스스로 포기하는 길이고 다른 하나는 초월적인 어떤 존재로부터 삶의 의미를 찾는 길이다. 전자는 자살을 최후의 해결방법으로 택하며 후자는 신의 구원이라는 인간 외의 절대적인 힘에 의지하는 종교적인 해결방법이다. 지금까지 인간은 보통 이 두 방향의 해결방식을 생각해 왔다. 그러나 카뮈는 이 두 가지 해결방식을 단호하게 거부한다. 그는 부조리를 극복하는 유일한 방법으로 반항을 내세운다. 다시 말하면 어떤 외적인 힘에 의존하지 말고 인간 스스로의 힘으로 부조리를 극복해야 한다는 것이다. 그것은 부조리 그 자체를 사랑한다는 의미이기도 하다. 자살은 부조리한 삶과의 대결에서 결국 패배와 굴복을 의미한다. 절대자에게 의지한다는 것도 똑같이 부조리한 삶에 대한 일종의 굴복이다. 인간의 좌절에서 초월을 찾는 키에르케고르나 야스퍼스의 철학을 지칭하면서 카뮈는 그것을 '철학적 자살'이라 부른다. 그것은 부조리를 반항을 통해서 극복하려는 것이 아니라 그곳으로부터의 도피를 의미한다. 어떤 다른 것에 의존하지 말고 스스로의 힘에 의해서 부조리한 삶을 사랑하고 거기에 계속 반항함으로써 그것을 극복하라는 것이 카뮈의 근본이념이다. 이런 의미에서 카뮈는 인간은 무로 태어나 스스로의 자유로운 결단에 의해서 자신의 본질을 만들어 간다는 사르트르와 비슷하게 휴머니즘적, 다시 말하면 인간중심적이다.

반항을 인간 조건의 기치로 내세우지만 카뮈에 있어서 반항은 그러나 주로 형이상학적 반항이다. 반항의 의미를 형이상학적으로 승화시키는 데 카뮈의 특색이 있고 동시에 한계가 있다. 물론 그는 「반항하는 인간」에서 '형이상학적 반항'과 더불어 '역사적 반항'을 다루고 있다. 그러나 그가 생각하고 있는 역사란 실존철학에서처럼 '주관화된 역사'다. 사르트르도 초기에는 그러한 역사 이해에 머물렀지만 점차 객관적인 역사에 눈을 돌렸다. 역사의 의미와 목표 그리고 그 발전 동인을 인간의 사회관계 속에서 과학적으로 추구하지 못하는 데 카뮈의 비극과 한계가 있다. 명석한 판단력과 훌륭한 예술가적 기질에도 불구하고 그는 현실적인 문제, 다시 말하면 프랑스와 알제리 그리고 제국주의의 국가들과 식민지 국가들 사이에서 제기되는 문제에서 과감한 결단을 내릴 수 없었고 결국 역사적·사회적 현실로부터 형이상학적인 세계로 도피한다. 카뮈는 정치·사회문제에 있어서 어중간한 태도를 취하는 서구지식인의 무력함을 대변하고 있다. 알제리 봉기에서 조국 프랑스를 비판하여 이념적으로 알제리를 지원하였고 베트남전쟁에서 미국을 전범자로 낙인찍은 사르트르의 결연한 태도와는 매우 대조적이었다. 알제리 봉기 및 베트남 전쟁에서 사르트르는 서구인의 양심에 호소하면서 제3세계에 대한 열강들의 범죄행위를 단죄하려 하였다. 그것은 조국 프랑스도 예외가 될 수 없었다. 작가적 양심은 애국의 한계에 얽매이지 않는다. 카뮈도 나름대로 인류의 고통을 바라보려 하였다. 그러나 그는 추상적이고 형이상학적인 도덕영역에 머물렀다. 그렇기 때문에 그는 식민지 원주민들이나 약소국가의 혁명투사들이 사용하는 폭력을 용서하지 않으면서도 열강들이 사용하는 공개적인 혹은 비공개적인 폭력들을 비판하지 않았다. 그는 혁명을 '타락한 반항'이라 생각하며 혁명의 발생에서 제기되는 역사적 · 경제적 상황의 역할을 고려하지 않았다. 그것은 역사를 배제한 역사관에서 나오는 편협한 견해이다. 결국 둘은 완전히 갈라서게 되고 독자적인 길을 걸어갔다. 카뮈는 감사하는 마음으로 노벨 문학상을 수상한 반면 사르트르는 정치적인 냄새가 풍기고 강대국 사이의 나누어먹기 식에 불과한 노벨문학상의 수상을 거부하였다. 이제 두 사람 모두 생존하지 않는다. 카뮈는 자동차 사고로 부조리하게 죽었고 사르트르는 비교적 오래 살았다. 그러나 이들의 관계가 남긴 교훈은 아직도 살아 있다.

43. 루카치와 브레히트(1)

동구에서 맑스주의의 미학과 예술철학을 대표하는 두 사람이 있었는데 루카치(G. Lukacs, 1885~1971)와 브레히트(B. Brecht, 1898~1956)였다. 헝가리에서 은행가의 아들로 태어난 루카치는 부다페스트에서 대학을 졸업한 후 독일에서 철학을 연구를 하였고 1918년에 헝가리 공산당에 가입한 후 다음 해에 교육성에서 활동하였다. 나치 시절에 소련에 망명하였고 귀국하여 문화부장관을 역임하기도 했다. 현대철학자 가운데 『미학』이라는 제목으로 저술을 내기도 한 그는 독일문학과 철학의 역사를 맑스주의적 입장에서 명쾌하게 서술하기도 하였다. 남독의 아우크스부르크에서 공장주의 아들로 태어난 브레히트는 일찍부터 시와 희곡을 통해 나치에 저항하다가 외국으로 망명하였으며 전후에 귀국했으나 다시 1948년에 동독으로 넘어가 '베를린 앙상블'이라는 극단을 이끌면서 사회주의적인 예술을 주도하고 발전시켰다.

나치를 피해 해외에서 발간되었던 1930년대에 문학지 「말」을 중심으로 표현주의를 둘러싸고 논쟁이 벌어지는데 여기에 루카치와 브레히트를 비롯한 15명의 지식인들이 참여하였다. 문제는 사실주의, 더 정확히 말하면 사회주의적 사실주의가 나아가야 할 방향에 관한 것이었다. 먼저 루카치는 이른바 서사극을 시도하는 브레히트를 비판하였다. 그것은 단순한 형식의 실험에 불과하며 사회주의적 사실주의와는 거리가 멀다는 것이다. 브레히트는 사회주의적 사실주의로 나아가는 방법은 다양하며 루카치의 예술사적 도식이 오히려 형식주의라고 반박하였다. 훗날 둘의 입장 차이가 어느 정도 완화되었지만 상반성은 해소되지 않았는데 그 근본원인은 이들의 정치의식과 역사의식의 차이 때문이었다. 루카치는 프롤레타리아 독재보다도 민주적인 독재를 들고 나왔는데 그것이 1928년에 그가 헝가리 공산당의 요청에 의해서 제시한 「블룸테제」('블룸'은 루카치 가명)의 골격이었다. 프랑스혁명에서 출발한 민주혁명을 끝까지 추진해가면 결국 사회주의 혁명도 완성된다는 것이다. 이러한 주장에는 독일관념론의 윤리적인 요청이 상당히 깃들어

루카치

있었다. 그는 19세기 독일고전주의문학과 20세기 비판적 사실주의에 눈을 돌리면서 진보적인 전통을 이어가려 하였다. 모더니즘의 퇴폐적인 요소를 비판하면서 전통문학의 사실주의적인 요소를 긍정하려 하였다. 브레히트도 나치에 대항하여 투쟁하는 인민연합전선에서 모든 진보적인 역량이 결속해야 된다는 사실을 인정했지만 예술에서는 자본주의적인 잔재를 청산하고 새로운 조건에 부합하는 노동자문학이 탄생해야 한다고 강조하였다. 전통적인 유산보다는 혁명적인 변화를 더 중시한 셈이다.

루카치는 1923년 그의 주저 『역사와 계급의식』(*Geschichte und Klassenbewußtsein*, 1923)에서 노동자들의 계급의식을 강조하였다. 구체적인 계급투쟁에 앞선 계급의식이 역사를 바꾸는 동인이 된다는 것이다. 그러나 브레히트는 그것은 투쟁이 아니라 이론이고 전진이 아니라 도피라고 비판한다. 이러한 세계관적 차이가 이들의 사실주의 논쟁에서도 나타난다. 자본주의와 질적으로 상이한 새로운 세계의 건설에 참여해야 하는 노동자의 사실주의 문학은 이론적인 철학보다도 실천적인 투쟁을 중심으로 해야 한다는 것이 브레히트의 입장이었다.

44. 브레히트와 루카치(2)

브레히트와 루카치의 사실주의 논쟁에서 기본이 되는 것은 현실에 대한 두 사람의 입장 차이였다. 물론 두 사람은 다 같이 레닌의 반영론을 수용한다. 인간의 모든 의식은 현실의 반영을 통하여 발생하는데 그것은 사진 찍는 것 같은 기계적인 복사가 아니라 능동적이고 창조적인 반영이므로 이러한 반영은 자연 및 사회의 변혁과 항상 연관된다는 사실을 레닌은 강조하였다. 브레히트가 반영과정에서 현실이나 의식이 다 같이 모순을 통한 변증법적인 발전을 한다고 생각한 반면 루카치는 인간의 의식으로부터 독립해 있는 객관적 실재의 불변성을 인정한다. 객관적 실재는 물론 본질과 현상으로 이루어졌다. 현상을 통해 본질을 추구하는 것이 학문의 과제라면 예술의 과제는 현상과 본질의 직접적인 통일을 구체적으로 보여주는데 있다고 루카치는 주장한다. 자연주의는 현상만을 보여주는데서 만족하는 반면 사실주의는 그 통일을 보여주려 한다.

브레히트

루카치는 아리스토텔레스의 사실주의이론에 의거하여 소설이나 희곡에서 모순을 거쳐 결론에서 통일되는 창작방법을 높이 평가한다. 여기서 독자는 전체적인 분위기에 몰입하게 된다. 자신을 주인공과 일치시킨다. 그러나 브레히트는 이와 같은 몰입 대신에 독자들의 냉철한 비판정신을 강조한다. 바로 브레히트가 연극에서 도출한 '소격효과'(Verfremdungseffekt)다. 독자는 연극이 현실이 아니라는 사실을 항상 자각해야 하며 연극에서 나타나는 모순을 스스로 능동적으로 해결하는 방법을 모색해야 한다. 연극의 내용은 인간 사이의 관계를 다루는 사회적 현상이다. 독자들은 수동적인 관객으로 머물러서는 안 되고 능동적으로 사회변혁의 방향과 방식을 생각해 내야 한다. 연극은 현실이 아니라 현실의 미래를 보여주어야 하며 인식의 즐거움뿐만 아니라 변혁에의 충동을 일으켜주어야 한다.

전반적으로 루카치가 학술적이고 온건하다면 브레히트는 실천적이고 투쟁적인 모습을 보여준다. 브레히트의 '소격이론'에 루카치는 '전형론'으로 맞섰다. '소격이론'은 전형화에 어긋나기 때문에 사실주의와 거리가 멀다는 것이다. 그러나 카타르시스를 모든 예술에 적용하려는 루카치를 비판하며 브레히트는 그것은 인간의 내면적이고 윤리적인 변화를 강조하는 것이며 현대사회에 변화에서 너무 관념론적이라고 반박한다. 예술작품의 독자들은 그것을 통해 주어진 현실이 영원한 것처럼 착각할 수 있다. 새로운 현실을 변화시키기 위해서는 새로운 조건에 맞는 새로운 형식의 추구가 필요하며 그것이 오히려 더 사실주의적인 방법이라는 것이다. 두 사람의 주장에 나타나는 차이점에도 불구하고 예술은 인간의 삶을 변화시켜 더 행복하게 만드는 수단이 되어야 하며 거기에 가장 적합한 예술이 사실주의적 예술이라는 사실에서는 큰 차이가 없다.

45. 푸시킨의 결투

"삶이 그대를 속일지라도 슬퍼하거나 노하지 말라. 슬픈 날 참고 견디면 즐거운 날이 오리니. 마음은 미래를 바라느니 현재는 한없이 우울한 것. 모든 것 하염없이 사라지나 지나가 버린 것 그리움 되리니."

"모든 것은 순간적인 것, 지나가는 것이니. 그리고 지나가는 것은 훗날 소중하게 되리니. 삶이 그대를 속일지라도 슬퍼하거나 노하지 말라. 설움의 날을 참고 견디면 기쁨의 날이 오고야 말리니."

이러한 시구와 『대위의 딸』이라는 소설로 잘 알려진 러시아의 사실주의적인 민족시인 푸시킨(A.S. Pushkin, 1799~1837)은 모스크바에서 지주의 아들로 태어났다. 그의 아버지와 어머니는 일을 모르고 거드름을 피우며 삶을 즐기는 부류에 속했지만 문학, 특히 프랑스 문학을 좋아하였고 삼촌 하나는 시인이었다. 푸시킨은 그러므로 볼테르, 루소 등의 프랑스 계몽주의 사상에 일찍부터 눈을 떴고 불어를 러시아어보다 더 잘하였다. 1811년에 알렉산드르 1세가 페테르부르크 가까이에 있는 곳에 귀족의 자제들을 위한 인문학교를 세웠다. 지금은 푸시킨 시(市)로 개명된 작은 도시이다. 푸시킨은 고관이었던 아버지 친구의 도움으로 이 학교에 입학하였다. 푸시킨은 수학과 논리학 공부에서는 뒤졌으나 시를 잘 썼다.

나폴레옹이 1812년에 러시아 원정을 시작하여 모스크바에 입성했으나 그곳의 추위와 굶주림, 그리고 쿠투조프(M.I.G. Kutuzov, 1745~1813) 장군이 이끄는 러시아군에 패하여 퇴각하였다. 푸시킨에게 애국적인 감정을 심어주는 계기가 되었다. 중간 정도의 성적으로 학교를 졸업한 푸시킨은 페테르부르크의 외교부 직원이 되었는데 명목상으로만 존재하는 한가한 관직이었다. 그의 가족은 몇 년 전에 이미 이곳으로 이사를 해왔다. 푸시킨은 춤, 도박, 결투, 음주에 빠져 환락생활을 하였으나 시는 계속 썼는데 러시아 전설에서 소재를 얻고 서구형식으로 된 최초의 장시 「루스란과 루드밀라」를 완성하였다. 그러나 당시의 시들에는 반동적인 제정 러시아를 비판하는 내용이 들어있어 그 때문에 푸시킨은 남쪽지방으로 추방되었다. 푸시킨은 병, 고독에 시달리면서 염세적이 되었다. 영국의 시인 바이런을 좋아하게 되면서 왕정에 반대하는 비밀결사단체와 연관을 맺었지만 그들은 푸시킨을 불신하고 조직에 넣어주지 않았다. 프랑스혁명의 영향은 러시아에도 미쳐 시민혁명의 움직임이 비밀리에 전개되고 있었다. 특히 푸시킨의 고교동창생이 그 조직에서 중요한 역할을 하고 있었다. 푸시킨은 낙담을 하고 자기를 무시하거나 비웃는 자들과 어느 때라도 결투를 하기 위해 열심히 권총을 구입해서 사격연습을 하였다. 드디어 결투의 기회가 왔다. 푸시킨이 어떤 술집계단에서 한 장교와 어깨를 부딪쳤는데 그것을 부대에 대한 모욕으로 생각한 대령이 결투를 신청해 온 것이다. 당시에는 하찮은 일을 빌미로 결투를 하여 용기를 자랑하는 관습이 있었다. 푸시킨은 이 용감한 대령을 쏘아 눕히고 싶었다. 결투의 입회인으로 부관이 참여하였다. 눈보라가 치고 얼음이 언 추운 아침에 이들은 결투 장소에 나타났다. 처음에는 16보 거리에서 사격을 했으나 두 사람의 사격은 다 같이 빗나갔다. 그들은 12보로 거리를 좁혀 다시 사격했으나 눈보라 때문에 조준하기가 어려웠으며 손가락이 얼어 방아쇠를 당기기도 힘들었다. 결국 두 사람은 결투를 연기하기로 합의하였다. 이후 작가 투르게네프(I.S. Turgenev, 1818~1883)의 도움으로 거처를 오데사로 옮긴 푸시킨은 유명한 장편 서사시 『예브게니 오네긴』의 창작을 시작하였다.

1825년 11월 19일에 알렉산드르 황제가 갑자기 사망하고 니콜라이가 황위를 계승하려 하자 12월 14일에 비밀결사대원들이 봉기를 일으켰으나 진압되었고 새 황제의 사면을 받아 푸시킨은 모스크바로 이주하게 되었다. 여기서 푸시킨은 다소 온건하게 되어 정치적인 시를 쓰지 않았지만 무신론적인 시 때문에 계속해서 정부의 감시를 받았다.

어느 날 푸시킨은 무도장에서 16세의 어여쁜 아가씨 나탈리아(G. Natalia, 1812~1863)를 알게 되었고 아가씨 부모의 반대에도 불구하고 끈질긴 구혼을 하여 1831년에 결혼을 하였다. 문학에 전혀 관심이 없었고 허영이 많은 나탈리아는 푸시킨을 깊이 사랑하지 않았다. 푸시킨은 부인과 함께 이전의 고등학교가 있던 페테르부르크 교외의 작은 도시로 이사를 하였다. 그때 페테르부르크에 콜레라가 번져 니콜라이 황제는 임시로 이곳에 거주하게 되었는데 푸시킨 부부는 우연히 공원에서 황제를 만났고 황제는 푸시킨에게 표트르대제(Pyotr Alekseyevich, 재위 1682~1725)의 역사를 기술하는 데 참여하라는 권유를 하였다. 낭비가 심한 부인을 위해 돈을 벌어야 했으므로 푸시킨은 곧 페테르부르크로 이사하여 외교부에 소속되어 일하기 시작하였다. 황제는 푸시킨의 부인에게 관심이 많았고 그 때문에 푸시킨에게 궁정시종이라는 작위를 주어 이들 부부가 궁정무도회에 참석할 수 있게 해주었다. 젊은 사람들에게 주어지는 이 직책을 푸시킨은 달갑지 않게 생각하였지만 젊은 부인은 기고만장해져 마음껏 무도회에 드나들면서 황제를 비롯한 고관들과 희희낙락거리며 어울렸다. 푸시킨은 끝없이 우울해졌다. 러시아민족의 소박한 정서를 사랑하고 자신의 창작활동에서 기쁨을 얻었던 그는 페테르부르크의 생활에 염증을 느끼고 여러 번 사직을 청원했으나 거부되었다.

1834년에 당테(d'Anthès)라는 젊은 프랑스인이 페테르부르크로 왔다. 부르봉왕가의 지지자였던 그는 1830년의 프랑스 7월 혁명 때문에 왕정이 무너지자 도피를 해온 것이다. 키가 훤칠하고 춤을 잘 추는 미남인 당테는 고관으로 임명되었고 궁정에서 여자들의 인기를 얻었다. 그의 명랑한 기질에 이끌려 푸시킨도 그와 친하게 되었고 그는 푸시킨의 집을 자주 방문하였다. 사람들을 즐겁게 해주는 그의 재치는 곧 나탈리아의 마음을 사로잡았고 둘은 은밀한 사랑에 빠졌다. 그것을 눈치챈 푸시킨은 모욕을 느끼고 결투를 신청하려 하였다. 당테는 결투를 피하기 위하여 당시 노처녀로 푸시킨의 집에 머물던 나탈리아의 언니를 사랑한다고 털어놓았고 결국 둘은 1837년에 결혼을 하게 되었다. 푸시킨은 자기가 오해를 했다고 생각하고 마음을 풀었다. 그러나 당테와 나탈리아의 은밀한 사랑은 계속되었고, 어느 날 당테는 그녀에게 자기에게 오지 않으면 자살하겠다는 위협까지 하였다. 이 사실을 알게 된 푸시킨은 결국 당테에게 결투를 신청하였다. 당테도 받아들여 결투가 불가피해졌다. 결투에서는 양편에 입회인이 한 사람씩 있어야 한다. 당테는 프랑스 대사관 직원을 입회인으로 선정했지만 결투가 법적으로 금지되었고 입회인도 처벌을 받을 수 있었기 때문에 아무도 푸시킨의 입회인으로 나서려 하지 않았다. 푸시킨은 입회인 없이 혼자 가겠다고 했으나 상대편은 받아주지 않았다. 푸시킨은 우연히 길에서 만난 동창생 단자스를 설득하는 데 성공하였고 단자스가 입회인이 되어 한 교외별장에서 결투가 벌어지게 되었다. 결투 당일 아침에도 푸시킨은 아무 일 없는 듯 글을 썼다. 결투 장소에는 엷은 눈이 덮여 있었다. 양 입회인은 10보의 거리에 경계선을 정하고 외투를 깔아 경계선을 표시하였다. 경계선 뒤로 5보 물러나 있는 곳에서 신호에 따라 결투가 시작되었다. 총알은 한

발씩만 소지하였다. 푸시킨은 경계선으로 걸어가 발사를 하려 하였는데 경계선에 닿기 전에 당테가 먼저 발사를 하여 푸시킨에게 명중되었다. 푸시킨은 쓰러졌고 당테와 입회인들이 푸시킨에게 달려왔다. 푸시킨은 고개를 들면서 아직 자기에게 발사할 힘이 있으니 물러가라고 말했다. 당테가 제자리로 돌아가자 푸시킨은 한 손을 땅에 집고 한 손으로 조준을 하여 발사를 하였다. 당테가 쓰러졌다. 푸시킨은 "부라보!"라 소리치면서 다시 넘어졌다. 그러나 푸시킨의 총알은 당테의 손을 스쳐 지나가 당테에게 명중되었는데 바지의 단추가 치명상을 막아주었다. 푸시킨은 의식을 차리고 "그가 죽었지?"라 단자스에게 물었다.

"부상만 당했다."

"이상하다. 꼭 죽이고 싶었는데. 그러나 상관없다. 다시 결투를 할 테니까."

당테는 일어나 천천히 사라졌고 두 입회인은 푸시킨을 마차에 실어 집으로 옮겨가 의사를 불러 치료하게 하였다. 그러나 푸시킨은 치명상을 입었다. 총알이 복부를 관통한 것이다. 의사가 치명상이라고 푸시킨에게 말해주었다. 아무것도 모른 채 달려온 부인에게 푸시킨은 말했다.

"자책하지 말아요. 모두 내 책임이니까."

이렇게 하여 결국 러시아의 한 천재 시인은 38세의 나이로 눈을 감고 말았다. 푸시킨의 친구였던 작곡가 글린카와 시인 레르몬토프는 천재 시인의 요절에 많은 슬픔을 느꼈다. 글린카는 푸시킨의 시들을 작곡하거나 가극화하였으며 레르몬토프는「시인에게」라는 시에서 푸시킨이 단순한 결투 때문이 아니라 궁중의 음모에 의해 살해되었다고 울분을 토하였다.

46. 벨린스키와 러시아의 민주적 문학비평

러시아의 현대문학은 푸시킨에서부터 시작되었다는 말이 있는데 푸시킨은 19세기 초반 러시아의 비밀혁명결사조직인 데카브리스트의 일원이었다. 데카브리스트는 '십이월당원'이라는 의미를 지니며 귀족청년장교들이 중심이 되어 전제정치에 반대하는 혁명을 시도하였으나 실패하였다. 이들은 서구 계몽주의 미학의 영향을 받고 봉건잔재를 청산하고 민주적인 시민사회를 건설하려는 이념에 젖어 있었다. 이들의 영향을 받고 19세기 말에 활동한 일련의 문학 비평가들이 '혁명적 민주파'라 불리며 그 대표적인 인물이 벨린스키(V.G. Belinski, 1811~1848)였다.

1837년에 벨린스키는 헤겔 철학을 알게 되면서 관념론적 예술관을 벗어나지 못했다. 물론 헤겔의 변증법은 모든 존재의 합법칙적인 발전을 중시하면서 전통적인 도식주의를 벗어나게 했지만 자연과 세계를 이념의 자기인식과정으로 파악하면서 현실을 변혁해가는 예술의 기능을 간과하였다. 헤겔 철학에 의하면 절대적인 이념은 인간의 자의식 속에서 3가지 형태로 인식되는데 예술, 종교, 철학의 단계가 그것이다. 여기서 형상의 형식으로 이루어지는 예술의 단계는 가장 낮은 단계로서 인간의 의지나 이성과 구분되는 창조적인 영감의 결과다. 상상력이 중심이 되는 예술은 철학적인 진리를 제시하거나 구현할 수 없다. 벨린스키도 처음에는 예술을 진리의 영역과는 다른 감성영역에 한정시키려 하였다.

관념론에서 유물론 철학으로 넘어가면서 벨린스키의 예술관에는 커다란 변화가 일어났다. 세계는 영원한 이념이 실현되는 부수적 현상이 아니라 그 자체로 존재하는 실체이므로 새로운 철학의 과제는 초월적인 신학의 잔재로부터 벗어나는 것이다. 이에 따라 예술도 신비적, 환상적 영역을 벗어나 삶의 진리를 그 자체로 밝혀주어야 한다. 그러므로 과학과 예술의 목적은 일치하며 그것을 표현하는 형식에서만 구분될 뿐이다. 예술과 과학은 다 같이 인간의 행복을 실현하는 데 길잡이가 되는 사회의식의 발전에 기여해야 한다. 이처럼 유물론 철학은 자연과 사회의 과학적 분석과 이해를 인간문제의 해결에서 가장 우선적인 요인으로 설정하면서 예술이 정치나 경제와 불가분의 관계에 있다는 사실을 제시하였다. 이와 더불어 벨린스키는 보편적인 것을 개별화를 통해서 묘사하는 예술의 사실주의적 전형화를 제시하였고 예술은 인간의 구체적인 현실을 창조적으로 모방해야 한다는 이론을 내세웠다. 또한 그는 그러한 예술은 필연적으로 민족적이고 민주적인 예술이 되지 않을 수 없다고 주장하였다. 모든 신비적인 것을 벗어나 예술이 삶이나 현실과 직결되어야 한다는 사실이 이후 러시아의 미학에서 핵심적인 역할을 하게 되었다.

47. 플레하노프와 예술의 사회적 과제

맑스와 엥겔스를 빼놓고 현대철학을 온전하게 이해할 수 없는 것처럼 러시아 최초의 맑스주의자인 플레하노프(G.W. Plechanow, 1856~1918)를 빼놓고 사실주의 예술이나 현대미학을 논할 수 없다. 하층귀족의 가문에서 태어난 플레하노프는 페테르부르크에서 광산학을 공부한 후 러시아 민주혁명파 작가들의 영향을 받고 농민운동에 가담하다가 전제군주에 반대하는 글을 쓴 연유로 1883년에 스위스로 망명하였다. 다른 망명자들과 함께 스위스에서 '노동해방'이라는 모임을 결성하고 맑스주의를 러시아에 소개하는 활동을 하였다. 플레하노프는 『공산당 선언』, 『루트비히 포이어바흐와 독일고전철학의 종말』, 『포이어바흐에 관한 테제』 등을 러시아어로 번역하였다. 다른 한편으로 그는 유물사관에 관한 여러 가지 저술을 통해 인류의 역사가 소원이나 이념에 의해서가 아니라 사회의 물질적인 조건과 민중의 투쟁에 의해서 발전한다는 사실을 밝혀내려 하였다. 『일원

플레하노프

론적 역사발전의 문제』, 『역사에서 개인의 역할』 등이 여기에 속한다. 그는 역사발전의 주체는 민중이지만 혁명적인 민중운동은 자발적으로 발생하지 않기 때문에 맑스주의 이념으로 대중을 무장시키는 일이 중요하다는 사실을 강조하였다. 그는 이념상의 차이로 한때 레닌과 갈라지기도 했지만 두 사람은 다시 결합하였고 훗날 레닌은 플레하노프의 공적을 높이 평가하였다.

플레하노프는 유물사관과 연관하여 맑스주의 미학과 예술이론의 연구에도 많은 노력을 기울였고 여기서 큰 성과를 얻었다. 그는 『주소 없는 편지』, 『예술과 사회생활』 등에서 예술의 본질을 규명하려 하였다. 그는 예술의 연구에서 사회학과 경제학의 지식이 중요하다는 사실을 강조하였다. 그는 예술연구에서 과학적인 방법을 적용할 것을 주문하였는데 과학적인 방법이란 일정한 예술이 발생하게 된 사회적 조건을 과학적으로 규명하는 일이다. 그 사회의 경제적인 조건, 정치구조, 민족과 역사문제 등이 예술해명의 중요한 열쇠가 되어야 한다. 그는 유물사관의 입장에서 예술은 상부구조에 속하며 어느 정도의 자율성을 지니고 있지만 다른 모든 의식영역과 마찬가지로 물질적인 생산이라는 하부구조에 의존함을 강조하였다. 물론 상부구조에 속하는 예술이 하부구조에 기계론적으로 종속되는 것은 아니며 그 중간 고리로 인간의 정신과 관습이 작용한다는 사실을 그는 간과하지 않았다.

플레하노프는 『사회학의 입장에서 본 18세기 프랑스 희곡과 회화』라는 저술을 내놓았는데 미술평론가들이 꼭 참조해야 할 필독

서다. 공허한 형식논쟁으로 말장난에 빠지는 부르주아 평론가들과 달리 플레하노프는 예술이 결코 삶과 분리된 성역이 아니며 예술 자체의 영원한 법칙이란 있을 수 없다는 것을 잘 보여주고 있다. 화가들이 일정한 그림을 그리지 않을 수 없는 사회적 조건들을 차분하게 규명하고 있다. 순수예술이란 결국 기득권의 유지에 모든 것을 걸고 있는 지배계급을 간접적으로 옹호하는 예술이다. 예술은 정치와 연결되지 않을 수 없다. 왜냐하면 예술의 목적은 인간의 삶을 풍요롭게 만드는 데 있는데 정치와 경제를 떠나서는 인간의 삶에 대한 올바른 이해가 불가능하기 때문이다. 봉건주의 사회나 자본주의 사회에서처럼 인간에 의한 인간의 착취가 주도하는 사회에서는 그 모순을 척결하기 위한 투쟁에 동참하는 것이 예술의 참된 과제라는 사실을 플레하노프는 생생한 필치로 보여주고 있다.

48. 고리키의 『세 사람』과 『어머니』

플레하노프가 러시아의 사회주의적 사실주의 미학이론을 정립했다면 작가 고리키는 그것을 소설로서 형상화시킨 러시아 최초의 혁명적 작가다. 그의 대표작 『어머니』는 사회주의적 사실주의의 전형처럼 읽히고 있다. 소설 『세 사람』과 『어머니』는 비판적 사실주의와 사회주의적 사실주의의 관계를 잘 파악하게 해준다.

노동자 가정에서 태어난 고리키(Maxim Gorki, 1868~1936)는 노동자 비밀조직에 참가하면서 맑스주의 서적들을 탐독하였고 당의 지도 아래 노동계급의 작가로 성장하였다. 우리나라에는 고리키의 단편「의중지인」이 이미 1920년에 잡지「신생활」에 번역 게재되면서 소개되기 시작하였고, 시인 이상화는 1926년「개벽」 제1호에「무산 작가와 작품」이라는 글에서 고리키의 소설『어머니』를 소개하였다.[12)]

고리키의 초기소설『세 사람』의 주인공은 방화죄로 유형당한 아버지와 정신병으로 죽어간 어머니 때문에 고아가 된 일리야, 바람기 있는 어머니를 살해한 대장장이 아버지 때문에 고아가 된 파벨, 빈민가 싸구려 술집의 아들로서 퇴폐적인 주위환경을 벗어나려는 야코프라는 청년들이다. 이들의 성품은 원래 나쁘지 않았지만 돈과 권력이 지배하는 사회적인 모순 때문에 타락하고 범죄를 저지르게 된다. 작가는 사회의 밑바닥에서 불행과 고통을 겪으면서 도덕적으로 타락해가는 주인공들을 동정하고 이들 역시 존엄한 인간이 되어야 한다는 것을 간접적으로 역설한다. 결국 그것이 가능하기 위해서는 자본주의라는 사회구조가 변해야 한다.

『어머니』는 1902년 러시아에서 벌어졌던 노동자들의 파업사건을 모델로 하여 쓴 작품이다. 여기서는 불행한 인간들에 대한 동

---

12) 오늘날 한국의 독자들은 우리말로 번역된『어머니』와 함께『세 사람』(장지연 옮김, 공동체)을 다 같이 읽어 볼 수 있다.

정이 아니라 사회를 주체적으로 변혁해가는 청년들이 묘사되고 있다. 청년노동자 파벨은 직업적 혁명가들이 조직하는 독서회에 참여하면서 계급적으로 각성하고 사회주의자가 된다. 그의 혁명 활동을 도와주고 고무해 준 것은 그러나 무식한 그의 어머니였다. 법정에서 열변을 토하는 아들의 말에 감동된 그녀는 아들의 혁명 활동이 승리하리라는 신념을 갖고 용감하게 혁명투쟁에 참여한다. 그녀의 투쟁은 사회와 역사의 발전을 위한 하나의 토양이 된다. 오늘날 자식들의 투쟁정신을 계승하여 민주화를 위해 싸우는 민가협의 장한 어머니들이 역사의 옳은 발전을 위해 커다란 역할을 하고 있는 것과 비슷하다. 고리키의 소설들은 러시아 10월 혁명(1917년)의 영향을 받고 조국의 해방을 쟁취하고 노동자 중심의 세상을 만들어 가는 데 기여하려는 1920년대의 우리 작가들에게 많은 영향을 미쳤다. 이 시기의 진보적인 작가들은 사실주의적인 문학은 물론 혁명적인 낭만주의 문학도 사회발전에서 중요한 역할을 한다는 사실을 인식하고 고리키의 전형에 따라 그것을 창작 활동에서 구현하려 하였다.

49. 낭만주의와 사실주의

인간의 삶에는 항상 현실과 이상이 중요하다. 너무 현실에 치우치면 발전이 없고 너무 이상에만 치우치면 실속이 없다. 철학에서도 현실에 중점을 두는 유물론이 자칫 무미건조한 삶을 지향한다면 이상에 눈을 돌리는 객관적 관념론이나 자아도취적인 주관적 관념론은 공허한 개념이나 환상의 유희로 끝나기 쉽다. 그러므로 현실과 이상은 항상 조화를 이루어야 하는데 물론 그 경우에도 현실이 중심이 되어야 한다. 문학이나 예술경향에서 현실을 중시하는 방향이 사실주의고 이상이나 환상을 중시하는 방향이 낭만주의다.

서구에서 낭만주의는 계몽주의 사조에 대한 반작용으로 나타났다. 계몽주의가 민중예술을 인정하고 합리적인 시민사회로의 발전을 추구한 반면 낭만주의는 이에 두려움을 느끼고 중세와 같은 과거로의 복귀를 통해서 인류의 행복을 추구하려 하였다. 낭만주의 안에도 두 개의 다른 경향이 나타났다. 민중, 애국심, 자유를 구가하는 적극적이고 진보적인 방향이 있는가 하면 과거나 주관적 신비주의, 남녀 간의 애틋한 사랑 등으로 도피하는 소극적이고 반동적인 방향이 있다. 영국의 시인 셸리와 바이런, 러시아의 시인 푸시킨 등이 전자에 속한다면 독일의 시인 노발리스나 아이헨도르프는 후자에 속한다. 자본주의의 발전이 예술에 적대적이라는 사실을 부각시키면서 시민사회를 비판하는 점에서 낭만주의의 공적이 나타나지만 과거나 신비적인 세계로 도피하려는 낭만주의는 민중의 정치의식을 마비시키는 반동적인 역할을 한다.

구체적인 현실을 사실적으로 묘사하는 예술경향으로서의 사실주의는 모든 시대의 예술에 나타나지만 19세기의 진보적인 예술에서 두드러진다. 사실주의는 현실로부터 도피하려는 낭만주의와 현실을 사진 찍듯이 묘사하는 자연주의와의 차이를 통해서 그 성격이 더 잘 드러난다. 현실을 중시하면서도 현실에 나타나는 잡다한 현상에 매달리기보다 그 본질을 하나의 전형을 통해서 묘사하는데 사실주의의 장점이 있다. 다시 말하면 예술에서 전형성의 문제를 특히 강조한다. 그러나 구체적인 현실에서 출발하는 사실주의도 이상이나 상상력을 소홀히 다루지 않는다. 다만 그것이 공허한 이념이나 신비적 환상으로 끝나지 않게 한다. 그것은 혁명가들에게도 낭만이 필요한 것과 비슷하다. 낭만과 이상, 그리고 사랑이 없는 혁명가는 단순한 싸움꾼으로 끝나고 만다. 특히 사회주의적 사실주의에 나타나는 혁명적 낭만성은 미래에 대한 확고한 전망, 그 실현가능성에 대한 과학적 예견을 전제로 한다.

50. 사실주의와 자연주의

사실주의의 극단이나 왜곡으로부터 자연주의가 발생한다. 생활의 진실을 예술적으로 개조할 수 없는 작가들의 무능력은 그들로 하여금 생활의 현상에 매달려 생활의 본질을 은폐하고 왜곡하는 작품을 쓰게 만들며 그것이 자연주의가 발생하는 동기다. 현실에 충실한다는 기치 아래 자연주의는 주어지는 현상들만 자세하게 묘사한다. 변화하고 발전하는 역동적인 삶이 아니라 고정되어 있는 정적인 삶을 사진 찍듯이 묘사한다. 인간의 삶은 여러 가지 복합적인 모순과 갈등으로 이루어지며 변증법적인 발전을 통해서 이러한 모순이 해결되어 간다는 사실을 자연주의는 외면한다. 그러므로 러시아의 민주적 비평가 슈체드린은 자연주의를 사이비사실주의라 일컬었다.

자연주의는 실증주의 철학과 연관된다. 실증주의도 실증 가능한 구체적인 자료들을 근거로 철학문제를 해결하려 한다. 그러나 주어진 현상의 기술만으로 과학적 인식이나 철학적 인식이 완결되는 것은 아니다. 잡다한 현상의 연구를 통해서 그 속에 숨어 있는 원리와 법칙을 발견해 내는 것이 과학과 철학의 과제다. 현상과 본질이 일치한다면 모든 학문은 무용하게 될 것이다. 사물의 본질, 혹은 인간의 생활원리가 구체적인 현실을 벗어나 어떤 초월적인 것에 의존한다고 생각하는 것은 관념론적 오류이지만 보이는 현상 자체가 모두라고 생각하는 것도 근시안적인 착각이다.

프랑스 드레퓌스 사건을 옹호한 바 있는 작가 졸라(É.F. Zola, 1840~1902)의 초기소설이나 염상섭(廉想涉, 1897~1963)의 「표본실의 청개구리」 등에서 나타나는 자연주의적 경향은 작가의 허구를 반대하며 문학과 예술에서도 실험이나 해부의 방법을 도입하는 과학적인 창작방법이라는 인상을 주려 한다. 졸라는 "소설가는 상상으로써 쓰는 것이 아니라 실험으로써 가설을 실증해야 한다. 그러므로 소설은 과학이다."라 말한다. 그러나 이들은 인간이 동물과 다른 자주적이고 창조적이며 의식적인 존재라는 사실을 망각한다. 인간사회를 자연계와 똑같이 간주하고 인간을 동물과 일치시킨다. 예컨대 자연주의적인 풍경화에는 아름다운 경치가 구체적으로 묘사되어 있지만 그것을 사랑하고 보존하려는 인민들의 애국적인 감정이 결여되어 있다. 자연주의적인 예술경향은 결국 염세주의, 허무주의, 퇴폐주의로 나아가며 제국주의자들의 침략에 어떤 항변도 못하고 이용될 뿐이다.

51. 비판적 사실주의와 사회주의적 사실주의

사실주의 문학과 예술에도 두 가지 조류가 있는데 비판적 사실주의와 사회주의적 사실주의다. 비판적 사실주의는 자본주의가 발전하면서 나타나는 사회적 모순을 지적하고 비판하는 예술 사조다. 부르주아 사회의 진보적이고 양심적인 예술가들은 자본주의 사회의 모순을 목격하면서 예술을 위한 예술로 도피하지 않고 인간과 사회를 위한 예술에 앞장섰다. 이들은 현실적인 삶을 있는 그대로 자세하게 묘사하면서 그러한 모순이 발생하게 된 원인을 나름대로 파헤쳐갔다. 이들은 민중의 비참한 삶이 자본가들의 이익추구와 연관된다는 사실을 지적하고 비판하였다. 그러나 여기에는 아직 혁명을 통해서 자본주의를 무너뜨리고 새로운 사회를 건설할 수 있는 노동자들의 주체적인 역량이 제시되지 못했다. 부르주아 휴머니즘에 입각하여 소외된 사람들을 동정하고 자본가들을 질타하는 수준에 머물렀다.

1917년 러시아혁명에 의해서 사회주의 사회가 구체적으로 건설되고 노동계급이 역사를 움직이는 주체로 등장하면서 사회주의적 사실주의가 활성화되었다. 그러므로 사회주의적인 사실주의는 노동계급의 철학인 맑스-레닌주의와도 밀접하게 연관된다. 노동자의 세계관을 이끌어주는 유물변증법에 의한 현실인식, 유물사관을 통한 올바른 역사의식이 사회적 사실주의 예술의 기초가 된다.

사회적 사실주의 작가들은 낙천적이고 미래지향적이다. 자본주의가 무너지고 새로운 사회가 건설된다는 신념을 확고하게 지니고 있기 때문이다. 다시 말하면 낡은 것과 새 것의 투쟁에서 낡은 것이 퇴패하고 새 것이 승리한다는 신념을 제시한다. 그들은 인간에 의한 인간의 착취가 사라지고 창조적인 노동을 통해 인간의 삶이 풍요로워지는 사회를 추구하고 묘사한다. 동시에 사회적 사실주의 작가들은 반제국주의적이고 반식민주의적인 성향을 나타낸다. 남의 나라에 대한 침략이나 간섭이 사라지고 모든 나라가 평등을 누리며 평화롭게 공존하는 사회를 염원한다. 그러한 과정에서 나타나는 많은 장애와 모순들을 사실적으로 묘사하면서 그 해결방안을 제시한다. 북의 주체예술도 일종의 사회주의적 사실주의예술이라 말할 수 있다.

52. 빅토르 하라

남미의 혁명가 체 게바라(Che Guevara, 1928~1967)는 아르헨티나에서 태어나 쿠바에서 카스트로(F. Castro, 1926~현재)와 함께 쿠바혁명을 일으켜 미국을 축출하였고 계속하여 볼리비아에서 혁명을 일으키려다가 사살되었다. 그는 쿠바에서 주어진 안정된 고위직을 거부하고 다시 위험한 혁명의 길로 들어선 진짜 혁명가였다. 이를 보고 철학자 사르트르는 그를 '20세기의 가장 완전한 인간'이라 불렀다. 칠레의 저항시인이고 민중 시인이었던 빅토르 하라(V. Jara, 1932~1973)는 '게바라를 위한 노래'(Zamba del Che)를 작곡하고 손수 불러 이 혁명가를 기리었다.

시인 하라는 칠레의 남부 산디아고 부근 로켄에서 가난한 농부의 아들로 태어났다. 칠레대학에서 연극을 공부했지만 그의 관심은 착취와 수탈에 시달리는 불행한 민중의 삶이었다. 그는 기타를 치면서 미 제국주의를 등에 업고 인민을 착취하는 칠레의 군사독재를 비판하는 노래를 불렀다. 그는 제국주의의 하수인들인 군사독재의 군인들을 향해서 호소했다.

"병사여, 날 쏘지 마라.
날 쏘지 마라, 병사여!
너희 가슴에 훈장을 달아준 자가 누구인가?
그것을 위해 얼마나 많은 생명이 희생되었는가?
너의 손이 떨리고 있는 걸 나는 알지
나를 죽이지 마라.

나는 너의 형제가 아닌가."[13)]

군사독재는 그러나 이러한 비판을 허용하지 않았다. 한국의 군사독재자가 그러했던 것처럼 군사쿠데타로 집권한 칠레의 극우파 피노체트(A. Pinochet, 통치기간 1973~1990)도 잔인하게 민주와 자주를 위해 투쟁하는 사람들을 탄압하고 살해하였다. 군부는 하라를 체포하여 갖은 고문을 자행하였다. 기타를 치지 못하도록 손가락을 잘랐지만 하라는 굴하지 않고 발로 기타를 쳤다. 그는 결국 살해되었지만 그가 남긴 저항의 노래들은 군사독재보다 더 오래 남았다.

하라는 항상 제국주의의 문화적 침략에 대하여 경고를 하였다. 그는 말했다.

"문화적 침략이란 우리들 자신의 태양과 하늘과 별들을 보지 못하게 가리는 잎이 무성한 나무와도 같다. 따라서 우리들의 머리 위의 하늘을 보기 위해서는 그 나무를 뿌리 밑동에서부터 잘라버리지 않으면 안 된다. 미 제국주의는 음악을 통한 의사전달의 묘수를 아주 잘 이해하고 있다. 그래서 우리 청소년들에게 일부러 온갖 종류의 쓰레기들을 들려주고 있는 것이다."[14)]

얼마 전에 한국의 보수언론과 보수주의자들이 광주에서 게바라의 티셔츠를 입고 공연한 청소년들을 비난하는 추태를 부리면서

13) 조안 하라 지음, 차미례 옮김, 『끝나지 않는 노래』(한길사 1989) 166쪽.
14) 앞의 책 169쪽.

국제적인 비웃음의 대상이 되었다. 이들은 지구상에 남아 있는 유일한 분단국가, 엄청난 주둔비용을 지불해야 하는 외국군대가 철수하지 못하게 애걸하는 나라, 친일잔재를 청산하지 못하고 그에 의존해서 연명하는 나라에 만족하며 계속 제국주의자들의 하수인이 되기를 스스로 바라는 것이 아닌가?

53. 박지원의 사실주의적 소설

연암 박지원(朴趾源, 1737~1805)은 임진왜란과 병자호란을 겪으면서 조선에서 통치계급에 대한 신뢰가 무너져가는 시기에 나타난 실학파의 대표적인 문인이다. 실학자들은 공리공담에 머물렀던 성리학과 그로부터 발생하는 당쟁의 폐해를 비판하고 청나라의 고증학, 천주교를 통한 서양의 자연과학을 학문연구에 수용하여 실용적인 학문을 추구할 것을 주장하였다. 그것은 비슷한 시기에 스콜라철학을 비판하고 불합리한 사회를 이성적으로 개혁하려는 서양의 계몽주의철학과 같은 맥락에 서 있다.

박지원은 영조(英祖, 재위 1724~1776) 13년에 부사 박필균의 아들로 태어났다. 아버지가 일찍 돌아가시자 조부 슬하에서 자랐다. 조부가 돌아가시자 삼촌에게서 학문을 익혔는데 유가의 경전은 물론 제자백가의 서(書)를 모두 섭렵하였다. 그는 당시의 관학인 송시열학파의 현학적이고 형식주의적인 학문을 통렬히 비판하고 과거시험에도 응하지 않았다. 그는 당시의 선진적인 사상가인 홍대용과 사귀면서 실학적인 경륜을 쌓아갔고 고루한 성리학의 폐해를 규탄하였다. 그것이 나라를 실질적으로 부강하게 할 수 있는 경제적인 개혁과 민중의 생활에 도움을 주는 학문, 곧 '북학론'의 토대였다. 박지원은 44세 때 8촌 형을 따라 연경을 방문하고 서양의 새로운 지식을 알게 되었으며 그 결과로 『열하일기』를 저술하여 과학이 밑받침되는 백과전서적인 지식의 유용성을 제시하였다. 그는 『방경각외전 자서』에서 "말세가 되니 학자는 허위를 숭상하며 형식이 내용을 이기고 거짓이 진실로 행세한다."고 말하면서 학문과 예술에서 나타나는 형식주의자들의 말장난을 준엄하게 비판하였다.

박지원은 20대에 이미 9개의 단편소설을 썼는데 그 가운데서도 「양반전」과 「예덕선생전」이 두드러진다. 이 소설에는 양반과 유학자들에 대한 조소와 비판이 담겨 있다. 그러나 그의 대표적인 소설은 『열하일기(熱河日記)』에 담겨 있는 「호질」과 「허생전」이다. 「호질(虎叱)」에는 호랑이가 북곽(北郭) 선생이란 유명한 유학자를 꾸짖는 내용이 담겨 있다. 호랑이는 위엄과 허세로 가득 찬 유학자의 내면세계가 얼마나 비인간적인 잔학성과 비굴성으로 점철되어 있는가를 폭로한다. 동시에 낡은 인습과 미신을 반대하는 계몽주의적인 내용도 포함되어 있다. 「허생전」은 경제문제를 다룬 소설로서 일개 선비가 일확천금을 얻을 수 있는 상술을 지니고 있다는 것을 이야기로 전한다. 이 소설은 봉건주의가 무너지고 상업적인 자본주의가 등장할 수 있는 가능성을 예고하며 동시에 화폐가 인간의 도덕에 미치는 악영향을 암시하고 있다. 이 두 소설은 시대적인 변화를 묘사하면서 조선 문학에서 사실주의적인 경향을 제시한 중요한 발판이 되었다.

54. 정약용과 실사구시의 예술

다산 정약용(丁若鏞, 1762~1836)은 우리나라의 실학사상을 집대성한 철학자이며 문인이다. 그의 진보적인 사상과 예술은 당시에 양반지배층의 박해를 받았고 그로 인해 그는 벼슬길에서 물러나 긴 유배생활을 하지 않을 수 없었다. 그러나 그는 이에 굴하지 않고 인민의 입장에 서서 인민의 이익을 옹호하는 저술과 창작에 전념하였다. 2천여 편에 달하는 그의 시에는 농민의 불행한 처지를 호소하고 그들의 정당한 요구를 대변하는 내용이 다수 포함되어 있다.

이퇴계(李退溪, 1501~1570)가 중심이 되는 성리학은 우주의 원리를 관념론적으로 해석하면서 반인간적인 봉건사회의 통치이념을 합리화하였다. 이에 맞서 제한적이기는 하지만 유물론적인 요소를 받아들인 실학은 성리학의 현학적이고 허황한 논리를 비판하였다. 정약용은 철학에서뿐만 아니라 미학이론에서도 성리학적인 경향을 준엄하게 비판하였다. 그는 문학에서 내용이 우선이며 형식은 부차적이라 주장하였고 음악이 인민생활의 반영이며 정치를 개선하고 인민을 단합시키는 중요한 수단이라고 말했다. 예술이 지배체제를 합리화하거나 한가한 시간을 즐기는 봉건통치배들의 전유물이 되어서는 안 된다는 것이다.

정약용은 아들 학연(學淵)에게 주는 글에서 그의 예술관을 다음과 같이 표현하고 있다.

> "나라 일을 걱정하지 않으면 시가 아니요, 어지러운 시국을 가슴 아파하지 않으면 시가 아니요, 옳은 것을 찬양하고 나라 일을 걱정하지 않으면 시가 아니라. 그러므로 사상이 확고하지 못하고 학문에서 바른 길을 찾지 못하며, 인간의 진리를 알지 못하고 인민을 걱정하는 마음이 깊지 못하면 시를 쓸 수가 없을 것이다."

순수문학을 고집하는 우리의 문인들도 지혜로운 조상의 이 말에 귀를 기울여 볼 만하다.

55. 모더니즘

문학상의 모더니즘은 '근대주의' 혹은 '현대주의'로 번역되지만 근세철학의 합리적인 계몽주의와 내용상으로 상반된다. 모더니즘은 "20세기 초 이래의 아메리카니즘(자본주의와 기계문명의 인간지배에 의하여 발생된 여러 경향)을 말하기도 하며, 작품의 기계적·역학적 구성이라든지 스피디한, 이른 바 템포 빠른 경향 등을 비롯하여 복잡·다면적인 심리적 굴절·입체감, 강렬한 색채·음향에 의한 자극 등, 요컨대 도회적·기계문명적인 것의 반영이 현저한 것을 특징으로 하며 흔히 감각적·관능적인 향락과 퇴폐경향과 연결되어 있기 때문에 좋지 못한 경향을 나타내기도 하였다."[15]

모더니즘은 19세기 말 프랑스에서 발생한 상징주의, 전통을 거부하고 행동주의에 입각하여 창작을 주도하는 이탈리아의 미래파, 제1차 세계대전 후에 나타난 초현실주의, 표현주의, 구성주의, 추상파, 무의미한 것을 사용하여 모든 언어의 속박으로부터 해방되려는 다다이즘 등의 다양한 경향을 포함한다. 모더니즘의 배경에는 생철학이 있다. 보통 "모더니즘의 일반적인 동기가 생철학이라고 일컬어질 수 있는 세계관이라고 하는 것을 인식하는 데에는 그렇게 심오한 통찰력이 요구되지 않을 듯싶다. 어떠한 심오한 문학사적 지식이 없어도, 유명한 모더니스트들이 지도적인 생철학자들(쇼펜하우어, 키에르케고르, 니체, 베르그송, 훗설, 프로이트, 짐멜, 하이데거)의 이론에 신뢰를 보냈음은 확실하다."[16]

생철학은 이성중심의 프랑스 계몽주의 철학과 독일고전철학에 대한 반발로서 나타난 비합리주의적인 철학이다. 삶은 비합리적이

---

15) 학원사, 『문예대사전』.

16) 안드라스 게도 외 지음, 김경연/윤종석 편역, 『포스트모더니즘의 도전』 (다민, 1992) 271쪽.

기 때문에 인식되지 않고 체험되고 이해될 뿐이라는 것이 이 철학의 핵심주장이다. 생철학은 삶과 체험을 일치시키면서 신비적인 직관을 강조한다. 생철학이 발생하게 된 사회적 요인은 자본주의 사회의 위기의식이었다. 합리적이고 과학적인 방식으로 세계를 변혁할 수 없다는 체념과(쇼펜하우어) 제국주의 단계에 들어선 자본주의의 공격적인 본질을 신비적으로 옹호하려는 의도가(니체) 이 철학에 숨어 있다. 그러나 무엇보다도 자본주위의 발전에 수반하여 나타나는 노동계급과 노동운동, 그리고 그것을 밑받침해 주는 유물론 철학에 대항하려는 것이 이 철학의 가장 중요한 목표였다. 모더니즘의 예술도 노동자가 중심이 되는 혁명적인 예술에 대한 반격을 내면에 숨기고 있다.

56. 모더니즘의 미학

모더니즘의 이론가들은 '창작의 자유'라는 기치를 내걸고 사실주의적인 예술은 이미 지난 시대의 유물이며 새로운 시대에 맞는 새로운 예술을 다양한 형식으로 발전시켜야 한다고 주장한다. 특히 사회주의적 사실주의의 이념을 제공한 레닌의 예술적 당성을 비판한다. 모더니즘은 예술의 사회적 내용을 거부하고 순수한 형식으로 복귀하려는 또 하나의 시도다. 모더니즘의 예술가들은 언어나 형식의 유희 속에서 스스로 예술발전의 첨단을 걷는다고 착각하면서 예술이 예술 이외의 다른 목적에 복무해서는 안 된다는 순수예술이론을 답습한다.

그런데 형식의 절대성을 주장하는 모더니즘의 작가들이 과연 예술 이외의 다른 목적과 무관한가? 결코 그렇지 않다. 이들은 중립을 표방하면서 지배계층의 이익을 옹호하는 데 간접적이지만 매우 효과적인 방법으로 복무하고 있다. 모더니즘의 예술 가운데는 예술적 체험과 사상성을 거부하고 '순수감각'으로 도피하려는 감각주의적 경향과 난해한 추상성으로 도피하려는 주지주의적 경향이 있는데 감각으로 도피하든 개념으로 도피하든 이들은 모두 역사와 현실을 벗어나 인민들의 건전한 사고를 마비시키면서 인류의 진보적인 역사발전을 방해하는 역할을 수행하고 있다. 이들은 성적인 자극을 부추기는 에로틱한 예술이나 신의 계시를 암시하는 애매모호한 예술을 지향하면서 시대의 고민을 인식하고 그것을 척결하기 위한 투쟁에 동참해야 하는 예술가의 임무를 방기하는 것이다.

구체적으로 우리 민족의 현실과 연관하여 이들이 수행하는 역할을 추적해보자. 우리나라는 우리 민족의 의지와는 달리 외세의 강압에 의해 분단된 지구상 유일하게 남아 있는 반신불수의 비극적인 국가다. 그러므로 모든 사람이 단결하여 자주·평화·통일을 달성하는 데 매진해야 한다. 작가나 예술가도 예외가 될 수 없다. 그런데 예술의 형식성이나 현대성, 글로벌한 발전을 주장하면서 자주, 민주, 통일에 관심이 없는 작가나 예술가들이 도와주는 세력은 누구이겠는가? 결국 우리 민족의 분단으로 무한한 이익을 얻고 있는 미제국주의, 분단에서 과거의 치욕을 감추고 살아가는 친일파의 후손들, 노동자를 착취하며 살아가는 매판자본가들이다. 그러므로 역사발전의 본질을 파악하는 민중의 미학은 이러한 위선적인 작가나 예술가들의 정체를 정확하게 간파하지 않으면 안 된다.

57. 포스트모더니즘

예술은 사회적인 모순을 파헤치고 그것을 척결하려는 투쟁에 동참해야 하는 임무와 과제를 갖는다. 그러나 그러한 과제를 외면하는 모더니즘은 사생활의 좁은 울타리를 벗어나지 못하는 측면이 많다. 모더니즘의 잔재 위에 오늘날 유행하고 있는 포스트모더니즘도 그 본질상 모더니즘과 커다란 차이가 없다. 포스트모더니즘의 이론가 한 사람으로 간주되는 푸코는 '포스트모더니즘'이라는 용어 자체가 잘못되었다고 말한다. 이 용어를 통해 모더니즘과 구분되는 질적인 차이가 희석되기 때문이다. 그러나 질적인 차이보다도 그 유사성이 더 이 두 경향을 함께 묶어놓을 수 있다.

포스트모더니즘의 미학도 계몽주의를 거부하면서 니체와 하이데거를 내세운다. 포스트모더니즘의 이론적 대부인 리요타르는 다음과 같이 말한다. "포스트모던이란 모던 속에서는 표현 불가능한 것을 표현 자체로서 나타내는 것이다. 그것은 훌륭한 형식들이 주는 위안을 거부하는 것이며 불가능한 것에 대한 향수와 보편적인 동의를 가능하게 하는 취미의 합의를 거부하는 것이다. 그것은 또한 단지 그것들을 즐기기 위해서가 아니라 존재하지 않고 표현될 수 없는 것을 더 분명하게 감각적으로 지각할 수 있게 하기 위해서 새로운 표현형식을 추구한다. 예술가, 즉 포스트모던의 작가들은 어떤 철학자, 그가 쓴 텍스트 혹은 그가 창작한 작품이 원칙적으로 널리 인정된 기존의 규칙들에 의해서 통제받지 않는 철학자와 같은 처지에 있다. 그것의 평가는 기존의 널리 알려진 카테고리들을 작품과 텍스트에 적용시켜 결정을 내리는 판단으로는 아무 도움이 될 수 없다."17)

결국 전통도 논리도 형식도 무시한 채 아무런 전제도 없는 추상에 머물며 규칙 없이 글을 쓰기 때문에 표현할 수 없는 것을 표현하는 예술가가 포스트모더니즘에 속한다면 포스트모더니즘은 모더니즘과 같이 인류의 경험과 지식이 쌓은 이성을 파괴하는 중구난방의 몸부림이다. 이들은 모두 다원주의라는 외투를 걸치고 자본주위와 제국주의 문화를 직접·간접으로 선전하면서 노동자가 중심이 되는 자주적이고 창조적인 예술을 파괴하려는 숨은 목적을 지니고 있다. 포스트모더니즘은 예술을 거리로 끌어내 대중적

---

17) 안드라스 게도 외 지음, 김경연/윤종석 편역, 『포스트모더니즘의 도전』 (다민 1992) 128쪽 이하.

이고 현실적이며 역사적이고 정치적인 모습으로 대중에 접근한다는 기치를 내세우지만 민중이 주인이 되는 사회의 실현이나 자본주의의 사회구조에서 나오는 소외의 극복에는 아무런 관심도 없다. 모더니즘이 예술의 상품화를 거부한 반면 포스트모더니즘은 그것을 옹호하면서 상부상조한다. 포스트모더니즘은 자본주의 사회의 광고예술을 이끌어 간다. 예술이 광고와 결부되면서 소비와 광고에 의존하는 현대자본주의의 명맥 유지에 도움을 준다. 포스트모더니즘의 예술이 건전한 상식을 갖고 있는 사람들에게 허튼 장난이나 아무런 쓸모도 없는 형식의 모험으로 보이는 이유가 바로 여기에 있다.

58. 프로이트의 예술론

정신분석학의 창시자 프로이트(S. Freud, 1856~1939)는 인간의 심리상태를 무의식, 의식, 사회적 규범의 세 영역으로 나누며 이에 해당하는 주체가 각각 '원초적 자아'(Id, Es), '자아'(Ego, Ich), '초자아'(Super-Ego, Über-Ich)라 주장한다. '원초적 자아'는 유전되며 신체기관에서 나타나는 충동으로 구성되어 있다. 그것은 '쾌락원칙'을 따른다. 의식의 영역에 해당하는 '자아'는 본능적인 '원초적 자아'와 외부세계의 현실을 중재해주는 역할을 한다. '원초적 자아'의 '쾌락원칙'은 외부세계의 '현실원칙'과 갈등을 이루는 데 그것을 합리적으로 조정해주는 것이 바로 '자아'다. 마지막으로 '초자아'는 사회적 규범을 실천하는 주체로서 여기서 도덕과 양심이 나타난다. 이러한 인간의 의식구조에서 가장 주도적인 역할을 하는 것이 바로 '원초적 자아'의 핵심을 이루는 리비도(Libido)라 불리는 성욕이다. 리비도는 가장 근본적이고 중요한 인간 활동의 원천이다. 의식의 배후에 숨어 있는 이러한 무의식적인 리비도가 인간행위를 이끌어간다.

프로이트에 의하면 예술창작도 근본적으로 리비도와 연관되어 있다. '현실원칙'에 부딪혀 제한을 받지 않을 수 없는 인간은 본능을 승화시키는 예술 활동에서 그 출구를 찾고 위로를 얻는다. 결국 예술은 성적인 본능이 해방되는 고상한 형식이다. 예술이란 인간이 현실에서 만족할 수 없는 욕망을 환상의 힘을 빌려 해방시키는 정신적 도구다. 사회적 규범이나 도덕으로부터 해방되어 마음대로 성욕을 누리도록 도와주는 것이 위대한 예술가의 과제다. 그러므로 프로이트는 음란하고 색정적인 예술에 면죄부를 주면서 개인 이기주의를 신성화하고 있다.

실제로 현대문학과 예술에서는 에로스를 승화하는 퇴폐적인 내용들이 너무도 많다. 불륜이 오히려 갇힌 개성의 해방처럼 부추겨진다. 소설, 영화, 연속극 등은 이러한 에로틱한 내용으로 넘쳐난다. 그러나 개인의 무한한 성욕을 부추기는 예술은 결국 사회적 규범을 무너뜨리고 극단적인 이기주의를 조장하며 사회를 합리적으로 변화시키려는 인간의 이성을 마비시키는 역할을 할 뿐이다.

인간의 삶에서 필수적인 성은 올바른 사회를 만들어 가는 도덕규범과 어긋날 수 없으며 가장 아름다운 사랑은 개인의 이기주의를 벗어나 나라와 민족을 위한 헌신 속에 나타나는 동지애가 기본이 되어야 한다는 사실을 우리는 아무리 강조해도 지나치지 않을 것이다.

59. 독일문학의 매력(1) ; 하이네

독일은 철학의 나라이며 문학의 나라이다. 음산한 날씨 때문인지 독일 사람들은 깊은 사색에 익숙해 있고 많은 철학자와 문학가를 배출하였다. 칸트, 헤겔, 맑스, 니체, 하이데거 등은 잘 알려진 독일 철학자이며 문학가 중에서도 우리와 친숙한 인물이 많다. 다음에서는 비교적 우리에게 잘 알려진 독일의 작가 하이네, 뷔히너, 릴케, 헤세 등을 찾아보기로 하자.

하이네(H. Heine, 1797~1856)의 매력은 우선 독일민중의 정서를 담은 서정시에 있다. 「로렐라이」가 그것을 대표하는 시다. 그러나 하이네를 서정 시인으로서만 해석하는 것은 매우 근시안적인 착각이다. 그의 진가는 오히려 후기의 경향시들에서 나타난다. 1797년에 뒤셀도르프에서 파산당한 유대인 소상인의 아들로 태어난 하이네는 청년시절에 부유한 숙부의 딸 아말리아에 대한 실연으로 다소 쓰라린 체험을 하며 자연과 낭만에 눈을 돌리지만 점차 현실을 도피하는 환상적이고 반동적인 낭만주의를 벗어나 현실의 모순을 파악하고 변혁하는 데 눈을 돌린 혁명적 낭만주의자가 되었다.

하이네는 『독일종교철학사』, 『독일, 겨울이야기』 등에서 프로이센의 군국주의가 지배하고 있는 참담한 독일의 현실을 비판하였다. 그 때문에 박해를 받고 1831년에 파리로 망명하였다. 여기서 그는 당시 프랑스의 진보적인 작가들과 교유하면서 진보적인 사상을 알게 되었고 1843년에 청년 맑스를 만나면서 더욱 확고하게 혁명사상으로 무장하여 개인의 감정문제를 벗어난 사회문제를 주제로 한 정치서사시와 철학적인 저술들에 전념하였다. 그의 정치시들에는 신랄한 풍자와 재치가 넘쳐난다. 우리나라의 민중시인 김남주가 하이네의 정치 풍자시 「아타 트롤」을 번역한 것은 바로 그러한 이유 때문이다. 1844년에 쓴 경향시 「실레지언의 직조공」에서 하이네는 직조공의 입을 빌려 왕과 부자들에게 저주를 퍼붓고 낡은 독일의 수의를 짜게 하였다. 그의 초기 서정시 1편과 이 경향 시를 비교해서 감상해 보자.

"눈물은 흘러서
아름다운 꽃이 피고
한숨은 쉬어서
꾀꼬리 노래 된다.

임이여, 나를 사랑하면

그 꽃 모두 드리리다.
그대의 창 앞에
꾀꼬리 노래로 울리리다.

침침한 눈에는 눈물도 말랐다.
그들은 베틀에 앉아 이를 간다.
독일이여 우리는 너의 수의를 짠다.
세 겹의 저주를 짜 넣는다.
덜커덩 덜커덩 우리는 짠다.

하나의 저주는 신에게
추위와 굶주림에 떨면서 매달렸는데도
우리의 기대는 헛되었고 무자비하게도
신은 우리를 우롱했고 바보 취급을 했다.
덜커덩 덜커덩 우리는 짠다.

하나의 저주는 부자들의 왕에게
그는 우리들의 불행에는 눈 하나 깜짝 않고
마지막 한 푼마저 훔쳐갔다.
그리고 개처럼 우리를 사살했다.
덜커덩 덜커덩 우리는 짠다.

하나의 저주는 위선의 조국에게
번창하는 것은 치욕과 모독뿐이고
꽃이라는 꽃은 피기가 무섭게 꺾이고

부패 속에서 구더기가 득실대는
덜커덩 덜커덩 우리는 짠다.

북이 나르고 베틀이 삐꺽거리고
우리는 낮도 없이 밤도 없이 짜고 또 짠다.
낡은 독일이여 너의 수의를 짠다.
세 겹의 저주를 짜 넣는다.
덜커덩 덜커덩 우리는 짠다."[18]

뒤의 시는 봉건잔재가 남아있는 자본주의적인 독일에 대한 선전포고와 같다. 그것은 낡은 것과 새것의 투쟁을 알리는 신호의 나팔소리다. 세 겹의 수의는 노동자를 기만하고 우롱하는 하느님에게, 노동자를 착취하고 학살하는 부자들의 왕에게, 부패 속에서 구더기가 득실대는 위선적인 조국에 주려는 저주의 선물이다. 그것은 자본주의의 착취에 저항하는 노동자들의 항거이기도 하다. 하이네는 독일혁명의 실패로 인하여 일시적인 침체의 시기를 겪기도 했지만 끝까지 맑스의 철학을 신뢰하였고 임종의 순간에도 맑스를 찾았다. 하이네가 사랑을 노래하는 연애시인에서 사회변혁을 노래하는 혁명시인으로 변한 것은 맑스의 영향 때문이라 말해도 지나치지 않다.

18) 김남주 번역, 『시와 혁명』, 17-18쪽.

60. 독일문학의 매력(2) ; 뷔히너

천재로 요절한 희곡작가 뷔히너(G. Büchner, 1813~1837)는 독일의 다름슈타트 부근에서 의사의 아들로 태어났다. 그는 아버지를 통해서 프랑스혁명의 역사와 유물론철학을 배우게 되었다. 그 영향으로 남동생도 『힘과 질료』라는 책을 쓴 유물론철학자가 되었다. 뷔히너는 아버지의 권유로 대학에서 의학을 전공했으나 낙후된 독일의 현실을 목격하면서 정치에 눈을 돌렸다. 그는 "오두막집엔 평화를, 궁정엔 전투를!"이라는 슬로건이 달린 전단지 사건으로 학업을 중단하고 도피했으나 다시 복학하여 두개골 연구로 학계의 인정을 받고 대학에서 강의도 하였다. 1836년에 스위스 취리히로 이주하였으나 장티푸스에 감염되어 이듬해에 24세의 나이로 세상을 떠났다.

뷔히너는 학업에 전념하면서 중간 중간에 희곡을 썼는데 「당통의 죽음」, 「레옹스와 레나」, 「보이체크」 등이 있다. 우리나라의 극단에서도 이들 작품이 종종 공연되고 있다. 프랑스혁명의 이야기를 다룬 「당통의 죽음」에서 뷔히너는 민중을 배반한 당통이 결국 단두대로 끌려가지 않을 수 없는 과정을 묘사하였고 가장 성공적인 작품 「보이체크」에서는 빈부의 차이에서 나타나는 사회적 갈등을 묘사하면서 미래지향적인 민중의 휴머니즘 속에는 용기와 희망이 있지만 부유층의 반(反)휴머니즘 속에는 지루함과 퇴폐가 있을 뿐이라는 사실을 풍자적으로 보여주고 있다.

요절한 뷔히너는 물론 많은 작품을 남기지도 않았으며 커다란 주목을 받지도 못했다. 그러나 마음먹기에 따라서 편안하고 여유로운 삶을 영위할 수 있는 의사였던 그가 사회문제에 눈을 돌리고 정의감을 불태운 것은 높은 평가를 받아야 한다. 그러므로 독일 시인 헤르베크는 그의 죽음을 기리며 다음과 같은 시를 바쳤다.

"그러나 그는 이 어중간하고 혼란한 시대에서/우리를 인도하는 향도성이 되어야 했다."

61. 독일문학의 매력(3) ; 릴케

존재의 문제를 깊이 파고들어 간 현대 독일의 시인 라이너 마리아 릴케(R.M. Rilke, 1875~1926)는 체코의 프라하에서 태어났다. 우리는 대부분 "주여, 이제는 때가 되었습니다./여름은 너무 위대했습니다."로 시작되는 그의 「가을 날」이라는 시를 기억한다. 그는 스스로 고독의 함정을 파고 그 안에서 뛰어들어 창작을 한 시인이기도 하다. 가을 날 스위스 남단의 시골 작은 호텔에서 먼 곳을 응시하고 있는 그의 모습을 본 사람은 바로 그가 시인임을 단번에 알아차렸을 것이다.

그러나 릴케도 존재와 고독과 죽음의 문제만을 추구한 작가는 아니다. 초기에 시도한 그의 희곡들에는 사회문제가 주제로 등장했다. 대학생 시절에 그는 스스로 펴낸 잡지 『거리의 파수꾼』에 「우리가 죽어가는 바로 이 순간에」라는 희곡을 발표했는데 사치와 낭비 속에서 비인간적으로 살고 있는 부자들과 대비되는 가난하고 고통 받는 사람들에 대한 연대감을 표현한 것이었다. 릴케의 사후 7년 뒤에야 출간된 『젊은 노동자의 편지』도 이 희곡과 연관되는 내용을 담고 있다. 1901년부터 릴케는 소설에 손을 대었는데 스스로의 내면적인 변화와 파리에서의 체험을 자전적으로 기술한 『말테의 수기』가 가장 돋보인다.

28세의 젊은 시인이 파리에서 체험한 모든 것을 인상 깊게 묘사한 이 소설은 릴케 자신의 이야기이기도 하다. 파리라는 대도시의 병원, 거리, 공원들이 주인공의 소심한 감정에 대하여 말할 수 없는 불안을 가져다주었다. 그는 빈곤과 질병과 살기 위한 몸부림으로 허덕이는 많은 사람을 목격한다. 병원에서는 많은 사람들이 틀에 박힌 죽음을 맞는다. 사람들은 개성을 잃고 위장을 하며 자기 본래의 삶을 살지 못한다. 다른 말로 말하면 소외된 상태에서 살아가고 있다. 릴케는 예술 속에서 이러한 소외를 극복하려 한다. 개인의 독특한 체험을 가능하게 하는 예술이 종교적인 구원의 역할을 할 수 있다는 희망에 사로잡힌다. 그러나 소외는 자본주의라는 사회구조가 만드는 객관적인 현상이다. 이러한 사회구조 안에서 그것을 주관적으로 벗어나려는 노력은 물에 빠진 사람이 자기 머리털을 붙들고 빠져나오려는 것과 마찬가지로 무모한 짓이다.

말테의 주인공도 그것 때문에 불가사의한 모순에 빠져버린다. 객관과 주관이 일치하지 않는 삶에서의 내면으로의 길은 결국 주관적인 환상으로 빠지고 만다는 사실을 이 소설은 잘 보여주고 있다. 존재문제를 집요하게 추구한 말년의 시에서도 옳은 출구는 보이지 않았다.

62. 독일문학의 매력(4) ; 헤세

현대 기계문명에 찌들고 고통 받는 사람은 한 번쯤 독일의 작가 헤르만 헤세(H. Hesse, 1877~1962)의 작품을 읽어볼 만하다. 특히 그의 소설 『페터 카멘진트』(『향수』로 번역되기도 함)에는 시골의 소박한 자연과 삶이 너무나 아름답게 묘사되어 있다. 주인공은 '구름'을 자기보다 더 잘 알고 친숙한 사람이 있으면 나와 보라고 호언한다. 구름에 관한 1쪽 분량의 묘사를 헤세보다 더 아름답게 한 작가는 없을 것 같다. 저자도 학생시절에 헤세에 매료되었다. 당시 그는 저자의 삶을 이끄는 우상이 되었다.

1980년대 초 저자가 스위스 바젤 대학에서 공부를 시작할 때 가장 먼저 찾은 곳도 헤세가 점원으로 일했다는 바젤의 한 서점이었다. 그곳에 헤세의 흔적은 별로 남아있지 않았다. 헤세에 관해서 묻자 점원은 그런 이야기를 들은 적은 있지만 자세한 것은 모른다고 대답했다. 서가를 둘러보다가 나는 '코레아'라는 이름이

들어있는 책을 한 권 발견했다. 『북한여행기』라는 제목을 지닌 루이제 린저의 책이었다. 여행, 특히 동방여행을 좋아했던 헤세가 이 책을 사라고 권유하는 것 같았다. 그러나 이 책이 내 인생관을 바꾸는 데 많은 영향을 미칠 줄은 미처 알지 못했다.

헤세는 1,2차 세계대전을 모두 체험하였다. 군국주의적인 독일의 분위기에 적응할 수 없었던 그는 스위스의 작은 마을로 이주하여 스위스 국적을 얻었다. 그는 정치적인 투쟁에 참여하지 않았지만 내면에서 항상 비인간적인 침략과 전쟁에 항거하였다. 프랑스 반전평화주의자였던 로맹 롤랑과 동지가 되어 나름대로 반전과 평화를 지향하는 글을 썼다. 어떤 의미에서 순수문학가라고 할 수 있는 그를 우리가 비난할 수 없는 이유가 여기에 있다. 1946년에 그는 『전쟁과 평화』라는 제목으로 그가 발표한 정치적인 글을 묶어 펴냈는데 여기서 드러나는 것처럼 그는 한시도 정치적인 생각을 멈추지 않았다. 1946년에 그는 소설 『유리알 유희』로 노벨문학상을 받았는데 나치시절에 이 책은 독일에서 출판될 수 없었다. 이 소설에는 이윤과 권력의 추구를 목표로 하는 부르주아 사회에 대비되는 교육의 성지 카스탈리엔이 등장하는데 그것은 바로 헤세가 지향하는 휴머니즘의 세계를 표현한 것이다. 헤세는 1954년 1월 10일자 편지에서 쓰고 있다. “맑스와 나 사이의 차이는 맑스가 세계를 변화시키려 하지만 나는 개인을 변화시키려 하는 데 있다. 그는 대중을 향하지만 나는 개인을 향한다…….”

63. 맑스와 엥겔스의 미학

과학적 공산주의 이념의 창시자인 맑스(K. Marx, 1818~1883)와 엥겔스(F. Engels, 1820~1895)는 미학에 관한 직접적인 저술은 하지 않았다. 그러나 그들의 많은 저술과 서간문에는 그들의 예술관과 미학이론이 많이 포함되어 있다. 이들은 다 같이 문학을 매우 높이 평가하였으며 특히 청년 엥겔스는 문학과 철학에 많은 관심을 가졌고 스스로 시를 쓰기도 하였다. 엥겔스는 예술이 '전형적인 환경에서의 전형적인 인물을 충실하게 재현'해야 한다고 주장하면서 사실주의의 원칙을 제시하였다.

맑스와 엥겔스는 그들의 철학을 머릿속에서 고안해 낸 것이 아니라 이전의 사상을 이어받아 창조적으로 발전시켰는데 이들의 철학형성에 근원이 된 세 요소가 영국의 고전경제학, 프랑스의 공상적 사회주의, 독일의 고전철학이었다. 이들 세 요소가 노동운동이라는 시대적 요소와 부합해서 창시된 맑스주의는 크게 변증법적 유물론과 역사적 유물론으로 구성되어 있다. 예술론은 사회의 구성과정과 역사발전을 다룬 역사적 유물론에 포함되어 있다.

역사적 유물론의 근본명제는 인간의 의식이 존재를 변화시키는 것이 아니라 물질적인 존재가 인간의 의식을 변화시킨다는 것이다. 쉽게 말하면 인간은 다양한 정신활동을 하기 전에 먼저 먹고

마셔야 한다는 것이다. 사회적 현상에는 생산이 중심이 되는 토대 혹은 하부구조가 있고 그것을 밑받침으로 형성되고 발전하는 상부구조가 있다. 정치, 법, 종교, 과학, 철학, 예술 등이 상부구조에 속한다. 이전의 관념론철학들은 대부분 상구부조가 하부구조를 결정하거나 상부구조가 독자적으로 발전한다고 생각했지만 오히려 하부구조가 상부구조를 결정한다는 것이 역사적 유물론의 혁명적인 주장이다. 그러므로 이전의 미학이론은 예술의 발전이 경제적인 사회관계를 벗어나 그 자체로 발생하고 발전한다고 주장한 반면 맑스와 엥겔스는 사회의식의 한 형태인 예술도 사회관계의 변화에 의존하지 않을 수 없다고 주장한다. 물론 맑스와 엥겔스도 예술의 상대적인 독자성을 인정했지만 순수문학에서 주장하는 것 같은 절대적인 독자성을 부정하였다. 예술은 세계의 인식과 변혁에서 중요한 역할을 해야 하며 그러므로 일정한 사상적 경향이나 입장을 견지해야 한다는 것이 이들의 지론이었다.

64. 레닌의 반영론과 문학의 당성

맑스와 엥겔스가 제시한 과학적 공산주의 이론의 정당성을 실천으로 입증한 러시아의 혁명가 레닌(V.I. Lenin, 1870~1924)은 인간의 인식이 인간의 의식으로부터 독립하여 존재하는 구체적인 현실의 반영에서 나온 결과라는 주장과 더불어 그의 철학을 기초세우고 그것을 근거로 예술론을 제시하였다. 레닌도 다른 유물론 철학자들처럼 예술과 과학을 극단적으로 분리시키지 않고 예술의 현실인식기능과 현실변혁기능을 강조하였다. 구체적인 현상의 연구를 통해서 본질적인 법칙을 추구하는 것이 과학의 과제인 것처럼 예술도 개별적인 현상의 생생한 묘사를 통해서 보편적인 내용을 인식하게 해야 하며 인간은 사회적 동물이므로 예술이 가장 관심을 두고 묘사해야 하는 현상은 사회적 현상이다.

레닌에 의하면 예술은 삶의 객관적 발전경향을 깊이 파헤칠수록 참된 예술이 된다. 삶과 분리되어 왜곡된 세계를 보여주는 예술은 인간을 정신적으로 무력화하며 수동성을 조장한다. 그러므로 참된 예술은 사회와 삶을 능동적으로 변혁하는 데 기여하는 혁명적인 예술이다. 인간의 창조적인 능동성을 마비시키려는 퇴폐적인 예술은 다양한 형식의 유희로 도피한다. 그것은 노동계급의 능동성을 마비시키려는 지배계급의 전략이다. 결국 참된 예술은 당성을 갖지 않을 수 없다고 레닌은 유명한 저술 『당 조직과 당 문학』(1907)에서 강조한다.

문학의 당성을 부정하려는 모든 시도도 일종의 부르주아적인 당성의 표현이며 순수예술도 결국 지배계급을 간접적으로 옹호해주는 당파성을 숨기고 있기 때문에 노동자들은 그 속임수에 넘어가지 않아야 한다고 레닌은 강조한다. 당성이 문학과 예술을 도식에 가두어 편협하게 만들며 예술가들의 자유를 제한한다는 주장은 기만이며 당과 결부된 예술만이 예술가의 참된 자유를 보장해

줄 수 있다는 것이다. 순수예술가의 자유란 결국 상상속의 자유이며 자본주의 사회의 예술가들은 황금의 족쇄를 벗어나지 못한다. 독자들의 요구, 판매량, 검열, 인세 등으로부터 자유로운 예술가가 자본주의 사회 안에 존재하는가? 이념이나 민족을 위해 창작하는 예술가가 돈을 위해 창작하는 예술가보다 더 자유로울 수 있다는 레닌의 주장은 과연 예술가의 참된 자유가 무엇인가를 음미하게 하는 계기를 만들어 주었다.

65. 예술과 정치

레닌의 당성에 반대하여 예술이 일정한 당파를 초월해야 한다는 초당파성의 주장은 순수예술론의 한 변용으로서 현대부르주아 미학을 주도하고 있다. 예술의 초당파성이란 쉽게 말하면 예술이 정치와 무관해야 된다는 것이다. 초당파성의 개념은 순수예술이론과 마찬가지로 봉건주의를 무너뜨리던 시민계급 가치로서 등장하였다. 봉건주의와 투쟁하던 시민계급은 철학, 과학, 종교, 도덕, 예술 등 모든 영역에서 전통적인 권위를 벗어나 독자적인 진리를 추구하는 이상을 내세웠다. '보편인간적인 것'이 진리의 기준으로 등장하였다. 그것은 봉건적 지배와 종교적 속박을 벗어나려는 매우 합당한 요구였다. 그러나 자본주의가 성립되고 부르주아지가 정권을 장악하면서 노동자들이 중심이 되는 무산계급의 정당이

탄생하게 되었고 스스로의 기득권을 잃지 않으려는 부르주아지는 이제 노동계급의 요구를 억압하는 수단으로 초당파성이라는 개념을 사용하기 시작하였다. 이러한 초당파성이란 결국 부르주아지의 이익을 보장해주는 당파성을 은밀하게 숨기는 가면이었다.

만인의 평등과 가치를 보장한다는 법, 도덕, 종교가 자본주의 사회구조 안에서는 현실적으로 일정한 계층을 유리하게 만드는 집권자의 권익과 연관된다는 사실은 이미 잘 알려져 있다. 철학과 예술에서도 예외가 아니었다. 철학과 예술이 정치와 무관한 보편적인 인류의 진리를 표현하거나 개인적인 감정의 표현에 머물러야 한다는 주장은 현실정치에 관심을 갖지 말아야 된다는 말인데 그러할 경우 계속 이익을 얻는 것은 집권층, 더 정확히 말하면 자본주의사회를 주도하고 있는 부르주아지다. 그러나 자본주의 사회는 그 자체의 모순 때문에 종교, 철학, 예술 등의 노력에도 불구하고 항상 계층 간의 투쟁을 야기한다. 그러므로 억압과 착취를 받는 노동계급은 정치적 현실에 눈을 돌려야 하며 지배계급의 기만적인 선전의 본질을 간파해야 한다.

예술의 초당파성이란 결국 지배계급이 피지배계급의 불만을 무마시키거나 마비시키는 도구로 사용하는 이념이다. 부르주아 계급은 결코 초당파적이 되지 않는다. 외면상으로 그러한 흉내를 낼 뿐이다. 내면 상으로 혹은 간접적으로 지배계급의 권익을 위해 헌신하고 있다. 이들이 예술의 초당파성을 내세우는 이유는 그것이 기득권의 유지에 도움이 되기 때문이다. 인간은 정치를 떠나서 존재할 수 없기 때문에 예술이나 철학이 정치에 항상 눈을 돌려야 한다는 것은 당연한 일이다.

66. 예술과 도덕(1)

예술과 도덕은 다 같이 사회의식의 표현형식이지만 도덕이 주로 인간행위의 규범과 연관되는 반면 예술은 포괄적인 인간관계를 표현한다. 다시 말하면 예술은 도덕적인 인간관계는 물론 경제적, 정치적, 법적인 관계와 더불어 종교적, 심리적 관계 등을 포괄적으로 파악하고 묘사한다. 더욱이 예술은 다른 사회의식과 달리 개념이 아닌 형상이라는 독특한 표현수단을 사용한다. 그러므로 예술은 지각의 대상을 통해 일정한 정서를 유발한다. 예술은 예술적 형상이라는 현실반영의 독특한 형식을 통해서 인간이 사회적 존재임을 인식하게 하고 자연과 인간에 대한 관계를 묘사하면서 인간의 감정, 성격, 세계관 등에 지대한 영향을 미친다.

인간의 가치평가에서 도덕은 선의 개념에서 출발하는 반면 예술은 미의 개념에서 출발한다. 선과 미는 일치하는 경우도 있고 상이한 경우도 있다. 자연의 아름다움은 도덕적인 선과 무관하며 도덕적인 선도 미와 무관한 경우가 있다. 예컨대 『노틀담의 꼽추』에 나오는 종치기 콰시모도는 흉한 모습이지만 선한 인간이다. 일반적으로 예술적인 규범이 도덕적인 규범보다 더 항구적이고 절대적인 성격을 지닌다. 봉건사회의 도덕은 시대가 변하면서 그 타당성을 상실한 반면 봉건사회의 예술은 오늘날에도 그 가치를 어느 정도 유지하고 있다.

그럼에도 불구하고 예술과 도덕은 서로 연관되어 있다. 이들은 다 같이 민중에 봉사하는 과제를 갖고 있으며 그러한 경우에만 올바른 사회의식이 된다는 점에서 일치한다. 예술이나 도덕은 다 같이 사회적인 이상을 반영하며 올바른 사회적 이상은 민중의 삶과 분리될 수 없기 때문이다. 그러한 이상이 작가의 머릿속에서 고안되어서는 안 되고 민중의 삶에서 유기적으로 발생해야 한다. 민주적인 사회가 이루어지면서 이러한 경향은 더 확고해진다. 개인과 전체가 조화를 이루는 사회에서만 인간의 이상적인 삶이 가능하며 그러한 이상은 인간행위에 대한 도덕적인 기준뿐만 아니라 미학적인 척도에 있어서도 중요한 관건이 된다.

67. 예술과 도덕(2)

예술과 도덕의 연관성을 부정한 철학자는 칸트였다. 칸트는 예술과 도덕을 극단적으로 분리시키고 예술의 영역으로부터 예술의 인식적인 기능과 도덕적인 요인을 배제하려 하였다. 예술은 그 자체로 순수해야 하며 이해관계가 포함되어서는 안 된다는 것이다. 이러한 주장에 의하면 비너스의 여신상을 감상하는 경우에도 이 조각의 아름다움에만 시선을 맞추어야 하며 이 여신상이 지니고 있는 이념과 이상 같은 것을 무시해야 한다. 그러나 이 여신상이 단순히 여인의 육체적인 아름다움만을 표현했겠는가? 정신과 육체가 조화를 이루는 인간의 미가 포함되지 않았는가?

훌륭한 예술에는 항상 옳은 것과 선한 것이 조화롭게 연결되어 있다. 이러한 예술을 창작하기 위해서는 예술가 자신이 조화로운 인격을 갖추고 있어야 한다. 퇴폐적인 삶을 살아가고 있는 예술가로부터 나오는 창작물은 퇴폐적이 되지 않을 수 없다. 참된 예술가는 무엇보다도 올바른 사회적 이념과 이상을 위해 실천적으로 가담하고 투쟁할 준비가 되어 있어야 한다. 그러한 준비의 가장 필수적인 조건이 세계를 바라보는 올바른 눈이다.

이런 의미에서 위대한 작가는 우선 올바른 세계관을 갖고 있어야 한다. 한국의 문학작품들이 세계적인 수준으로 올라설 수 없는 이유 하나가 바로 작가의 세계관적인 미성숙이다. 맑스주의철학을 올바르게 이해하지 못하고 반공작품을 쓴다면 웃음거리밖에 되지 못한다. 모더니즘의 본질을 이해하지 못하고 모더니즘의 예술에 편승한다면 가치 있는 작품이 나올 수 없다. 문학의 표현대상은 인간이 중심에 놓인 생활이며 문학의 과제는 독자가 자기 사회를 인식하고 올바른 신념을 가지며 진리를 향해 투쟁할 수 있도록 도와주는 데 있다. 물론 이러한 과제를 예술적인 방식으로 잘 형상화하는 것이 작가의 능력이다. 작가의 세계관은 인간이나 사회의 본질이 무엇이며 문학이 지엽적인 현상의 묘사에 머물지 않게 도와주는 역할을 한다. 다시 말하면 작가로 하여금 전형이 무엇인가를 파악하게 해주며 그러한 전형은 결코 도덕적인 문제와 유리되지 않는다.

68. 신채호의 「용과 용의 대격전」

단재 신채호(申采浩, 1880~1936)는 조선 말기의 걸출한 역사학자이며 문학가였다. 그는 충남 대덕군 산내면 도림리(현재 대전광역시 중구 어남동)에서 출생하여 충북 청원에서 성장하였는데 10세에 이미 '사서삼경'(四書三經)에 통달한 신동이었다. 1910년 한일합병이 되자 중국에 망명하여 조국 독립운동에 가담하였다. 1928년에 체포되어 대련 지방법원에서 10년형을 받고 여순 감옥에서 복역하다가 1936년에 사망하였다.

신채호는 역사학자로서 『조선사 연구초』, 『조선사』, 『조선성고문화사』 등을 저술하여 조선민족의 자주성을 고취하고 조국 인민들을 애국주의 사상으로 교양하는 데 전력을 다하였다. 그는 「이충무공전」, 「을지 문덕전」, 「최도룡전」 등의 소설을 통해서도 민족혼을 고취하려 하였는데 그의 자주정신은 "우리나라에 부처가 들어오면 한국의 부처가 되지 못하고 부처의 한국이 된다. 우리나라에 공자가 들어오면 한국을 위한 공자가 되지 못하고 공자를 위한 한국이 된다. 우리나라에 기독교가 들어오면 한국을 위한 예수가 아니고 예수를 위한 한국이 되니, 이것이 어쩐 일이냐, 이것도 정신이라면 정신인데 이것은 노예정신이다. 자신의 나라를 사랑하려거든 역사를 읽을 것이며 다른 사람에게 나라를 사랑하게 하려거든 역사를 읽게 할 것이다."라는 말 속에 잘 나타나 있다.

신채호의 대표적인 문학작품은 중국의 서유기를 연상시키는 단편소설 「용과 용의 대격전」이다. 이 작품에는 종교를 비판하는 무신론적인 사상과 함께 봉건주의와 자본주의를 비판하는 사회주의 사상이 환상과 비유의 형식으로 잘 묘사되어 있다. 천상을 지배하는 상제는 예수, 공자, 석가, 마호메트 등을 동원하여 인민을 속이고 착취하는데 그것을 완력으로 실현하는 상제의 부하가 미리라는 용이다. 그러나 '드래곤'이라는 과학적이고 유물론적인 용이 나타나 미리는 물론 여타의 종교적인 우상들을 무너뜨리고 민중으로 하여금 노예상태를 벗어나 주인이 되게 한다. 결국 종교적인 허상과 함께 천상이 무너지고 상제는 쥐구멍으로 도피하여 최후를 맞게 된다. 이 소설에는 다음과 같은 말들이 나타난다.

"지상의 인민들은 배가 고파 죽는데 천궁의 연회에는 배가 터져 죽을 지경이다." "식민지 민중처럼 속이기 쉬운 민중이 없습니다." "서양에서 협잡한 것도 적지 않을 터인데 왜 또 동양까지 건너와 사기하느냐?" "지배계급의 주구인 종교," "천사야 이 놈, 네나 상제가 모다 상고 민중의 일시 미신의 조작이 아니였더냐?" "왔다. 왔다, 드래곤이 왔다, 이제는 천국의 말일이다." "억만 민중은 고양이가 되고 과거 모든 세력자는 쥐가 되었다."

69. 민족시인 김소월

자기 민족의 문화를 세계적인 수준으로 올려놓은 시인들이 각 민족에서 나타났다. 독일의 시인 괴테, 러시아의 시인 푸시킨, 영국의 시인 바이런 등이 그 대표적인 예다. 이들의 특징은 단순히 자기민족의 문화를 다른 나라 사람들에게 알리는 데 있지 않고 귀족이 아닌 서민노동자가 중심이 되는 민중의 정서를 문학적으로 승화시켰으며 동시에 인류역사의 진보적인 발전에 동참하면서 미래지향적인 세계관을 표현하였다.

우리 민족의 역사에서 나타난 가장 걸출한 민족시인 김소월(金素月, 1903~1935)은 평북 정주의 한 봉건적인 가정에서 태어났다. 그는 유년시절에 한학에 몰두했지만 후에 선진학문을 익히고 귀향하여 초등학교 교사를 하면서부터 많은 민요풍의 서정시를 썼다. 33세의 나이로 요절한 이 시인은 소박하면서도 아름다운 우리말로 서민들의 애환을 잘 묘사하였다. 「금잔디」, 「초혼」, 「접동새」 등의 아름다운 시는 민중의 사랑을 받으며 가요로도 불린 진다. 그는 추한 모순으로 가득 찬 현실로부터 눈을 돌려 아름다운 자연과 소박한 민중의 삶을 노래하였다. 그러면서도 그의 내면에는 단순한 과거로 복귀하려는 복고주의나 애수와 고독에 머물고 마는 허무주의적이고 퇴폐주의적인 경향을 극복하려는 의지가 숨쉬고 있다. 자연과 사랑을 노래한 그의 시에는 항상 시대의 목소리와 민족의 숨소리가 함께 들려온다. 문학은 인간이 중심이 되는 생활을 벗어날 수 없기 때문이다.

시대의 문제와 그 발전방향을 이해하면서도 거기에 적극적으로 동참하지 못한 데 소월의 한계가 있었다. 건강상의 문제도 있었지만 그는 스스로의 문학을 당시의 가장 중요한 문제인 민족해방투쟁과 결부시키지 못했다. 그는 항일투쟁 문학가들을 쓸쓸한 눈으로 바라보았으며 발전하는 현실에 동참하지 못했다. 역사의 발전 법칙을 해명한 맑스주의 철학을 습득하지 못했기 때문이다. 물론 그는 민족개조론을 들고 나오는 이광수와 같은 친일문학가들을 앞질렀지만 조국애는 투쟁으로 연결될 때만 더 고귀한 빛을 발한다는 사실을 파악하고 실현할 수 없었다. 그의 문학과 인생을 통해서 우리는 민족의 사활이 걸린 문제에 동참하지 못하는 민족시인의 한계가 무엇인가를 잘 알 수 있다. 민족해방투쟁은 그가 살았던 시대뿐만 아니라 오늘날에도 우리 민족이 수행해야 할 지상과제인 것이다.

70. 시인 이상화의 애국적인 울분

이상화는 1901년 4월 5일에 대구에서 출생하였다. 일본에 유학하여 불문학을 전공한 그는 귀국하여 낭만주의적인 문예지「백조」에 참여하면서 식민지 상태의 암흑과 절망에서 허무를 노래하는 퇴폐적인 시인이 되었다. 그 대표적인 시가 "수밀도의 네 가슴에 이슬이 맺도록 달려 오너라……/'마돈나' 지난밤이 새도록 내 손수 닦아 둔 침실로 가자, 침실로!"라 노래한 「나의 침실로」이었다. 그러나 그 시기는 짧았고 3·1운동을 겪으면서 그는 곧 관념적인 환상의 세계를 벗어나 신경향파 문학에 참여하여 조국의 참담한 현실에 눈을 돌리고 울분을 토하기 시작하였다. 그 대표적인 시가 1926년의 「빼앗긴 들에도 봄은 오는가」이다.

「빼앗긴 들에도 봄은 오는가」에는 농민들의 땅에 대한 무한한 애착, 그 땅을 빼앗긴 농민들의 비통한 심정이 서정적으로 잘 표현되어 있다. 그것은 일제에 빼앗긴 땅에 대한 조선민중의 울분을 표현한 것이었다. 이 시는 "지금은 남의 땅 - 빼앗긴 들에도 봄은 오는가?"로 시작하여 "그러나 지금은 - 들을 빼앗겨 봄조차 빼앗기겠네."로 끝맺는다. 농민들은 빼앗긴 들에서 '살찐 젖가슴과 같은 부드러운 흙을 발목이 시도록' 밟아보고 싶다. 얼마나 감동적인 시구들인가? 여기에는 조국의 아름다움에 대한 인식과 함께 봄을 상징으로 하는 조국의 미래에 대한 애국적인 동경이 넘쳐나고 있다.

이상화는 이처럼 비참한 조선의 현실에 눈을 돌리고 서정적인 울분을 토했을 뿐만 아니라 아직 구체적이지는 못했을망정 조국의 행복한 미래를 예견하기도 했다. 그는 「시인에게」라는 시에서 "한 편의 시 그것으로/새로운 세계 하나를 낳아야 할 줄 깨칠 그

때에라야/시인아 너의 존재가/비로소 우주에게 없지 못할 너로 알려질 것이다."라 노래하면서 사실주의 문학을 가르쳤으며 자기가 지향하는 새 문학에 대하여 "박두한 새 문학은 억압된 다수 민중에게는 희망과 활력의 부조가 될 것이나 특권을 가진 소수에게는 전율과 낙담의 공포가 될 것이다."라 말하면서 문학의 혁명성과 계급성을 언급하였다. 또 「폭풍우를 기다리는 마음」에서 "하늘에도 게으른 흰구름이 돌고/땅에서도 고달픈 침묵이 깔려진/ 오 – 이런 날 이런 때에는/이 땅과 내 마음의 우울을 부술/동해에서 폭풍우나 쏟아져라 – 빈다."라 노래하면서 혁명의 도래를 예견하였다. 이러한 시인을 일제는 그냥 놓아두지 않았고 일제의 탄압을 받고 옥고를 치르면서 얻은 질병으로 이 시인은 결국 해방의 기쁨을 누리지 못하고 1943년에 사망하였다. 그러나 그의 울분과 희망은 아직도 우리의 가슴 속에 남아 있다.

71. 칠레의 저항시인 네루다

칠레의 시인 네루다(P. Neruda, 1904~1978)는 첫 시집 『황혼』에서 칠레의 이름다운 자연을 배경으로 하는 인간의 절망과 비애와 불행을 노래하였다. 그러므로 이들 시에는 허무주의적이고 개인주의적인 색채가 깃들어 있었다. 그러나 1936년부터 네루다는 스페인의 마드리드에서 칠레외교관으로서 활동하면서 그의 인생과 작품에서 커다란 변화를 겪게 되었다. 그는 공화정을 바라는 스페인 민중과 파시스트들의 전쟁을 목격한 것이다. 독립과 자유를 위해서 싸우는 스페인 민중이 히틀러와 무솔리니의 지원을 받는 파시스트들에 의해서 많은 피를 흘렸다. 정의와 사랑을 염원하던 네루다는 정열적인 혁명시인으로 바뀌었을 뿐만 아니라 스스로도 민중의 편에 서서 싸웠다. 그는 프랑스와 맥시코로 자리를 옮긴 후에도 이 전쟁의 진실을 알리는 많은 시를 썼다. 칠레로 귀국한 그는 칠레공산당에 가입하였고 국회의원에 당선되어 칠레의 군사독재 및 그것을 지원하는 제국주의를 비판하였다.

네루다는 조국 칠레를 사랑하는 시인이었다. "만약 천 번을 죽는다 해도/그 때마다 나는 내 조국 땅에서 죽으리라./만약 천 번 태어난다 해도/그 때마다 나는 내 조국 땅에서 태어나리라." 그러나 그의 애국심은 세계인민의 정의로운 투쟁과 연관되는 사랑이었다. 그는 새로운 사회를 위해서 투쟁하고 건설하는 세계인민들에게 정의를 확신시켜주는 시들을 썼다. 그는 1953년에 국제스탈린상을, 1971년에 노벨문학상을 수여받았다.

한국의 민중시인 김남주는 네루다를 좋아하였고 그의 시를 번역도 하였다. 김남주는 『시와 혁명』이라는 책에서 말한다. "스페인 내란이 그의 시와 인생에 큰 변화를 가져다 준 것은 사실이지만 그 변화는 철학적 사상적 변화까지 동반한 것은 아니었다. 그러나 서방세계가 스페인 인민전선을 지원하기는커녕 자국의 부르주아지 편에 서서 반동적인 정책을 펴는 것을 보고, 또 1939년

제2차 세계대전이 일어나자 히틀러의 침략에 양보를 거듭하고 약소국가의 운명을 자국의 안정과 이익에 종속시키는 것을 보고 네루다는 자본주의 세계 질서에 회의를 갖기 시작하였다. 그러던 중 소련의 적위대가 히틀러 파시즘에 영웅적으로 싸우는 것을 목도하고 소비에트만이 파시즘의 인간말살로부터 세계를 수호하리라는 확신을 갖기에 이른다. 물론 소비에트에 대한 네루다의 신뢰는 스페인 내란에서도 경험되었다. 오직 소비에트만이 자국의 이해관계를 떠나서 인민전선을 헌신적으로 지원하는 것을 눈으로 직접 보았던 것이다."

72. 민중시인 김남주

김남주는 그의 기념비에 새겨져 있는 것처럼 '민족시인'이다. 매우 훌륭한 '민족시인'이다. 그러나 저자는 『김남주 평전』에서 김남주에게는 오히려 '민중시인'이라는 호칭이 더 어울린다고 서술하였다. 어떤 독자들이 '민족시인'이 더 맞지 않겠느냐는 애정 어린 항의를 해주었다. 두 개념이 차이가 있기 때문이다. 일반적으로 민족시인은 자기 민족과 민족문제에 애정과 자긍심을 갖고 그것을 시로써 표현하는 시인이라고 말할 수 있다.

민족문제에 애정을 갖는다는 것은 단순히 민족적인 전통이나 정서를 사랑하는 것을 의미할 수는 없다. 민족문제의 핵심에는 민족해방문제와 민족의 자주성문제가 자리 잡고 있기 때문이다. 민족이 자주성을 획득하지 못하고 타국의 지배를 받는 상황이라면 자주독립 이외의 모든 다른 민족문제는 부차적인 것이 되고 만다. 민족의 자주독립에 무관심하면서 민족과 민족적인 것을 사랑한다고 말하는 시인이나 예술가가 있다면 그는 얼이 빠졌거나 한참 모자라는 인간일 것이다. 그런 사람들은 결국 민족허무주의나 패배주의에 빠지고 만다. 시인 김남주도 우리 민족의 정서는 물론 자주성 획득에도 많은 관심을 쏟았다. 토속적인 농촌을 사랑하는 시를 썼고 나아가 반식민지 상태에 있는 우리 민족이 미국의 지배로부터 완전히 벗어나야 된다는 사실을 특히 강조하였다. 특히 광주 5·18민중항쟁이 발생하고 실패하게 된 배경에는 미국이 있다는 사실을 「민족해방투쟁만세」 등의 시에서 밝혀주고 있다.

그러나 김남주는 민족해방문제에만 매달린 것이 아니다. 민족해방과 함께 계급해방을 염원한 것이다. 민족해방과 함께 계급해방을 염원하는 시인을 '민족시인'이라 부르기에는 무엇인가 부족한 감이 있다. '민중시인'이나 '혁명시인'으로 부르는 게 더 맞지 않을까? 민족해방을 염원하면서도 계급해방에 두려움을 느끼는 민족시인이 있기 때문이다. 조국이 완전히 독립되더라도 빈부격차에 의해서 가진 자가 갖지 못하는 자들을 착취하는 사회가 된다면 김남주는 계속해서 투쟁을 부르짖었을 것이다. 그가 표현한 말들을 몇 구절 살펴보기로 하자;

"오 노동자여 그 노동으로
인간의 새벽을 열었던 대지의 해방자여
자본의 세계에 와서 그대는
말하는 도구로 전락하게 되었구나
그 도구가 자본의 배를 채워주는 동안에만
그대의 목숨은 붙어있게 되었구나."(시 「사료와 임금」 중에서)

"다만 억울한 것은 벗이여
세상의 모든 죄악의 뿌리
사유재산의 뿌리를 뽑아버리지 못하고 가는가 하는 것이라네."(시 「죽음을 대하고」 중에서)

"그들 자본가들에게 인간성을 기대한다는 것은 악마에게서 선의를 기대하는 것보다 더 어리석은 일입니다. 놈들은 타협이나 화해의 대상이 아니라 오직 타도의 대상일 뿐입니다. 놈들은 우리 민중의 불구대천의 원수입니다."(『옥중연서』 중에서)

"노동자는 자기 자신만을 자본가로부터 인간적인 대우를 받음으로써 자기 자신을 해방시키는 것이 아니라 피억압 민중 전체를 해방시킴으로써 비로소 자기를 해방하는 것입니다."(같은 책)

73. 평론과 평전

한 문학작품이 지니는 장단점을 비판해 주고 문학이 나아가야 할 올바른 방향을 제시해 주는 문학평론은 문학의 발전에서 없어서는 안 될 중요한 분야다. 평론이 주로 문학작품의 분석에 머무른다면 평전은 '평론을 중심으로 하는 전기'의 성격을 지닌다. 그러니까 한 작가의 작품을 중심으로 그의 삶을 이끌어가고 있는 세계관과 예술관을 규명하려는 시도가 평전의 핵심과제인 것이다. 올바른 평론을 위해서는 평론가가 올바른 미학지식 혹은 예술철학을 갖고 있어야 한다. 다시 말하면 예술의 본질이 무엇이고 예술이 인간생활에서 어떤 역할을 해야 하는가에 대하여 과학적인 지식을 밑받침으로 하는 확고한 관점을 갖고 있어야 한다. 그러한 관점은 세계관 혹은 철학과 연관된다. 그런 의미에서 평론가는 어느 정도 철학적인 안목을 가져야 한다. 그렇지 못한 경우 작품의 형식적인 분석에 머물러 다람쥐가 쳇바퀴 돌듯 문학의 과제가 무엇인가를 망각하고 만다. 예술이 나아가야 할 올바른 방향에 대한 암시를 주지 못하고 예술가들의 꽁무니를 따라다니는 평론가들은 결국 공허한 말장난으로 끝나버리고 만다. 어떤 평론가들은 작가의 체면을 고려하여 작품의 칭찬에 급급하고 마지못해 한두 가지 비판을 곁들여 놓는다. 그것은 무조건 작품을 비판하는 평론과 마찬가지로 문학의 발전에 아무런 기여도 하지 못한다. 참된 문제를 둘러싼 논쟁이 없는 무풍지대에서 문학은 정체하고 퇴보를 거듭할 수밖에 없으며 방향이 없는 평론은 오히려 작품의 질을 떨어트린다. 의사가 병자를 수술하여 오히려 치명상을 입히는 경우와 같다. 옳은 평전을 쓰기 위해서 저자는 문학론적인 지식은 물론 올바른 세계관, 올바른 역사의식, 올바른 사회의식을 가져야 한다. 예술은 삶을 풍요롭게 하는 일종의 사회의식이며 역사적인 산물이기 때문이다. 평전의 저자도 작가처럼 현실적인 삶을 그 본질에서 파악할 수 있어야 한다. 물론 작가의 작품에는 하나의 세계관이 추상적인 개념이나 구호로서 표현되는 것이 아니라 구체적인 형상 속에 용해된다. 평론가는 그것을 들추어내어 비판할 수 있는 능력이 있어야 한다.

어떤 평전의 저자들은 한 작가의 생애를 다루면서 일종의 전기식 서술로 끝마치고 만다. 사상적으로 작가를 앞설 수 없는 사람은 그 작가에 대한 평전을 쓸 자격이 없다. 작가는 자기의 세계관을 작품에서 직접·간접으로 표출하고 있기 때문이다. 철학을 포함시키지 않는 평전의 저자는 전기를 쓰는 것으로 만족해야 한다. 다시 말하면 평전의 저자는 해당 작가의 문학경향뿐만 아니라 그의 인생관을 꿰뚫어볼 수 있어야 한다. 단순한 해설이나 분석은 비판정신의 결여이고 진정한 비판이 없이 문학이나 철학은 발전하지 못한다. 진정한 평론이 미학의 기초 위에서만 가능한 것처럼 진정한 평전은 철학의 기초 위에서만 가능하다. 예컨대 시인은 나무와 비교될 수 있으며 위대한 시인은 거목과 같다. 나무가 자라기 위해서는 흙과 물, 공기, 빛이 필요하다. 흙과 물은 그가 살고 있는 삶이며 공기는 시대정신이고 빛은 글 인도하는 세계관이다. 빛이 없는 그늘에서도 나무는 자라지만 거목이 될 수 없다. 보잘 것 없는 관목으로 머물 뿐이다. 그러한 사실을 파악할 수 없는 평자가 어찌 신인에 대해 올바른 평전을 쓸 수 있겠는가?

74. 짧은 시

시는 짧을수록 좋다. 짧은 시에 깊은 의미가 함축되어 있으면 더 좋다. 그러나 추상적이지 않고 민중적이어야 한다. 괴테의 『파우스트』에 그런 시들이 나오며 김소월이나 김남주의 시에도 그런 시들이 포함되어 있다. 저자는 김소월의 시 「초혼」과 「접동새」를 좋아하여 서예가인 선배님이 쓴 글씨로 늘 감상하고 있다. 「금잔디」도 그러하다.

북한 사람들도 짧은 시를 좋아하는 것 같다. 통일원에서 허가하여 2001년에 복사판으로 나온 『조선문학』 1956년 8월호에 재미있는 글이 실려 있다. 설문조사에 응한 한 독자의 편지형식으로 되어 있는데 그 내용은 다음과 같다.

> "될수록 짧게 써 주었으면 좋겠습니다……. 일부 시들은 무미하며 딱딱하며 지나치게 깁니다. 그러므로 읽기에 지루하며 얻는 것이 적습니다."(평남도 중화군 국영 중화과수농장, 설웅규)

지금까지 세상에 나온 시 가운데 가장 짧은 시가 무엇인지 나는 알지 못한다. 그러나 김남주의 다음 시도 짧은 편에 속한다.

삼팔선

미군이 있으면
삼팔선이 든든하지요.
삼팔선이 든든하면
부자들 배가 든든하고요.

미군이 없으면
삼팔선이 터지나요.
삼팔선이 터지면
대창에 찔린 깨구락지처럼
든든하던 부자들 배도 터지나요.19)

75. 누드화와 추상예술

저자는 철학과 미학을 전공하며 각 민족의 예술에도 관심이 있다. 실제로 예술 활동을 하지 않지만 미학연구를 과학적으로 수행하기 위해서는 구체적인 예술을 어느 정도 알아야 되기 때문이다. 그러므로 북의 예술에도 관심이 있었다. 2005년 문민정부 시절에 대구 평화통일시민연대 일원으로서 정부의 허락을 받아 평양에서

19) 시집 『조국은 하나다』 중에서.

공연되는 집단체조 「아리랑」을 관람하는 기회를 가졌다. 관람 장에 들어섰을 때 통로 옆에 앉아 있던 한 아주머니가 벌떡 일어나 내 손을 잡고 감격해 하던 모습이 잊히지 않는다. 다음 날 우리는 북의 그림이 산출되는 '만수대창작사'를 방문하였다. 이 창작사를 방문했던 남쪽의 한 이름 있는 작가가 텔레비전에 출연하여 북의 그림이 천편일률적으로 정치적이라고 비판한 적이 있었기 때문에 필자도 그것을 확인하려 하였다. 그런데 진열된 작품들은 거의 산수화나 풍경화였다. 저자는 정영만 화백과 선우영 화백의 금강산 그림을 한 점씩 구입하였다. 창작사 안에서는 화가들이 그림을 팔기도 하고 설명을 해주며 친절하게 안내하였다. 저자는 여러 가지 궁금한 점이 있어서 안내하는 중견화가와 잠시 대화를 나누었다. 상당히 고가의 그림을 사준 덕분인지 그는 친절하게 나의 물음에 답해주었다. 저자는 원래 누드화나 추상화를 싫어하지만 북의 입장을 더 잘 이해하기 위해서 이에 관해 물었다.

저자 ; 북의 그림에는 누드화가 없는데 누드화는 금지되어 있는가요?

화가 ; 금지되어 있는 것이 아니라 화가들이 스스로 그런 그림을 그리지 않습니다.

저자 ; 그 이유는요?

화가 ; 풍습과 전통 때문입니다. 우리나라 화가들은 예로부터 산수화나 풍속도, 초상화 같은 것을 많이 그렸습니다.

저자 ; 풍속에서는 물론 인간생활에서 남녀 간의 애정문제나 성생활도 중요한 역할을 하지 않는가요? 예술이 인간생활의 폭넓은 반영이라면…….

화가 ; 물론 중요하지만 우리는 예술이 사회적 의의가 있는 문제를 다루어야 한다고 생각합니다. 성이란 섭취나 배설처럼 생물학적인 문제이며 우리 사회에서는 그것이 큰 사회적 문제를 일으키지 않습니다. 잘 아시겠지만 서양에서 누드화가 나타나기 시작한 것은 르네상스 시기였는데 그 시기에는 남녀 간의 사랑이 종교적 억압에 짓눌려 해방을 원하는 사회적 문제였습니다. 온갖 인간적인 것들을 질식시키는 종교적 이념에 대한 반발로써 화가들은 누드화를 그리기 시작했습니다. 처음에는 신을 인간의 모습으로 끌어내려 여신의 나체상을 그렸고 그 다음에는 인간 자체의 아름다움을 그렸습니다. 인간이 중심이 되는 우리 사회에서 인간의 생물학적 특성을 특별히 강조할 필요가 있겠습니까?

저자 ; 그럼 현대미술의 흐름에서 하나의 혁명적인 변화를 이루어 낸 초현실주의나 추상미술의 흔적은 왜 보이지 않습니까?

화가 ; 그럼 되묻겠는데 선생님은 그런 그림들이 마음에 들고 그 내용을 이해할 수 있습니까?

저자 ; 완전히 이해한다고는 말할 수 없지만 그들의 주장에 의하면 화가는 대상의 선, 색, 형태를 분석하고 거기에 자기의 체험을 합쳐 의식 속에 종합된 상을 묘사해야 한다는 것입니다. 하나의 대상은 화가가 보는 각도와 시점에 따라 달라지므로 객관적인 대상이나 색 자체는 존재하지 않으며 존재하는 것은 화가에 의해서 직관되는 의식 속의 상이나 주관적인 색뿐이라는 주장이지요.

화가 ; 그것은 일종의 궤변이고 타락입니다. 인류의 건전한 상식을 파괴하는 방종입니다. 그럴 경우 자연의 모든 비례와 조화와 균형이 무너집니다. 그것은 자본주의 사회의 모순을 은폐하기 위한 일종의 수단입니다. 자본가들이 이들의 그림을 고가로 구매하여 살려준 이유가 무엇이겠습니까? 우리 인민들은 그런 그림들을 이해하지도 못하고 좋아하지도 않습니다. 인민들의 눈으로 볼 때 그런 그림은 삶을 풍요롭게 해주는 푸른 싹이 아니라 구겨져 쓰레기장에 버려진 휴지조각과 같습니다. 우리 화가들은 인민들이 사랑하고 즐겨 찾는 그림들을 많이 그리고 있습니다.

나는 북의 철학자보다도 미학자들과 만나 예술문제에 관해서 더 자세하게 토론해보고 싶다는 생각을 안고 되돌아왔다. 빨리 통일이 되고 그런 날이 왔으면 좋겠다.

76. 동요「우리의 소원」

오늘날 남과 북에서 다 함께 불리는 노래가 명실공히 우리의 참된 민족가요라 말할 수 있다. 그 가운데「우리의 소원」,「고향의 봄」,「반달」,「동무생각」,「아침이슬」 등이 있는 것으로 저자는 알고 있다.[20]

이 가운데서도「우리의 소원」은 가장 걸출한 민족동요다. 우리 민족의 절실한 과제인 통일을 온몸으로 호소하는 노래이기 때문이다. 1947년에 동요로 나온 처음 가사에는 '통일'이 아니라 '독립'이라는 말이 들어갔다고 한다. 독립이나 통일이 없다면 우리

---

20) 물론 최근에 북에서 '30년대 계몽가요'라는 타이틀로『목포의 눈물』,『선창』,『대지는 항구다』,『번지 없는 주막』,『홍도야 우지마라』 등이 포함된 여성중창의 노래집이 나왔지만 일반 사람들 사이에서 불리는지는 알 수 없다.

민족은 영원히 불구의 몸으로 살아야 한다는 것을 작사를 한 안석주와 그의 아들인 작곡자 안병원이 잘 말해주고 있다. 작사자 안석주는 영화인이고 소설가 겸 삽화가였으며 1950년에 49세의 나이로 서울에서 사망했다고 한다. 물론 그도 일제 강점기에 창씨개명을 했고 친일의 흔적을 남겼다. 그러나 문제는 해방이 되면서 친일잔재를 철저하게 청산했다는 것이다. 새로운 시대에 맞게 올바른 조선민족으로서 살아가려 했다는 것이다.

남과 북의 학생들이나 노동자들이 만나 예술 공연이나 운동경기를 한 후 헤어지면서 함께 이 노래를 부르는 모습을 보면 노래를 부르는 사람이나 보는 사람 모두 눈물을 흘리는 것은 분단이 가져다 준 비극의 통한 때문이 아니겠는가? 이 장면을 보면서도 눈물을 흘리지 않는 무지막지한 인간이 있다면 그는 분명히 몸속에 우리 민족이 아닌 타민족의 피를 더 많이 지니고 있을 것이다. 이처럼 참된 예술은 그 시대의 아픔을 함께 나누어야 하며 개인의 문제가 아니라 사회의 문제나 민족의 문제로 눈을 돌려야 한다.

77. 유물론과 예술

예술가들, 특히 작가들에게도 철학이 필요한가? 물론이다. 작품을 쓰기 위해서는 생활을 알아야 한다. 인간은 현상으로서 나타나는 구체적인 생활 속에서 살아가지만 주어진 삶에 만족하지 않고 보다 나은 삶을 추구해 가는 특성을 지닌다. 보다 나은 삶이 무엇인가를 알기 위해서 삶의 본질이 무엇인가를 알아야 한다. 그것을 규명해가는 학문이 바로 철학이다. 철학은 자연, 인간, 사회, 역사에 눈을 돌리며 그 본질이 무엇인가를 과학적으로 탐구한다. 예술가도 삶을 알아야 한다. 물론 철학자처럼 추상적인 개념을 통한 것이 아니지만 그러나 어떤 방식으로이든 삶이 무엇이며 올바른 삶은 어떤 삶이 되어야 하는가를 예감하고 있어야 한다. 구체적인 삶을 묘사하는 경우에도 예술가들은 그것이 나아가야 할 방향을 의식적으로, 혹은 무의식적으로 제시하는 것이다.

철학에도 많은 종류가 있지만 삶의 본질을 가장 과학적으로 제시해 주는 철학이 유물론이다. 황진이가 존경했던 조선의 유물론 철학자 서경덕은 '격물치지'(格物致知)라는 말로 유물론의 핵심을 잘 표현하였다. 구체적 사물을 검토하여 그 법칙을 찾아내라는 말이다. 그것이 삶을 아는 지혜의 초석이 되고 출발점이 되어야 한다. 쉽게 말해서 유물론의 핵심은 "인간은 흙에서 와서 흙으로 돌아간다."와 "인간은 자기 운명을 스스로 만들어가야 한다."라는 두 문장으로 요약될 수 있다. 인간은 삶에 대한 객관적이고 과학적인 인식이 필요하다. 초월적이고 정신적인 실체를 가정하거나 주관의 의식에 매달리는 관념론철학은 인간의 본질은 물론 인간의 삶을 옳게 해명할 수 없으며 이러한 철학에 의존하는 예술가도 위대한 예술을 창작할 수 없다.

얼마나 많은 우리나라의 작가들이 철학, 특히 유물론철학을 이해하고 있을까? 물론 유물론을 이해하고 그것을 머릿속으로 생각하면서 작품을 쓴다는 것은 도식주의에 빠지는 것이며 그러한 작가는 물기가 있는 생생한 작품을 쓸 수 없다. 예술작품은 삶으로부터 나와야 한다. 문학의 표현 대상은 인간이 중심이 되는 삶이다. 그러나 같은 소재와 같은 의도를 갖고 쓴 작품도 작가가 유물론으로 무장되어 있느냐, 관념론으로 무장되어 있느냐, 아니면 전혀 철학을 모르느냐에 따라 작품의 질은 달라질 수밖에 없다. 어설픈 인생관 속에서는 삶의 본질이 비껴가기 때문이다. 문예사조의 흐름을 살펴보면 문학과 철학의 연관성이 잘 나타난다. 신비적인 낭만주의가 쇼펜하우어나 니체의 철학과, 자연주의가 실증주의 철학과, 모더니즘이 비합리주의적인 관념론철학과, 사실주의가 유물론과 연결된 사실을 우리는 부정할 수 없다. 참된 유물론은 형이상학적인 도식을 거부하며 변화와 발전을 수용한다. 인간의 삶도 물질적인 변화에 따라 앞으로 나아간다. 변화하는 현실 속에서만 공허하지 않은 이상과 희망, 낭만과 사랑이 자리 잡을 수 있다. 유물론은 인간에게 사회적 양심을 심어주고 허황한 관념의 세계에 빠지지 않도록 도와준다. 삶의 변화와 관계되는 것이 바로 역사이며 역사발전을 외면하는 유물론은 참된 유물론이 아니다. 그것은 형이상학적이고 기계적인 유물론이다. 참된 유물론은 건전한 역사의식을 전제로 한다. 역사발전의 동인은 무엇이며 역사발전을 이끌어가는 주체가 무엇인가를 과학적으로 해명하려는 유물론적 역사관은 작가들에게 필연적으로 건전한 역사의식을 갖지 않으면 안 되게 만든다. 예술은 특히 역사발전에 민감해야 한다. 우리나라의 예술가들도 유물론을 이해하며 건전한 역사의식을 갖으며 그에 따라 삶의 본질을 더 심오하게 파악하고 예술성과 사상성이 높은 불후의 명작을 창작했으면 좋겠다.[21)]

78. 누구를 위한 예술인가?

모든 예술의 창작이나 평가는 결국 "누구를 위한 예술인가?"의 문제로 귀착된다. 예술도 인간이 인간의 삶을 위해 만든 것이므로 정치, 종교, 철학처럼 어떤 계급의 입장을 대변하지 않을 수 없다. 계급을 초월하여 인류를 위한 보편적인 예술이라고 공언하거나 정치와 무관한 순수예술이라고 공언하는 예술일수록 은밀하게 계급성을 감추고 있다. 절대적 중립이란 존재하지 않으며 중립 자체가 기득권의 옹호에 도움을 주고 있기 때문이다. 계급적인 이해관계가 주도하는 자본주의 사회에서 아무도 계급과 무관할 수 없다.

외래침략자들을 위한 예술인가, 우리 민족을 위한 예술인가? 자본가를 위한 예술인가, 노동자를 위한 예술인가? 권력을 지닌 지배자를 위한 예술인가, 힘이 없는 일반 대중을 위한 예술인가? 통일을 염원하는 예술인가, 그것을 방관하는 예술인가? 예술을 창작하는 사람, 예술을 감상하는 사람, 예술을 평가하는 사람 모두

---

21) 보다 자세한 것은 저자의 『왜 유물론인가?』(중원문화, 1012) 참조.

가슴에 손을 얹고 한 번쯤 신중하게 반성해 볼 필요가 있다.

우리 민족은 지금 말할 수 없는 고통 속에 살고 있다. 우리 민족의 의지에 반하여 외세에 의해 하나의 핏줄, 하나의 언어를 가진 민족이 둘로 갈라져 원수처럼 싸우고 있다. 우리 민족을 갈라놓은 장본인들이나 외국인들은 바보 같은 우리국민들을 바라보며 한 없이 비웃고 있을 것이다. 분단을 환영하고 외국군대를 주둔시켜 그 경비를 부담하고 있는 민족이 세상에 또 있겠는가? 정말로 이 세상에서 가장 멍청한 민족이다. 이러한 상황에서 모든 양심 있는 사람들은 조국의 평화적인 통일, 자주독립, 민주국가건설에 앞장서야 한다. 외래문화의 영향을 박차고 일어나 우리 문화의 창달에 앞장서야 한다. 제국주의적인 문화침략의 본질을 꿰뚫어 보아야 한다. 작가와 예술가들도 예외가 될 수 없다. 그것을 외면하는 예술가들은 어떤 변명을 하더라도 후대의 역사가 용서하지 않을 것이다. 순수와 중립은 사회의 모순에 눈을 감고 스스로의 세계로 도피한다는 것을 의미한다. 그들이 누구를 위해 예술 활동을 하였는가가 결국 백일하에 드러나기 때문이다.

(끝)

저자 강대석(姜大石) 약력

· 경북대학교 사범대학 교육과 및 대학원 철학과 졸업.

· DAAD 장학생으로 독일에 유학하여 Heidelberg대학에서 철학, 독문학, 독일사 공부.

· 스위스 Basel 대학에서 철학, 독문학, 미학 연구.

· 조선대학교 사범대학 독어과 및 대구 효성여자대학교 철학과 교수 역임.

· 국제헤겔학회(Internatonale Hegel-Gesellschaft) 정회원.

· 국제포이어바흐학회(Internationale Gesellschaft der Feuerbach-Forscher) 창립회원.

<주요저서>

『미학의 기초와 그 이론의 변천』(서광사, 1984).

『서양근세철학 - 베이컨에서 칸트까지』(서광사, 1985).

『니체와 현대철학』(한길사, 1986). (제4차 '오늘의 책' 선정도서)

『그리스철학의 이해』(한길사, 1987).

『현대철학의 이해』(한길사, 1991).

『새로운 역사철학』(한길사, 1991).

『유물론과 휴머니즘』(이론과 실천, 1991).

『포이에르바흐와 엥겔스』(이론과 실천, 1993).

『예술철학에의 초대』(동녘, 1993).

『김남주 평전』(한얼미디어, 2004). (2004년 문예진흥원 평론부분 우수작품 선정도서)

『가난한 사람들을 사랑한 시인 김남주』(작은 씨앗, 2006) (청소년에게 권하

는 책 03)

『왜 철학인가?』(중원문화, 2011).

『왜 인간인가?』(중원문화, 2012).

『왜 유물론인가?』(중원문화, 2012).

『니체의 고독』(중원문화, 2014).

『무신론자를 위한 철학』(중원문화, 2015).

<주요 역서>

칼 야스퍼스, 『철학적 자서전』(이문출판사, 1984)

발터 슈미트 외, 『독일근대사』(한길사, 1996). (오늘의 사상신서 166)

이보 프렌첼, 『니체』(한길사, 1997). (한길로로로 1-003)

G. 비더만, 『헤겔』(서광사, 1999).

포이어바흐, 『종교의 본질에 대하여』(한길사, 2006). (그레이트북스 77)

포이어바흐, 『기독교의 본질』(한길사, 2008). (그레이트북스 98)

니체, 『차라투스트라는 이렇게 말했다』(한길사, 2011). (그레이트북스 118)

<초청강연 및 국제발표>

· 1989.7.5, 스위스 Zürich대학 철학과 초청강연

강연제목 : "Die philosophische Lage und Entwcklung in Südkorea"

· 1989.10.11, 국제 Feuerbach학회 제1회 Symposium(독일 Bielefeld 대학)에서 주제 발표. 발표제목 : "Sinn und Grenzen des Feuerbachschen Materialismus"(국제학회지 *Ludwig Feuerbach und die Philosophie der Zukunft*, Akademie-Verlag, Berlin 1990, S. 315-330에 게재)

· 1992.3.15, 일본 Feuerbach학회에서 초청발표(東洋大學).

발표주제 : Warum vermißt man Feurbach in Südkorea?

· 1998.8.29, 국제 Hegel 학회 제22회 Symposium(네덜란드 Utrecht대학)에서 주제 발표.

발표제목 : "Feuerbach oder Hegel?-Der Einfluß der Dialektik und des Materialismus auf die gesellschaftliche Veränderung Südkoreas" (국제학회지 *Hegels Ästhetik*(Hegel-Jahrbuch, 2000), Akadmie-Verlag, Berlin 2000, S. 224-228에 게재)

중원문화 아카데미 新書

1 한국근대 사회와 사상
• 일본 교토대학교 연구소 엮음

2 걸어다니는 철학
• 황세연 저

3 반듀링론
• F.엥겔스/김민석 역

4 헤겔 법철학 입문
• 꼬우즈미 따다시 지음

5 이성과 혁명
• H.마르쿠제/김현일 외 역

6 정치경제학 교과서 I-1
• 짜골로프 외/윤소영 엮음

7 정치경제학 교과서 I-2
• 짜골로프 외/윤소영 엮음

8 정치경제학 교과서 I-3
• 짜골로프 외/윤소영 엮음

9 이탈리아 맑스주의
• K.프리스터/윤수종 옮김

10 걸어다니는 경제사
• 황세연 편저

11 자본론에 관한 서한집
• K.마르크스와 F.엥겔스 저

12 지배와 사보타지
• 안토니오 네그리/윤수종 옮김

13 과학기술사
• 석동호 편저

14 저개발과 의약품
• M. 벨러/우연재 옮김

15 맑스주의의 세 갈래길
• W. 레온하르트/하기락 옮김

16 역사적 맑스주의
• R.알뛰세르/서관모 옮김

17 경제학의 선구자들
• 일본경제신문사/김종호 옮김

18 근현대 사회사상가 101
• 이마무라 히도시/안효상 옮김

19 맑스를 넘어선 맑스
• 안토니오 네그리/윤수종 옮김

20 교육과 의식화
• P.프레이리/채광석 역

21 정치경제학 교과서 II-1
• 짜골로프 외/윤소영 엮음

22 정치경제학 교과서 II-2
• 짜골로프 외/윤소영 엮음

23 소외된 인간
• H.포피츠/황태연 역

24 사회를 어떻게 볼 것인가?
• 황세연 편저

25 헤겔연구②
• 임석진 외저 (절판)

26 칸트 철학입문
• W.O.되에링/김용정 역

27 노동조합 입문
• 양원직 편저

28 마르크스에서 쏘비에트 이데올로기로
• I.페처/황태연 역

29 소유의 위기
• E.K.헌트/최완규 역

30 변증법의 현대적 전개①
• W.뢰트/임재진 역

31 변증법의 현대적 전개②
• W.뢰르/임재진 역

32 모순의 변증법
• G.슈틸러/김재용 역

33 헤겔연구③
• 임석진 외저 (절판)

34 국제무역론
• 久保新一/김선기 역

35 칸 트
• 코플스톤/임재진 역

36 자연과학의 철학적 기초
• H.라이헨바하/김회빈 옮김

37 철학 입문
• 황세연 편역

38 맑스주의의 역사 ①
• P. 브르니츠키/이성백 옮김

39 맑스주의의 역사 ②
• P. 브르니츠키/이성백 옮김

40 21세기와 자본론
• 황태연 저

41 정치경제학 비판을 위하여
• K.마르크스/김호균 역

42 4차 산업혁명과 미래사회변혁
• 황태연 저/허상수 엮음

43 혁명운동의 문제들
• S. P.노보셀로프/이창휘 옮김

44 마키아벨리의 고독
• 루이 알뛰세르/김민석 역

45 들뢰즈와 가타리
• 로널드 보그/이정우 옮김

46 과학적 사회주의
• G.그로서/송주명 옮김

47 맑스-레닌주의 철학의 본질
• F. V. 콘스탄티노프/김창선 역

48 정치경제학
• 짜골로프 외

중원문화 아카데미 新書

49 **철학의 ABC**
• A. 라키토프/김신현 옮김

50 **소수자 운동의 새로운 전개**
• 윤수종 외 지음

51 **한눈에 들어오는 서양철학사**
• 타케다 세이지/홍성태 옮김

52 **마르크스즘과 유로코뮤니즘**
• 산티아고 까리요/김유향 옮김

53 **맑스주의와 프랑스인식론**
• P. 토미니크 르쿠르/박기순 옮김

54 **논리의 오류**
• 에드워드 데이머/김회빈 역

55 **우리말 바르게 말하기 큰 사전**
• 최홀 지음

56 **개발과 파괴의 사회학**
• 홍성태 지음

57 **인민의 벗이란 무엇인가**
• V. 레닌/김우현 역

58 **예술 · 정보 · 기호**
• 가와노 히로시/진중권 역

59 **담론의 질서**
• 미셸 푸코 지음/이정우 해설

60 **사회학의 명저 20**
• 김진균 외 지음

61 **세계 철학사(1)**
• Akademiya Nauk SSSR 편

62 **세계철학사(2)**
• Akademiya Nauk SSSR 편

63 **세계철학사(3)**
• Akademiya Nauk SSSR 편

64 **세계철학사(4)**
• Akademiya Nauk SSSR 편

65 **세계철학사(5)**
• Akademiya Nauk SSSR 편

66 **인격의 철학, 철학의 인격**
• 김종엽 저

67 **1987년 구로구청사건 백서**
• 구로항쟁동지회

68 **교육자의 길**
• 이오덕 외 저

69 **담론의 질서**
• 미셸 푸코

70 **박정희 시대-5.16은 쿠데타다**
• 이상우 저

71 **박정희 시대-민주화운동과 정치주역들**
• 이상우 저

72 **박정희 시대-5.16과 한미관계**
• 이상우 저

73 **박정희와 유신체제 반대운동**
• 이상우 저

74 **세계사 (제국주의 시대)**
• 김택현 편

75 **세계사 (제1차세계대전)**
• 김택현 편

76 **세계사 (제2차세계대전과 파시즘)**
• 김강민 역

77 **세계사 (현대)**
• 조진원 편/이춘란 감수

78 **근현대 형성과정의 재인식①**
• 안종철 외 저

79 **근현대 형성과정의 재인식②**
• 정근식 외 저

80 **시몬느 베이유 철학교실**
• 앙느레느/황세연 역

81 **소크라테스에서 미셸 푸코까지**
• 기다 캔/김석민 역

82 **상식 밖의 세계사**
• 가바야마 고아치/박윤명 역

83 **들뢰즈와 카타리**
• 로널드 보그 저/이정우 옮김

84 **새로운 예술을 찾아서**
• 브레이트 저/김창주 역

85 **역사 유물론의 궤적**
• 페리 앤더슨/김필호 외 옮김

86 **철학과 맑스주의**
• 루이 알튀세르/서관모 역

87 **생산의 발전과 노동의 변화**
• 마이클 피오르 외/강석재 외 역

88 **항일과 혁명의 한길에서**
• 김운선 지음

89 **지배와 사보타지**
• 안토니오 네그리/윤수종 역

90 **헤겔철학 서설**
• 오토 푀겔러/황태연 역

91 **과학적 공산주의란 무엇인가**
• 빅토르 아파나시예프/최경환 역

92 **페레스트로이카 논쟁(서독)**
• 에케르트 외/송주명 역

93 **페레스트로이카 논쟁(동독)**
• 모르겐슈테른 외/신현준 역

94 **페레스트로이카 논쟁(프랑스)**
• 프랑시스 코엥/신현준 역

95 **페레스트로이카 논쟁(소련)**
• 야코블레프 외/신현준 역

96 **마르크스주의와 개인**
• 아담 샤프/김영숙 역

중원문화 아카데미 新書

97 변증법이란 무엇인가
• 황세연 지음

98 지역 민주주의와 축제의 관계
• 정근식 외 저

99 왜 인간인가?
• 강대석 지음

100 왜 철학인가?
• 강대석 지음

101 왜 유물론인가?
• 강대석 저

102 경제학의 선구자들 20
• 일본경제신문사 엮음/김종호 역

103 남 영 동
• 김근태 저

104 다시하는 강의
• 이영희, 한완상 외 저

105 철학의 명저 20
• 한국철학사상연구회 엮음

106 민족문학의 길
• 구중서 저

107 맑스·프로이트·니체를 넘어서
• 서울사회과학연구소 저

108 일본적 생산방식과 작업장체제
• 서울노동정책연구소 저

109 근대성의 경계를 찾아서
• 서울사회과학연구소 지음

110 헤겔과 마르크스
• K.베커/황태연 역

111 헤 겔
• 나까야 쪼우/황세연 역

112 현대 사회사상의 궤적
• 비판사회학회 지음

113 역사가 말 못하는 것
• 민상기 지음

114 동성애 욕망
• 기 오껭겜 지음/윤수종 옮김

115 성(性) 혁명
• 빌헬름 라이히 지음/윤수종 옮김

116 성(性) 정치
• 빌헬름 라이히 지음/윤수종 옮김

117 성(性) 자유
• 다니엘 게랑 지음/윤수종 옮김

118 분열과 혁명의 영토
• 신승철 지음

119 사랑과 욕망의 영토
• 신승철 지음

120 인동의 세월:1980~1985
• F. 가타리 지음/윤수종 옮김

121 이탈리아 맑스주의
• 프리스터 카린/윤수종 옮김

122 항일과 혁명의 한길에서
• 김운선 지음

123 인격의 철학, 철학의 인격
• 김종엽 지음

124 정보화시대의 철학
• 강대석 지음

125 니체의 고독
• 강대석 지음

126 사회학의 명저20
• 김진균외 지음

127 김종엽박사의 철학특강
• 김종엽 지음

128 동성애 욕망
• 기 오껭겜 지음

129 미군정기 억압기구
• 안진 지음

130 알뛰세르 : 이론의 우회
• 엘리어드 골리엣 지음

131 우주를 뒤흔든 7가지 과학혁명
• 나단 스필버그 지음/이충호 옮김

132 인민의 벗이란 무엇인가?
• 블라디미르 일리치 레닌 지음

133 상식 밖의 세계사
• 가바야마 고이치 지음

134 상식 밖의 발명사
• 히라다 유타카 지음

135 시네마1
• 질 들뢰즈 지음/주은우·정원 옮김

136 무신론자를 위한 철학
• 강대석 지음

137 21세기 인문학
• 조해경 지음

138 윤리학과 인간의 직업적 삶
• 박필배 지음

139 동학혁명의 지역적 전개와 사회변동
• 동학농민혁명기념사업회 엮음

140 당 내에 더 이상 지속되어선 안 될 것
• 루이 알뛰세르 지음

141 과학적 공산주의란 무엇인가
• 빅토르 아파나시예프 지음

142 푸 코
• 질 들뢰즈 지음/권영숙외 옮김

143 근대성의 경계를 찾아서
• 서울사회과학연구소 지음

144 헤겔철학 서설
• 오토 푀겔러 지음

중원문화 아카데미 新書

145 **현대철학과 굴뚝청소 ①**
• 고사카 슈헤이 지음

146 **현대철학과 굴뚝청소 ②**
• 고사카 슈헤이 지음

147 **미학강의 (1)**
• M.S.까간 지음

148 **미학강의 (2)**
• M.S.까간 지음

149 **무신론자를 위한 철학**
• 강대석 지음

150 **언어와 이미지의 심리학자들**
• 니콜라스 웨이드 지음/이상훈 이병택 옮김

151 **일본의 양심이 본 한국병합**
• 운노 후쿠쥬 지음/연정은 옮김

152 **익산교육 100년**
• 신규백 엮음

153 **코로나19 이후의 미래**
• 이경상 지음

154 **역사 유물론의 궤적**
• 페리 앤더슨 지음

155 **우리말 바르게 말하기 작은 사전**
• 최홀 지음

156 **스텝식 논문 작성법**
• 하나이 히토시외 지음/송주명 옮김

157 **세계 오천년 역사이야기 (1)**
• 진필상 지음

158 **세계 오천년 역사이야기 (2)**
• 진필상 지음

159 **세계 오천년 역사이야기 (3)**
• 진필상 지음

160 **세계 오천년 역사이야기 (4)**
• 진필상 지음

161 **세계 오천년 역사이야기 (5)**
• 진필상 지음

162 **세계 오천년 역사이야기 (6)**
• 진필상 지음

163 **칸트철학입문**
• W. O. 되에링 지음/김용정 옮김

164 **남영동(보급판)**
• 김근태 지음

165 **서양철학사 입문**
• 강대석 지음

166 **철학사전**
• 임석진외 지음

167 **철학대사전**
• 윤병태외 지음

168 **세계철학사 전5권 세트**
• 러시아과학아카데미 엮음

김종엽 저/420쪽/고급양장 신국판/
정가 28,000원

인격의 철학, 철학의 인격

한 철학자의 눈에 비친 인격에 대한 고찰!

저자는 여러 철학자들의 사유에 내재된 진정한 개성과 삶의 관점을 드러내 인격적 정체성이 무엇인지를 밝히고자 했다.

이 저서는 인격적 정체성을 사물과 구별되는 존재의 세계에서 설명하려는 실천적 과제를 안고 있습니다. 더불어 그것을 비판하는 논점과도 논쟁할 것입니다. 인격적 정체성을 정당화하려는 철학적 노력은 단순히 물리적 세계에 역행하는 무모한 시도가 아닙니다. 인격적 정체성에 대한 질문은 개별적 실존이 어떻게 변화무쌍한 삶의 실현과정에서 자기 자신과 동일함을 유지하며, 또한 동일함에 이를 수 있는지를 묻습니다.

세계철학사(전5권) 세트

본서는 철학자들을 위한 철학서가 아니라 사회변혁에 앞장서고 있는 자연과학(의학, 공학, 생물학)에 종사하는 사람들과 현장 노동자들을 위해 저술된 도서다. 철학의 과학적인 역사가 철학상의 사건이나 사실의 단순한 외면적인 기술이나 확인, 또는 잇달아 발생한 여러 철학체계의 열거에 그쳐서는 안 된다는 것은 자명한 사실이다. 이에 감수자들인 이 책의 집필자 집단은 철학의 여러 문제를 서술함에 있어, 철학의 진정한 과학적 역사는 과학으로서의 철학, 또는 사회적 존재를 반영하는 독특한 형태의 사회적 의식으로서의 철학의 발전의 합법칙성을 분명히 하는 것을 그 기본방침으로 삼고 있다.

작고하신 강대석 교수님께서는 "참다운 철학은 결코 현실과 동떨어져 있지 않다. 물론 우리가 현실에 무조건 만족하여 아무런 문제를 느끼지 못하고 살아갈 때 철학적인 물음이나 요구는 발생하지 않는다. 일단 현실을 부정하고 비판적인 눈으로 그것을 바라볼 수 있는 태도가 철학적인 사고의 첫 단계이다. 그러나 현실을 부정한다고 해서 현실을 떠나거나 현실과 유리된다면 그것은 현실도피는 될 수 있어도 철학적인 태도는 아니다. 일상적인 현실을 부정한 후에 우리는 다시 현실로 돌아와 경험과 지식을 총동원하여 현실을 변화시켜야 하며 이러한 실천적인 활동 속에 비로소 철학의 참된 과제가 성취되는 것이다."

더구나 자본주의 질서가 유지되고 있는 현실세계에서 과거 맑스-레닌주의적 입장의 철학을 살펴본다는 것은 매우 의미 있는 일중의 하나이다. 그 이유는 소비에트연방이 해체된 후 사회주의는 사라진 것처럼 보일 수도 있지만 철학에서 유물론은 계속 살아 움직이고 있기 때문이다. 사회주의와 유물론은 같은 맥락으로 보이지만 그것은 사회변혁으로서 변증법적 과정을 설명하는 것일 뿐 유물론의 몰락을 의미하진 않는다. 곧 소비에트연방의 해체가 유물론철학의 해체를 의미하지 않는다는 점을 분명히 해야 한다.

러시아과학아카데미 엮음 | 임석진 박사 감역 | 황세연 편역 | 고급 양장 전5권 고급케이스 |정가 700,000원

철학사전 (1987~2023)

본 사전은 『세계철학사(전5권)』을 읽는 독자들을 위해 만들어졌음을 먼저 밝힌다. 아직도 각종 모순이 중첩되어 있는 이 땅에서 자연과 사회 및 인간 사유의 일반적 발전 법칙을 탐구하여, 올바른 세계관을 수립하고 각종 모순을 인식하고 해결하는 데 초석이 되도록 편찬되었다. 따라서 이 사전은 진보적 철학의 비중을 대폭 높였으며 특히 한국철학에 있어서 새로운 민중적 시각을 통해 재정리하고자 했다. 또한 이 사전은 철학의 근본문제를 비롯하여 여러 문제, 사회관, 인생관, 가치관, 역사관 등의 문제와 기타 철학의 발전과 긴밀히 연결된 사회과학과 자연과학의 논점도 동일한 입장에서 다루었다.

그러나 우리나라의 실정에 맞는 항목 집필을 위해서는 우리나라 교수님들께서 주체적으로 설정하신 항목들이 필요하여 대학의 교수 분들께서 평소 강의 중이신 내용을 항목으로 만들어 보내주시면 그대로 삽입 편집하였다. 또한 학에 헌신하신 국내 철학자들의 인명도 올렸다. 척박한 환경 속에서 그래도 철학을 으뜸으로 지키려는 여러 선생님들의 참여로 우리는 늦지만 한 걸음 한 걸음 전진할 수 있었음 새삼 밝힌다.

이제 비로소 외래학문에 의존하던 우리학문에 이 정도 수준에 와 있다는 점을 독자 여러분들도 깊이 인지하였으면 한다. 초판은 제법 비싼 가격이었으나 철학의 대중화와 철학의 본 목적인 좀 더 아름다운 세계를 바라보려는 학적 욕구가 더욱 간절한 마음이기에 가슴 조리며 혼자서 학을 위해 전진하는 모든 분들에게 보탬이 되었으면 하는 의미에서 가격을 대폭 할인하게 되었다. 이 책을 만든 모든 이들의 생각이 한결같이 철학의 쇠퇴를 염려하는 마음이 더욱 컷기에 모든 어려움과 난관을 극복하며 여기까지 올 수 있었다. 그리고 본서에는 인터넷에서 검색되지 않은 많은 항목이 있음도 일려둔다.

임석진외 30인 지음 | 1200쪽 2컬러 양장본 케이스 | 정가 380,000원

주문전화 : ☎ 02-325-5534 FAX 02-324-6799

우편주문 : 서울시 마포구 서강로11길 24 007sei@daum.net

※ 이 책외에도 본사의 모든 도서는 출판사에서 더 싸게 구입하실 수 있습니다.

철학대사전

출판사에서 직접 구입하시면 더 싼 값에 사실 수 있습니다.

국내 최초『철학대(大)사전』초판 완판으로 제2쇄는 도서관용과 일반인을 위한 보급판을 구별하여 가격 인하 조치를 취하였다.

제작기간 무려 40 여 년, 본서는 연세대학교 철학과 윤병태 교수님의 지도아래 여섯 분의 편찬위원과 실무 담당을 하는 대학원생들이 참여하였다. 그 외에 30여 분의 자발적 참여가 있었다.

그리고『철학대(大)사전』작업은 일단 우리나라 실정에 맞는 항목 설정이 중요하다고 판단되어 기존『철학사전』에다가 추가분을 약 2배수가량 더 첨가하며, 진보와 보수가 고르게 양립하는 큰 사전으로 만들어 졌다.

그러나 우리나라의 실정에 맞는 항목 집필을 위해서는 우리나라 교수님들께서 주체적으로 설정하신 항목들이 필요하여 대학의 교수 분들께서 평소 강의 중이신 내용을 항목으로 만들어 보내주시면 그대로 삽입 편집하였다. 또한 학에 헌신하신 국내 철학자들의 인명도 올렸다. 척박한 환경 속에서 그래도 철학을 으뜸으로 지키려는 여러 선생님들의 참여로 우리는 늦지만 한 걸음 한 걸음 전진할 수 있었음 새삼 밝힌다.

이제 비로소 외래학문에 의존하던 우리학문에 이 정도 수준에 와 있다는 점을 독자 여러분들도 깊이 인지하였으면 한다. 초판은 제법 비싼 가격이었으나 철학의 대중화와 철학의 본 목적인 좀 더 아름다운 세계를 바라보려는 학적 욕구가 더욱 간절한 마음이기에 가슴 조리며 혼자서 학을 위해 전진하는 모든 분들에게 보탬이 되었으면 하는 의미에서 가격을 대폭 활인하게 되었다. 이 책을 만든 모든 이들의 생각이 한결같이 철학의 쇠퇴를 염려하는 마음이 더욱 컷기에 모든 어려움과 난관을 극복하며 여기까지 올 수 있었다. 그리고 본서에는 인터넷에서 검색되지 않은 많은 항목이 있음도 일려둔다.

윤병태외 50인 지음 | 용지 고급 코트지 인쇄 2컬러 양단 조판 | 2,966쪽
고급케이스 양장본 | 정가 750,000원

셜록 홈즈 시리즈

(전13권)

아서 코난 도일 지음/김원일 옮김

전13권 세트 정가 149,500원/낱권 각권 정가 11,500원

1. 주홍색 연구
2. 네 사람의 서명
3. 홈즈의 모험
4. 다섯 개의 오렌지씨
5. 홈즈의 회상
6. 홈즈의 사건 기록
7. 홈즈의 귀한 (상)
8. 홈즈의 귀환 (하)
9. 공포의 골짜기
10. 마지막 인사
11. 바스커빌가의 개 상
12. 바스커빌가의 개 하
13. 최후의 사건

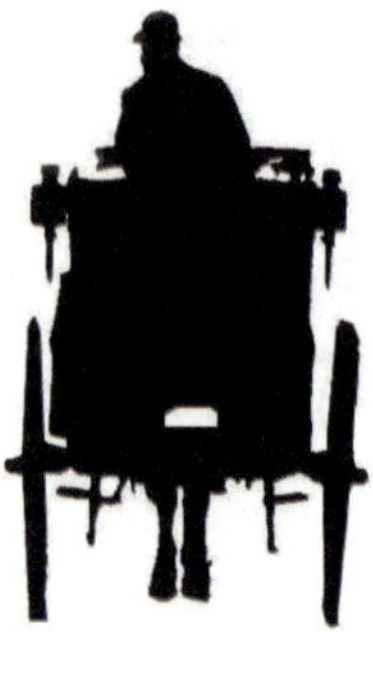

JUNGWON-MUNHWA PUBLISHING CO.
SINCE 1978
도서출판 중원문화

도서출판 중원문화는 서울특별시 마포구에 소재한 인문·사회과학전문출판사입니다. 본사는 1978년 유신 군사 독재가 막바지로 치닫고 있던 때 '도서출판 새밭'이란 이름으로 유인호 선생께서 처음 창립하셨습니다. 당시 '도서출판 새밭'은 『사회를 어떻게 볼 것인가?』, 『교육과 의식화』(저자 파울로 프레이리), 오토 푀겔러의 『헤겔철학 서설』 등의 도서를 출판하였으나 신군부의 등장과 함께 1980년 일시 폐업하게 되었습니다.

이후 1982년 황세연 사장이 위 출판사를 인수하여 '중원문화'로 회사명을 바꾸고 재출발을 하였고, 1987년에는 『철학사전』 및 『세계철학사』 전5권 세트 등을 출판하며 출판사의 기틀을 탄탄하게 마련하였습니다. 하지만 노태우 정부시절인 1991년 1월 경 김근태 전(前) 장관의 고문 기록인 『남영동』을 출판함과 동시에 회사는 격렬한 노동운동을 겪게 되었고 결국 다시 폐업을 하는 단계에 이르렀습니다. 하지만 1990년대 말 금융위기를 맞으면서 도서출판 시대정신, 도서출판 새길 등과 합병을 통하여 도서출판 중원문화가 재탄생하게 되었습니다.

과거 80년대나 현재나 진보적 세계관을 지니고 있는 사람이라면 가장 갖고 싶은 책으로 선정된 바도 있는 『세계철학사』 전5권 세트는 「러시아연방사회과학연구소」에서 30여 년의 연구를 걸쳐 완성한 방대한 세계철학을 일목요연하게 실천적 입장에서 기술하고 있다는 점에서 익히 알려진 세계 유일의 '철학사' 책입니다. 책값이 만만치 않음에도 불구하고 지금도 계속 꾸준하게 판매되고 있는 것은 이 책의 가치를 많은 사람들이 익히 알고 있기 때문으로 보입니다. 『철학대사전』 역시 아직까지도 국내 '철학사전' 하나 제대로 갖추지 못하고 있는 우리의 실정에서 이러한 사전을 기획하여 만들어 낸다는 것은 쉬운 일이 아니었습니다. 하지만 우리의 현실 사회는 사회를 바꾸려고 하는 역동적 상황에 있고 그 역동적 실천에 이론적 정신적 지주가 아직도 필요한 시기이기에 2023년 『철학대사전』은 많은 제약조건에도 불구하고 세상에 나오게 되었습니다. 현재도 진보적 도서 출판을 고집하고 있으며 베스트셀러에는 연연하지 않는 정통 출판을 그 특징으로 하고 있고, 1990년대부터 『자랑스러운 폴란드의 딸 퀴리부인』과 『일기로 쓴 카렌의 고민』 등 청소년을 위한 도서도 출간하며 독자들에게 더 가까이 다가가기위해 노력하고 있습니다.